1789 : फ्रांस की क्रांति

लोकोपयोगी सामाजिक विज्ञान

1789 : फ्रांस की क्रांति

प्रमोद कुमार

nbt.india
एकः सूते सकलम्

राष्ट्रीय पुस्तक न्यास, भारत
NATIONAL BOOK TRUST, INDIA

ISBN 978-81-237-5779-7

पहला संस्करण : 2010
पाँचवीं आवृत्ति : 2025 (*शक* 1946)

1789 : FRANCE KI KRANTI (*Hindi*)

₹ 145.00

निदेशक, राष्ट्रीय पुस्तक न्यास, भारत
नेहरू भवन, 5 इंस्टीट्यूशनल एरिया, फेज-II
वसंत कुंज, नई दिल्ली-110070 द्वारा प्रकाशित
www.nbtindia.gov.in

अनुक्रम

प्रस्तावना

मानव इतिहास में आधुनिक काल की सबसे पहली क्रांति, निःसंदेह, 1789 की फ्रांसीसी क्रांति ही थी। फ्रांस की यह क्रांति वास्तविक अर्थों में एक सच्ची क्रांति थी। इसने 1688 के इंग्लैंड की गौरवशाली क्रांति की भांति केवल सम्राट पर संसद की सर्वोच्चता को स्थापित नहीं किया, न ही 1776 की अमरीकी क्रांति की भांति केवल राजा के स्थान पर राष्ट्रपति प्रणाली का शुभारंभ ही किया, बल्कि तत्कालीन फ्रांस की सभी राजनैतिक, सामाजिक, धार्मिक, आर्थिक और सांस्कृतिक संबंधों, मूल्यों और आदर्शों को धूल-धुसरित कर एक बिल्कुल ही नए समाज एवं राजनीति के जन्म का मार्ग प्रशस्त कर दिया। इसके पूर्व की सभी तथाकथित क्रांतियां किसी न किसी रूप में एकांगी थीं, जबकि फ्रांस की यह क्रांति पूरी तरह एक सर्वांगीण क्रांति थी। आश्चर्य नहीं कि यह प्रक्रिया अत्यंत रक्तरंजित, असीमित भयावह तथा अविश्वसनीय रूप से दर्दनाक होने के बाद भी असीम उत्साह, विपुल आशावादिता तथा आत्मघाती प्रतिबद्धता से भी परिपूर्ण थी। इतिहास की शायद ही किसी एक घटना ने पूरे आधुनिक समाज को इतनी गहराई से झकझोरा हो, जितना 1789 की इस फ्रांसीसी क्रांति ने।

मानव जगत में इस क्रांति के पहले और बाद में भी तमाम क्रांतियां हुईं, लेकिन इस क्रांति की अनगिनत उपलब्धियों, इसकी शाश्वत गरिमा और इसके रोमांचकारी घटनाओं के समकक्ष उनमें से किसी को भी नहीं खड़ा किया जा सकता है। आधुनिक इतिहास की यह पहली क्रांति है, जिसमें पूरी क्रांति के लिए इसके किसी एक प्रणेता को श्रेय नहीं दिया जा सकता है। इस क्रांति की सबसे बड़ी विशेषता यही रही है कि इसके प्रत्येक दौर में नेतृत्व का एक नया वर्ग उभर कर सामने आ जाता रहा। क्रांतिपूर्व के इसके दार्शनिक प्रणेताओं—वाल्तेयर, रूसो, मोंतेस्क्यू आदि-की बात यदि छोड़ भी दी जाए तो आब्बे सियेस, मिराबो, लॉफॉयैत्त,

ब्रिसो, दाँतां, मॉरा व रोबेसपियैर जैसे नेतृत्व एक के बाद एक जनता के बीच से आते गए और अपनी-अपनी भूमिकाओं का निर्वाह कर राजनैतिक पटल से ओझल होते चले गए। इस क्रांति की एक और विशेषता रही कि इसके प्रत्येक दौर के वामपंथी अगले दौर में दक्षिणपंथी घोषित कर दिए जाते रहे। आधुनिक मानव समाज में समता, स्वतंत्रता, भाईचारावाद, धर्म-निरपेक्ष राज्य, मानव अधिकार एवं नागरिक अधिकार के मूल्यों की नींव रखने वाली यह क्रांति यद्यपि हुई तो फ्रांस में लेकिन इसकी उपलब्धियों की गूंज किसी न किसी रूप में प्रत्येक आधुनिक समाज में सुनाई देने लगी थी। स्वयं भारत का स्वतंत्रता संग्राम भी इसके मूल्यों एवं आदर्शों से कुछ कम प्रभावित नहीं हुआ था। राजा राममोहन राय से लेकर महात्मा गांधी तक ने इस क्रांति के आदर्शों से अनेक शिक्षाएं ग्रहण की थीं।

यद्यपि, इस पुस्तक को लिखने का उद्‌देश्य इस क्रांति की अकादमिक व्याख्या करने के स्थान पर भारत के जनसामान्य को मानव इतिहास के इस अत्यंत महत्त्वपूर्ण एवं रोमांचकारी घटना से परिचित कराने का एक विनम्र प्रयास करना मात्र है, फिर भी इसके पाठकों को पिछले दो सौ वर्षों के अलग-अलग कालखंडों में इस क्रांति पर की गई भिन्न-भिन्न व्याख्याओं पर भी एक छोटा-सा अध्याय 'फ्रांसीसी क्रांति और इतिहास लेखन'' सम्मिलित कर दिया गया है, जो इस क्रांति के महत्त्व को ही रेखांकित करता है।

इस क्रांति के विभिन्न पक्षों को इतिहासकारों, राजनीति विज्ञानियों तथा दाशनिकों ने विषयवस्तु की मांग के अनुसार अलग-अलग रूपों एवं विस्तार में प्रस्तुत किया है, लेकिन यहां पर इस क्रांति को अपनी संपूर्णता परंतु संक्षेप में प्रस्तुत करने का उद्देश्य होने के कारण केवल सात अध्यायों में विभाजित किया गया है। इसके प्रथम अध्याय में थोड़ा विस्तारपूर्वक क्रांति पूर्व के फ्रांसीसी समाज पर अवश्य प्रकाश डाला गया है, जिसका उद्देश्य यह स्पष्ट करना है कि यह क्रांति फ्रांस में ही क्यों हुई? इसके बाद के पांच अध्यायों में क्रांतिकालीन विभिन्न प्रतिनिधि सभाओं के दौरान घटित घटनाओं का विश्लेषण किया गया है। इसके अंतिम अध्याय में रोबेसपियैर के पतन तथा नेपोलियन बोनापार्ट के उदय के बीच की घटनाओं को संक्षेप में प्रस्तुत कर दिया गया है। इस संभावना को ध्यान में रखते हुए कि इसके पाठक इसको पढ़ने के बाद इस फ्रांसीसी क्रांति पर और भी पुस्तकों को पढ़ना चाहेंगे, पुस्तक के अंत में अंग्रेज़ी पुस्तकों की एक संक्षिप्त संदर्भ ग्रंथों की सूची भी दे दी गई है।

इस पुस्तक में फ्रांसीसी शब्दों का बहुतायत से प्रयोग अवश्यंभावी था, जबकि इसके समस्त स्रोतों को अंग्रेज़ी भाषा की पुस्तकों से एकत्रित किया गया है। ऐसे में उच्चारण की समस्या का उठना लाज़िमी था। फ्रांसीसी भाषा के तमाम शब्दों को हिंदी में किस प्रकार उच्चारित किया जाएगा इस समस्या के हल के लिए लखनऊ विश्वविद्यालय के अंग्रेज़ी व आधुनिक भाषा विभाग के फ्रांसीसी विशेषज्ञ डा. ए. के. लाल की सहायता ली गई है। लेखक आपका हृदय से आभारी है।

इस अवसर पर शहीद स्मारक एवं स्वतंत्रता संग्राम शोध केंद्र, लखनऊ, के अपने मार्गदर्शक साथियों स्व. श्री चन्द्र दत्त तिवारी, श्री उमेश चन्द्रा, डा. पुष्पावती तिवारी, डा. बैजनाथ सिंह, प्रभात कुमार, अशोक चौबे, डा. आशुतोष मिश्र तथा जयप्रकाश के साथ-साथ अपने साहित्यकार मित्रों श्री कृष्ण मुरारी लाल व विनायक जी, तथा अपने सुख-दुख के साथियों श्री अनुराग मित्तल एवं भानु प्रताप, डा. राजेन्द्र, श्री पंकज चतुर्वेदी आदि के प्रति अपना आभार प्रकट करना चाहता हूं, जिनसे किसी न किसी रूप में सदैव बहुमूल्य सहारा मिलता रहा है।

पाश्चात्य इतिहास विभाग, लखनऊ विश्वविद्यालय, के अपने विभागीय सहयोगियों डा. नीना डेविड, डा. आभा त्रिवेदी, डा. मधु राजपूत, डा. अर्चना तिवारी, कु. अमिता सोनकर एवं अमित के साथ-साथ अपने शोध सहायकों व शोध छात्रों को भी भूलना मुश्किल है, जिनसे मिले परामर्शों व अनुभवों ने मेरी अज्ञानताओं के अंधेरे में प्रकाश की तमाम किरणें बिखेरी हैं।

इस कार्य को सफलतापूर्वक यहां तक पहुंचाने में टैगोर पुस्तकालय, लखनऊ विश्वविद्यालय, के कर्मचारियों तथा शहीद स्मारक एवं स्वतंत्रता संग्राम शोध केंद्र, लखनऊ, के सहयोगियों, कु. पूजा, कु. रश्मि, कु. पुष्पलता, अनुराग तथा तेजपाल की तत्पर सेवाओं ने महत्त्वपूर्ण भूमिका का निर्वाह किया है। इन सबका अत्यंत आभारी हूं।

पत्नी वसुधा व बेटी पृथु ने यदि मेरे इस शौक की पूर्ति के लिए विभिन्न प्रकार की तकलीफ़ों को उठाना गंवारा न किया होता तो यह रचना अपनी मंजिल तक ही नहीं पहुंच पाई होती।

15 अप्रैल 2009 —प्रमोद कुमार श्रीवास्तव

1

आशियां युग
(1589-1789)

यह क्रांति अन्यत्र नहीं फ्रांस में ही क्यों हुई, इसे समझने के लिए तत्कालीन प्राचीन फ्रांसीसी समाज–आशियां युग–के उन मुख्य अवयवों को पहले समझना होगा, जो न केवल एक दूसरे के विरोध में खड़ीं थीं, बल्कि, जिनका अस्तित्व उनकी प्रासंगिकता समाप्त हो जाने के बाद भी तदनुसार स्थापित था। इस प्राचीन समाज के शिखर पर राजा स्थापित था। 1789 में क्रांति के समय फ्रांस का राजा लुई XVI था।

पिछले दो सौ वर्षों से फ्रांस की राजसता पर बूरबन वंश का अधिकार था। 1589 में वाल्वा वंश के हेनरी III की हत्या के बाद बूरबन वंश का हेनरी IV (1589-1610) फ्रांस का सम्राट बन गया था। वाल्वाकालीन धार्मिक युद्धों के दौर से फ्रांस को उसी ने मुक्ति दिलाई थी। उसे फ्रांसीसी जनता 'अच्छा राजा हेनरी' के नाम से याद करती थी। 1610 में उसकी हत्या के बाद उसका नौ वर्षीय पुत्र लुई XIII (1610-1643) सम्राट बन गया था। लुई XIII की अयोग्यता के कारण प्रारंभिक वर्षों में समस्त सत्ता उसकी मां राजमाता मेरी मेडिसी के पास रही लेकिन 1624 में उसका चांसलर कार्डिनल रिशलू राजमाता को महत्वहीन कर स्वयं सर्वशक्तिमान बन गया। यद्यपि, रिशलू फ्रांस की समस्त सत्ता का अधिकारी बन चुका था लेकिन सम्राट लुई XIII व फ्रांस के प्रति उसकी निष्ठा में कोई संदेह नहीं था। रिशलू ने ही फ्रांसीसी सम्राट को सामंतों के हस्तक्षेप और नियत्रंण से मुक्त कराने के बाद उसे सार्वभौम सत्ता का स्वामी बना दिया था, तथा तीस वर्षीय युद्ध में (1618-1648) फ्रांस को विजय दिलाकर यूरोपीय राजनीति में फ्रांस के महत्त्व को स्थापित कर दिया था। रिशलू ने सामंतों के उत्तरदायित्वों को इंटेंडेंट[1]

नामक एक नई संस्था बनाकर उसे सौंप दी थी। इन इंटेंडेंटों का चुनाव योग्यता के आधार पर आम लोगों के बीच से किया जाता था।1642 में रिशलू की मृत्यु के बाद उसका शिष्य माज़रिन फ्रांस का चांसलर तथा 1643 में लुई XIII की मृत्यु के बाद उसका पांच वर्षीय पुत्र लुई XIV सम्राट बन गया था। माज़रिन लुई XIV का शिक्षक भी था। माज़रिन ने अपने गुरु रिशलू की नीतियों को ही आगे बढ़ाया। 1661 में उसकी मृत्यु के बाद लुई XIV सम्राट बन गया। लुई XIV ने अपना कोई चांसलर नहीं बनाया तथा पूरे राजकाज पर स्वयं ही अपने नियत्रंण में राज्य करना प्रारंभ कर दिया था। लुई XIV के शासनकाल (1661-1715) में फ्रांस चहुंमुखी विकास करने के साथ-साथ पूरे यूरोपीय राजनीति की धुरी भी बन गया था। 'मैं ही राज्य हूं', के दावे के साथ उसने एक ऐसे सार्वभौम राष्ट्र राज्य की अवधारणा को वास्तविक स्वरूप प्रदान कर दिया था, जिसमें राजा सिद्धांत एवं व्यवहार दोनों में ही समस्त सत्ता के शिखर पर स्थापित था। यह लुई XIV के शासनकाल की सैन्य एवं सांस्कृतिक उपलब्धियां ही थीं, जिनके कारण यूरोप का यह युग ''लुई XIV के युग'' के रूप में जाना जाता है। लुई XIV के शासनकाल में फ्रांस ने जितनी भी उपलब्धियां अर्जित की थीं वह सब उसके अयोग्य उत्तराधिकारी लुई XV के शासनकाल में लुप्त हो गई थीं।

लुई XVI लुई XV का ही पौत्र था। बीस वर्षीय लुई का जन्म 23 अगस्त 1754 को हुआ था। लुई XV के कुशासन से खिन्न फ्रांसीसी जनता को लुई XVI से बहुत उम्मीदें थीं। वह एक सभ्य एवं उदार मानस का व्यक्ति होने के साथ-साथ तत्कालीन फ्रांसीसी समाज में सुधार भी लाना चाहता था। परंतु अपनी निर्बल इच्छाशक्ति, खोखले हो चुके फ्रांसीसी राजतंत्र की सार्वभौमता एवं निरंकुशता में आस्था तथा निर्णय लेने की क्षमता के पूर्ण अभाव के कारण वह शीघ्र ही अपनी जनता की निष्ठा खो बैठा। उसकी प्रारंभिक शिक्षा एक भावी सम्राट की भांति नहीं बल्कि एक संन्यासी की भांति हुई थी। उसे राजनीति, इतिहास, प्रशासन एवं विज्ञान की शिक्षा नहीं प्रदान की गई थी। उसकी कुशिक्षा ने उसे एक उत्तरदायित्वहीन तथा फूहड़ रुचियों, अशिष्ट और शर्मीले व्यक्तित्व तथा संकोची एवं शक्की व्यक्ति के रूप में विकसित किया था। विवेकहीन धार्मिक शिक्षा के कारण वह सांसारिकता से इतना विरक्त हो गया था कि विवाहोपरांत वर्षों तक अपनी युवा और आकर्षक पत्नी के साथ अनौपचारिक संबंध नहीं बना सका था। शासन करने की योग्यता न होने के बाद भी वह स्वयं को लुई XIV की भांति एक निरंकुश शासक मानता था।

उसका विवाह अप्रैल 19, 1770 को सोलह वर्ष की आयु में ही अपने से एक वर्ष छोटी आस्ट्रिया के हैब्सबर्ग वंश की खूबसूरत राजकुमारी मॉरी अंत्वानेत से हो गया था। आस्ट्रिया की महान साम्राज्ञी मारिया थेरेसा एवं सम्राट फ्रांसिस (ड्यूक ऑफ़ लॉरेन) की आठवीं पुत्री (बारहवां शिशु) मॉरी अंत्वानेत का जन्म 2 नवंबर 1755 को हुआ था। वह अत्यंत आकर्षक, कमनीय, बड़ी-बड़ी आंखों तथा आस्ट्रियाई मोटी होंठों वाली एक बुद्धिमान युवती थी। लैटिन, जर्मन तथा इटैलियन भाषाओं में पारंगत बुद्धिमान मॉरी अंत्वानेत ने विवाह के बाद फ्रांसीसी भाषा पर भी महारत हासिल कर ली थी। उसकी प्रारंभिक लोकप्रियता का अंदाज इसी से लगाया जा सकता है कि 8 जून 1773 को जब वह पहली बार फ्रांसीसी जनता के सम्मुख पेरिस के *त्यूलरी* महल में आई थी तो पचास हज़ार से भी अधिक नागरिक उसे देखने के लिए एकत्रित हो गए थे। परंतु ,राजपरिवार में मॉरी अंत्वानेत को केवल हैब्सबर्ग वंश का होने के कारण अपने पति लुई XVI के परिजनों द्वारा भयंकर विरोधों एवं गहरे अपमान का सामना करना पड़ गया था। उसके पीठ पीछे उसे *आस्ट्रियाई औरत* और इसी प्रकार के तमाम अपशब्दों के द्वारा पुकारा जाता था। अपने साथ किए गए अशिष्ट व्यवहार से वह इतना अधिक खिन्न हो गई थी कि उसने *मैं याद रखूंगी* लिखकर अपने पास सुरक्षित रख लिया था। इन अपमानों को उसने भली-भांति याद भी रखा और लुई XVI के राजा बनते ही उसने अपने विरोधी संबंधियों के प्रभाव को कम करना प्रारंभ कर दिया। फिर भी वह एक महारानी के सम्मान तथा निष्ठा से वंचित ही रही। इसके पीछे वह अफ़वाहें भी उत्तरदाई थीं, जो लुई के नपुंसक होने और मॉरी अंत्वानेत के अनेक पुरुषों के साथ विवाहेत्तर संबंधों के बारे में समय-समय पर उड़ती रहती थीं। हीरे के नेकलेस से जुड़े एक विवाद ने भी उसके सम्मान को काफी क्षति पहुंचाई थी। इसके प्रतिक्रियास्वरूप वह फ्रांस विरोधी होती चली गई। इस फ्रांस विरोधी दृष्टिकोण ने उसे सार्वजनिक रूप से घृणा का पात्र बनाना प्रारंभ कर दिया। राजदरबार में सामंतों, सगे-संबंधियों तथा आम लोगों से तिरष्कृत मॉरी अंत्वानेत अपने आप में सिमट कर रह गई थी। दिखावटी रहन-सहन, महंगे कपड़ों एवं जेवरों, अभिजात्य मनोरंजन एवं विलासिता में समय काटना ही उसका एकमात्र शगल हो गया था। उसके जुआ खेलने और घुड़दौड़ में पैसा लगाने की लत से दुःखी उसकी माँ ने उसे चेतावनी देते हुए लिखा था कि वह अपने पतन की तरफ़ बढ़ रही है। निःसंदेह, क्रांति के विस्फोट के अवसर पर राजा और रानी दोनों के प्रति एक आम फ्रांसीसी नागरिक में घृणा, आक्रोश एवं अवमानना के अतिरिक्त अन्य कोई और भावना शेष नहीं बची थी।

शासन व्यवस्था

फ्रांस के क्रांति पूर्व समाज में राजा के पश्चात उसकी शासन व्यवस्था महत्त्वपूर्ण स्थान रखती थी। प्रांतों में इस शासन व्यवस्था की महत्त्वपूर्ण धुरी 'इंटेंडेंट' नामक संस्था थी। व्यवहार में, समस्त सत्ता इसी के पास केंद्रित थी। यद्यपि, प्रत्येक प्रांत में एक गवर्नर होता था, जिसका नामांकन राजा अपने सामंतों के बीच से करता था। परंतु, यह एक दिखावटी पद था, जिसके पास कोई अधिकार नहीं होता था। अधिकांशतः गर्वनर लुई XIV के जमाने से ही अपने-अपने प्रांतों के स्थान पर वर्साय के महल में ही रहते थे। वे औपचारिक समारोहों के अवसर पर ही अपने प्रांतों की यात्रा करते थे।

फ्रांस के 'ऐतिहासिक प्रांत' स्वतंत्र राज्यों के समान थे। इनके प्रथाओं, संस्कृतियों, भाषाओं एवं रहन-सहन की विशिष्टताएं अभी भी बरकरार थीं। तत्कालीन फ्रांस में इस समय मुख्य रूप से दो प्रकार के प्रांत थे। फ्रांस के सीमावर्ती प्रांत अधिकांशतः प्रतिनिधि प्रांत *पेज़ डी इटाट्स* थे, जिनमें समाज के तीनों वर्गों के प्रतिनिधि समय-समय पर मिलते रहते थे। दूसरे, केंद्रीय प्रांत *पेज डी इलेक्शन* थे, जो अपनी प्रतिनिधि सभा रखने का अधिकार खो चुके थे। केवल नियुक्तियों एवं करों की वसूली के मामले में ही 'प्रतिनिधि प्रांतों' को 'केंद्रीय प्रांतों' की तुलना में अधिक अधिकार प्राप्त थे।

इन प्रांतीय विभाजनों के अतिरिक्त 1789 में पूरा फ्रांस चौंतीस इंटेंडेंटों के अधिकार क्षेत्रों में भी बंटा था। प्रशासन के मामले में यही विभाजन कोई मतलब रखता था। कहीं-कहीं एक से अधिक प्रांतों को मिलाकर एक 'इंटेंडेंसी' बनाई गई थी तो कहीं कहीं एक ही प्रांत में कई 'इंटेंडेंसी' बनाई गई थी। सामान्यतः प्रत्येक इंटेंडेंसी में एक बड़ा नगर रखा गया था, जिसके नाम पर ही उस इंटेंडेंसी का नामकरण किया जाता था। इंटेंडेंटों का चुनाव प्रांतों के मध्यम वर्ग से किया जाता था। लुई XIV ने इसे एक नियमित संस्था बनाकर इंटेंडेंटों को सामंती स्तर प्रदान कर दिया था। वास्तव में, प्रांतों के समस्त प्रशासन पुलिस, न्याय एवं वित्त का संचालन यही 'इंटेंडेंट' ही किया करते थे। 1789 में इनकी सत्ता इतनी निरंकुश हो चुकी थी कि इन्हें *फ्रांस के तीस अत्याचारी* कहा जाने लगा था।

क्रांति के अवसर पर फ्रांस के केंद्रीय प्रशासन का मुखिया राजा ही था। यह व्यवस्था रिशलू एवं माज़रिन के समय से ही चली आ रही थी। लुई XIV के समय से राजा के प्रधानमंत्री की व्यवस्था भी समाप्त हो चुकी थी। राजा ही अकेले पूरे फ्रांस का स्वामी बन चुका था। परंतु, लुई XIV की योग्यताओं का

अंशमात्र भी गुण लुई XV एवं लुई XVI में नहीं था। फिर भी केंद्रीय प्रशासन की वही व्यवस्था अभी भी जारी थी।

इस व्यवस्था में, राजा के मुख्य प्रशासनिक सहयोगियों में चांसलर, कंट्रोलर जनरल ऑफ़ फाइनेंस, चार सेक्रेटरी ऑफ़ स्टेट तथा रॉयल कौंसिल के सदस्य सम्मिलित थे। चांसलर राज्य का मुख्य न्यायिक और वैधानिक अधिकारी होता था। राजा की अनुपस्थिति में वही रॉयल कौंसिल की बैठकों की अध्यक्षता भी करता था। वह माध्यमिक एवं उच्च शिक्षा तथा राजसी प्रकाशन, सेंसर बोर्ड और पुस्तकों की ब्रिकी आदि की भी देखरेख किया करता था। चांसलर के पश्चात केंद्रीय सरकार का मुख्य अधिकारी 'कंट्रोलर जनरल ऑफ़ फाइनेंस' होता था। उसके उत्तरदायित्वों का स्पष्ट निर्धारण न होने के कारण उसके अधिकार क्षेत्रों की सीमा अत्यंत विस्तृत हो चुकी थी। जबकि, चार राज्य सचिवों के विभाग निर्धारित होते थे।

फ्रांस की इस पुरातन व्यवस्था के समापन के पूर्व 'रॉयल कौंसिल' चार विभागों में विभाजित था। 'कौंसिल ऑफ़ डिसपैचेज़' तथा 'कौंसिल ऑफ़ फाइनेंस' में इंटेंडेंटों के रिपोर्टों तथा वित्तीय मामलों पर विचार किया जाता था। फ्रांस की विदेश नीति का संचालन तीसरे विभाग 'कौंसिल ऑफ़ स्टेट' द्वारा किया जाता था। इसकी बैठकों में राजा के अतिरिक्त, चांसलर तथा कुछ निर्धारित मंत्री ही हिस्सा लेते थे। इन सभी विभागों में सबसे बड़ा विभाग 'प्रिवी कौंसिल' का था, जो एक प्रकार का उच्चतम न्यायालय था।

यद्यपि, लुई XIV के समय तक इसी व्यवस्था ने फ्रांस को यूरोप का महान राष्ट्र बना दिया था। परंतु, लुई XV के शासनकाल ने इसी व्यवस्था को इतना भ्रमात्मक बना दिया था कि किसी भी अधिकारी के वास्तविक एवं व्यवहारिक कर्तव्यों में कोई सामंजस्य शेष नहीं बचा था। अधिकारी वर्ग के कर्तव्य तथा अधिकारों की समस्त सीमाएं समाप्त हो गई थी। क्रांति के पूर्व तक इस व्यवस्था के चल पाने का एकमात्र कारण यह था कि स्थानीय प्रशासन अपेक्षाकृत रूप से अत्यधिक स्थाई था।

क्रांति के पूर्ववर्ती फ्रांसीसी राज व्यवस्था में राजा के नाम से उसके अधिकारी राजसी न्यायालयों द्वारा न्याय प्रदान करने का कार्य करते थे। फ्रांस में चर्च तथा सामंती न्यायालय भी थे, जिनके अधिकार अत्यंत सीमित थे। पूरे फ्रांस में राजसी न्यायालयों या 'रॉयल कोर्ट्स' की संख्या हज़ारों में थी। इनके न्यायाधीशों के पद सामंतों द्वारा खरीद लिए जाते थे। धीरे-धीरे इन पदों ने आनुवंशिक रूप ग्रहण

कर अमीर सामंतों के पारिवारिक धरोहर का रूप ले लिया था। फलस्वरूप, राजा सिद्धांत में समस्त न्याय का स्रोत बन कर रह गया था। व्यवहार में पूरी न्याय व्यवस्था अमीर सामंतों की संपत्ति एवं हैसियत की पहचान बन गई थी।

इस समय फ्रांस में तेरह उच्चस्तरीय न्यायालयों 'पार्लेमेंत' के अतिरिक्त स्थानीय स्तर पर प्राथमिक तथा अपील न्यायालय, कस्बों एवं नगरों में पुलिस न्यायालय, वित्त एवं कर न्यायालय, प्रशासनिक, सैनिक, नौसैनिक, व्यावसायिक और विशिष्ट कर न्यायालय कार्यरत थे। नागरिक एवं अपराध, किसी भी क्षेत्र में, एक विधि-संहिता नहीं थी। उत्तरी फ्रांस में यदि विभिन्न प्रकार की प्रथाओं तथा सामंती सिद्धांतों पर आधारित कानूनों का प्रचलन था, तो दक्षिण में रोमन साम्राज्य के सिद्धांतों पर। फलस्वरूप विवाह, दहेज, उत्तराधिकार तथा संपत्ति के हस्तांतरण आदि के मामलों में भ्रम की स्थिति बनी रहती थी। फ्रांस के इस भ्रामक न्याय व्यवस्था का पूरा लाभ न्यायाधीश एवं वकील उठाते थे, जिसके कारण निर्धन एवं कमज़ोर वर्गों के लोगों को कभी न्याय नहीं मिल पाता था। न्याय की यह प्रणाली न केवल भ्रष्ट, धीमी और महंगी थी, बल्कि पूरी तरह निरंकुश भी थी। न्याय के प्रत्येक क्षेत्र में राजा को निरंकुश अधिकार प्राप्त था। वह किसी भी प्रकार के निर्णय को अपनी मर्ज़ी से बदल सकता था। इसका लाभ भी केवल सुविधा प्राप्त वर्गों को ही मिल पाता था।

राजा 'कॉशे' दस्तावेजों (*कॉशे, द्यू लेत्र*) के अंतर्गत अपने किसी भी नागरिक को, बिना कोई जांच किए या मुक़दमा चलाए, जब तक चाहे, बंदी रख सकता था। तत्कालीन दार्शनिकों के अनुसार यह किसी व्यक्ति के मूल व्यक्तिगत अधिकारों का जघन्य हनन था। इस न्याय व्यवस्था में अभियुक्तों के साथ पूछताछ तथा जांच प्रक्रिया में शारीरिक यातना तथा अमानवीय व्यवहार का प्रयोग किया जाता था। अभियुक्तों को किसी भी प्रकार का मानवीय या वैधानिक संरक्षण भी नहीं प्राप्त हो पाता था। मृत्युदंड एक अत्यंत प्रचलित दंड था, जो छोटे-छोटे अपराधों के लिए भी दे दिया जाता था।

तत्कालीन फ्रांस की न्याय व्यवस्था में पेरिस के 'पार्लेमेंत' तथा बारह अन्य पार्लेमेंतों को उच्चतम न्यायालय का स्तर प्राप्त था। इन पार्लेमेंतों में किसी भी न्यायिक निर्णय के विरुद्ध अपील की जा सकती थी। फ्रांसीसी परंपराओं के अनुसार प्रत्येक राजाज्ञा को पंजीकृत कराने के लिए इन पार्लेमेंतों में प्रेषित किया जाता था। वे इन राजाज्ञाओं पर अपनी आपत्तियां भी दर्ज करा सकते थे, जिसे राजा स्वीकार भी कर सकता था। इन पार्लेमेंतों द्वारा राजाज्ञाओं का पंजीकरण किए

जाने के बाद ही मैजिस्ट्रेट उसका पालन सुनिश्चित करा सकते थे। लुई XIV के शासनकाल में इन पार्लेमेंतों को आपत्ति करने का अधिकार नहीं होता था। परंतु लुई XV तथा लुई XVI के शासनकाल में इन पार्लेमेंतों का प्रभुत्व अत्यंत बढ़ गया था। कोई अन्य प्रतिनिधि सभा न होने के कारण वे पार्लेमेंत राजा की निरंकुशता के विरुद्ध फ्रांस के मौलिक कानूनों का संरक्षक बन गए थे। इन पार्लेमेंतों के मैजिस्ट्रेट जनता के प्रतिनिधि नहीं बल्कि तत्कालीन राज व्यवस्था के अधिकारी होते थे, जो राजा के प्रति आज्ञाकारिता की शपथ से बंधे भी होते थे। वे समृद्ध तथा सामंती वर्गों के लोग थे, जिन्हें समाज में न्यायिक सामंत *नोबिलिटी ऑफ़ रोब* होने का श्रेय भी प्राप्त था। अपनी इस हैसियत के कारण वे पूरी फ्रांसीसी न्याय व्यवस्था के संरक्षक बन चुके थे।

वे पार्लेमेंत किसी न्यायिक सिद्धांत की रक्षा के लिए नहीं, बल्कि शासक वर्गों के हितों की रक्षा के लिए राजाज्ञाओं का विरोध किया करते थे। वे किसी भी उस सुधार का विरोध करने लगे थे, जिनका उद्देश्य समृद्ध एवं सामंती वर्गों की सुविधाओं को कम करना होता था। आश्चर्य नहीं कि उन्होंने प्रेस की स्वतंत्रता तथा प्रोटेस्टैंटों को प्रदत्त नागरिक अधिकारों का भी विरोध किया। उन्होंने 'कॉशे' दस्तावेजों का भी विरोध किया था, इसलिए नहीं कि वे स्वतंत्रता प्रेमी थे, बल्कि इसलिए कि वे अपने अधिकारों को निरंकुश रखना चाहते थे। उन्होंने नए करों के पंजीकरण का भी विरोध किया, इसलिए नहीं कि वे करदायी जनता के बोझ को कम करना चाहते थे, बल्कि इसलिए कि वे सुविधाप्राप्त वर्गों को प्राप्त करों की छूट को जारी रखना चाहते थे।

फ्रांसीसी कर व्यवस्था, प्रशासन एवं न्याय की ही भांति निरंकुशता पर आधारित थी। यह पूरी व्यवस्था भारी अव्यवस्था की शिकार थी। उस विषमतामूलक समाज में करों का बोझ भी विषमतामूलक था। सुविधा प्राप्त वर्गों को अधिकांशतः किसी भी प्रकार का कर नहीं देना पड़ता था, वहीं कृषक वर्ग पूरी तरह करों के बोझ से लदा हुआ था। इसके साथ ही साथ इन करों को एकत्रित करने की प्रक्रिया पूरी तरह भ्रष्ट, निरंकुश एवं वित्तीय दृष्टि से हानिकारक थी। इस व्यवस्था की कमियां लुई XIV के शासनकाल के अंतिम दिनों में ही दृष्टिगोचर होने लगी थीं। सरकारी पदों की बिक्री, वित्तीय संस्थाओं से कर्ज, मुद्रा के अवमूल्यन तथा नए-नए करों के द्वारा ही वित्तीय संकटों से उबरने का प्रयास किया जाता था। इन वित्तीय संकटों के दौर में भी राजसी एवं सरकारी खर्चों में कोई कटौती नहीं की जाती थी, बल्कि वर्साय के दरबार तथा सरकारी आयोजनों में होने वाले अनावश्यक खर्चों में बेइंतहा

बढोतरी हो चुकी थी। फलस्वरूप, सरकारी वित्तीय व्यवस्था के प्रति लोगों का विश्वास पूरी तरह समाप्त हो चुका था। आशियां युग ने अपने वित्तीय अव्यवस्था से स्वयं अपने आत्मघात का मार्ग निर्मित कर दिया था।

कर व्यवस्था, प्रत्यक्ष एवं परोक्ष, दो प्रकार के करों पर आधारित थी। *ताईय* किसानों पर लगाया जाने वाला एक प्रत्यक्ष कर था, जिसे सेना के ऊपर व्यय किया जाता था। सामंतों को यह कर नहीं देना पड़ता था, क्योंकि उनका मुख्य कार्य युद्धों में हिस्सा लेना होता था। पादरी वर्ग भी वर्ष में केवल एक बार मुफ्त उपहार देकर करों के बोझ से मुक्त हो जाता था। सरकारी अधिकारी, नगरों के मध्यमवर्गीय नागरिक तथा कस्बों के निवासी कृषि उत्पादों पर चुंगी *आक्टराय* या *आक्टॉवा* देकर मुक्त हो जाते थे। पूरे फ्रांस में *ताईय* निर्धारण भी एक समान नहीं था। सीमावर्ती प्रतिनिधि प्रांतों में इसका निर्धारण भू-संपत्ति के आधार पर किया जाता था, जबकि केंद्रीय प्रांतों में कृषकों की अनुमानित संपत्ति के आधार पर यह कर लगाया जाता था। *ताईय* के निर्धारण की प्रक्रिया भी पूरी तरह निरंकुश थी। यह पहले ही तय कर लिया जाता था कि किस प्रांत से कितनी *ताईय* एकत्रित करनी है। इसके पश्चात स्थानीय स्तर पर इसे एकत्र किया जाता था। फलस्वरूप, करों को एकत्रित करने में निरंकुशता, भ्रष्टाचार व दमन का बोलबाला स्थापित था।

'कैपिटेशन' एक व्यक्तिगत कर था, जिसे सामंत वर्ग नहीं देता था। *वानतीय्* व्यक्ति के सभी प्रकार के आय पर लगाया जाने वाला आयकर था। इसे निर्धारित करने तथा एकत्रित करने में भी भ्रष्टाचार एवं आयकर चोरी करना एक सामान्य बात हो चुकी थी। इसके अतिरिक्त कृषकों को *कोरवे* नामक एक अन्य कर भी देना पड़ता था, जो वास्तव में एक प्रकार का बेगार था।

परोक्ष करों में मुख्य नमक कर, उत्पाद शुल्क, तटकर शुल्क तथा तंबाकू पर सरकारी एकाधिकार तथा राजसी क्षेत्रों में लगाया जाने वाला आयकर आदि प्रमुख थे। नमक कर के मामले में फ्रांस के सभी परिवारों को प्रत्येक वर्ष पूर्व निर्धारित मात्रा में नमक खरीदना ही पड़ता था। इस नमक का बाजार मूल्य अत्यधिक महंगा था। फलस्वरूप, नमक की चोरी (स्मगलिंग) एक आम बात हो चुकी थी। इसकी वसूली के लिए घरों की तलाशी ली जाती थी, तथा कड़े दंड दिए जाते थे। इस अन्याय का शिकार सुविधाप्राप्त वर्ग तथा अमीर वर्ग नहीं होता था। फ्रांस के अलग-अलग प्रांतों में तटकर के शुल्क की वसूली पूरी तरह विषमतामूलक थी। इसके कारण आंतरिक व्यापार से सरकार को कोई वित्तीय

लाभ भी नहीं मिलता था, तथा सरकार की नीतियों के प्रति एक असंतोष भी व्याप्त था।

समाज व्यवस्था

सुविधाओं के आधार पर तत्कालीन फ्रांसीसी समाज दो वर्गों—सुविधाप्राप्त एवं सुविधाविहीन—में विभाजित था। सुविधाप्राप्त वर्ग में फ्रांस का पादरी वर्ग तथा सामंती वर्ग सम्मिलित था। इन्हें क्रमशः प्रथम 'इस्टेट', तथा द्वितीय 'इस्टेट' भी कहा जाता था, जबकि, सुविधाविहीन वर्गों को तृतीय 'इस्टेट' कहा जाता था।

फ्रांसीसी चर्च या *गैलिकन चर्च* फ्रांसीसी समाज की एक प्रभुत्वशाली धार्मिक संस्था थी। अपनी विशाल संपत्ति तथा वित्तीय, न्यायिक एवं शैक्षिक मामलों में प्राप्त अपने सुविधाओं एवं अधिकारों के कारण राष्ट्रीय जीवन में इसका हस्तक्षेप सर्वाधिक था। कैथोलिक धर्म का अनुयायी होने के बाद भी फ्रांसीसी चर्च पूरी तरह राजा के अधीन था और इस पर पोप का कोई नियंत्रण नहीं था। पूरे चर्च के प्रशासनिक एवं आर्थिक मामलों पर राजा का ही सर्वाधिकार स्थापित था। वही इसके महत्त्वपूर्ण पदों पर नियुक्तियां भी करता था। इसके पादरियों को कोई राजनैतिक अधिकार नहीं प्राप्त था।

फ्रांसीसी पादरी वर्ग तीन प्रकार का था। पहला, उच्च पादरी वर्ग, जिसकी संख्या अत्यंत कम थी। इसमें आर्च बिशप, बिशप, विकार-जनरल, कैथेड्रल तथा ऍबट शामिल थे। दूसरा, निम्न पादरी वर्ग जिसमें स्थानीय चर्चों के पादरी तथा उनके सहयोगी शामिल थे। तीसरा, मठों व कान्वेंटों में रहने वाले संन्यासियों का वर्ग, जिनकी संख्या निम्न पादरी वर्ग के बराबर ही होगी। परंतु, इन तीनों वर्गों को मिलाकर भी समस्त पादरी वर्ग की संख्या फ्रांस की कुल जनसंख्या की एक प्रतिशत भी नहीं होगी।

इन पादरियों का अधिकार क्षेत्र अत्यंत विस्तृत था। वे ही सार्वजनिक दस्तावेजों को रखने, दीक्षा, विवाह तथा मृत्यु का पंजीकरण करने आदि का कार्य करते थे। धार्मिक मामलों में चर्च के न्यायालयों का निर्णय महत्त्वपूर्ण स्थान रखता था। विद्यालयों से विश्वविद्यालयों तक की शिक्षा का नियंत्रण पादरी वर्ग के ही हाथों में था। इनकी सभाएं ही पुस्तकों एवं समाचारपत्रों पर प्रतिबंध लगाने, धर्मद्रोही एवं प्रोटेस्टैंटों के विरुद्ध नियम बनाने आदि का कार्य करती थीं।

पादरी वर्ग के आय के मुख्य दो स्रोत थे—चर्च की भूमि तथा धार्मिक शुल्क। चर्च की भू-संपत्ति से होने वाली आय का बहुत बड़ा हिस्सा उच्च पादरीवर्ग के

पास चला जाता था, जबकि इसका बहुत छोटा हिस्सा ही निम्न पादरी वर्ग के पास जा पाता था। परिणामस्वरूप, जहाँ उच्च पादरी वर्ग समृद्ध सामंतों की भांति विलासितापूर्ण जीवन व्यतीत करते थे, निम्न पादरी वर्ग आम फ्रांसीसी की भांति निर्धनता से ग्रस्त रहते थे। *तीथ* नामक धार्मिक शुल्क का निर्धारण भी अत्यंत विषमता पर आधारित था। कहीं-कहीं कुल उत्पाद का छठा हिस्सा तो कहीं आठवां हिस्सा *तीथ* के रूप में वसूला जाता था। फ्रांस के तत्कालीन उदारवादी अर्थशास्त्री, निर्धन किसान तथा निम्न पादरी वर्ग सभी इस धार्मिक शुल्क के विरोधी हो चुके थे।

पादरी वर्ग तथा धार्मिक संपत्ति पर किसी भी प्रकार का कर या शुल्क नहीं लगता था। प्रत्येक पांच वर्ष पर, या कभी-कभी जल्दी भी, पादरियों की एक सभा अपने आंतरिक वित्तीय मामलों के संचालन तथा राजा को एक 'मुफ्त उपहार' देने के लिए बैठती थी। फ्रांस के सभी 139 धर्म-प्रांतों पर धार्मिक सामंतों का ही अधिकार था, जो अधिकांशतः आनुवंशिक प्रकार का ही हो चुका था। उच्च पादरी वर्ग के सभी सदस्य भ्रष्ट एवं अनैतिक नहीं थे, परंतु, वे सभी उन सभी सुविधाओं का भोग करते थे, जो निम्न पादरी वर्ग को उपलब्ध नहीं थी। अधिकांश धार्मिक सामंत धार्मिक कार्यों के स्थान पर दरबारों में अधिक समय व्यतीत करते थे, जबकि, निम्न पादरी वर्ग पर समस्त धार्मिक कार्यों की जिम्मेदारी रहती थी। वह स्थानीय निर्धन लोगों के बीच उसी निर्धनता का जीवनयापन करते हुए अपने धार्मिक एवं सामाजिक कर्तव्यों का निर्वाह करता था।

स्थानीय किसान उनका अत्यंत सम्मान करते थे तथा अपनी प्रत्येक प्रकार की समस्याओं के समाधान के लिए उनसे परामर्श करते थे। ग्रामीण अंचलों के चर्च सामुदायिक जीवन के मुख्य केंद्र थे। नागरिक दस्तावेजों, शिक्षा तथा प्रत्येक प्रकार की अन्य सामुदायिक गतिविधियों का केंद्र होने के कारण चर्च के इन निर्धन पादरियों का महत्त्व किसी भी उच्च पादरी से कहीं बहुत अधिक था। उच्च पादरियों और निम्न पादरियों के मध्य संबंध भी सौहार्द एवं निष्ठा पर आधारित नहीं था। न उच्च पादरियों में अपने अधीनस्थ इन ग्रामीण पादरियों के लिए कोई सौहार्द या संरक्षण की भावना रहती थी, न निम्न पादरी वर्ग में उनके प्रति कोई सम्मान या निष्ठा ही शेष बची थी। एक वर्ग जहाँ पूरी तरह अहंकार में लिप्त था, तो दूसरा उनके प्रति विद्वेष व घृणा से। आश्चर्य नहीं कि क्रांति का विस्फोट होने पर निम्न पादरी वर्ग ने तीसरे 'इस्टेट' के साथ तत्काल हाथ मिला लिया था। उच्च एवं निम्न पादरी वर्ग के मध्य उपस्थित विद्वेष तथा एकता के अभाव ने फ्रांसीसी चर्च संगठन को अंदर ही अंदर खोखला कर दिया था। दूसरी तरफ़,

वाल्तेयर के चर्च और पादरी विरोधी लेखों ने चर्च की उपादेयता पर ही प्रश्नचिह्न खड़ा कर दिया था।

फ्रांस का दूसरा सुविधा प्राप्त वर्ग सामंतों का था, जिसे दूसरे 'इस्टेट' के नाम से भी जाना जाता था। इंग्लैंड एवं फ्रांस के सामंती प्रथा में यह अंतर था कि जहां इंग्लैंड में सामंती सत्ता केवल वरिष्ठ पुत्रों को प्राप्त होती थी, वहां फ्रांस में एक सामंत के सभी पुत्रों को ही यह हैसियत प्राप्त हो जाती थी। जन्म के अतिरिक्त फ्रांस में सामंती हैसियत सैन्य सेवाओं, सामंती पदों के क्रय या कुछ निश्चित सरकारी पदों के आधार पर भी प्राप्त हो जाती थी। यद्यपि, तत्कालीन फ्रांस में मध्यकालीन सैन्य सामंतों का वर्ग लगभग समाप्त हो चुका था, क्योंकि ऐसे सामंतों की संख्या अत्यंत कम हो चुकी थी, जो अपना रक्त-संबंध सोलहवीं सदी से पूर्व तक जोड़ सकें। वाणिज्यवाद के इस दौर में अधिकांश समृद्ध आम लोगों द्वारा इन सामंतों की संपत्तियों को खरीद लेने से भी उनकी पहचान प्रायः समाप्त हो चुकी थी। उनके स्थान पर इन नए सामंतों ने ड्यूक, मारक्यूस, काउंट तथा विसकाउंट के पदों को खरीद लिया था। पिछले दो सदियों में फ्रांसीसी राजाओं द्वारा सामंती पदों की ब्रिकी ने इस नए सामंती वर्ग का निर्माण कर दिया था।

जन्म का बंधन न होने से सामंतों का पद अर्जित भी किया जा सकता था और खोया भी जा सकता था। सामंतों की गरिमा के विरुद्ध कार्य करने से यह पद छोड़ना भी पड़ सकता था। यद्यपि, एक सामंत अपने उत्पादों को बेच तो सकता था, परंतु व्यापार एवं वाणिज्य का कार्य करना सामंती गरिमा के विरुद्ध माना जाता था। फलस्वरूप, सामंतों के पुत्रों के पास सेना, चर्च, न्यायालय तथा प्रशासन के अतिरिक्त अन्य किसी व्यवसाय का विकल्प नहीं रहता था।

फ्रांस का यह सामंती वर्ग अपने पदों, कार्यों, निवासों, समृद्धि तथा उपलब्धियों के आधार पर अनेक वर्गों में विभाजित था। इन सामंतों का सबसे उच्चतम वर्ग उन दरबारी सामंतों का था, जो अपने रक्त संबंधों, समृद्धि तथा उपलब्धियों के आधार पर राजा के निकट रहने का अवसर प्राप्त कर लेते थे। मोंतेस्क्यू के अनुसार दरबारी सामंत वह व्यक्ति होता था, जो राजा से मिल सके, मंत्रियों से बात कर सके तथा पूर्वजों की फेहरिस्त के साथ-साथ जो कर्जदार भी हो, तथा जिसे पेंशन की सुविधा भी प्राप्त हो।

इस समय फ्रांसीसी दरबार अपने सुसंस्कृत शिष्टाचारों, जिंदादिल संवादों तथा नैतिकता के अधोपतन के मामले में अभूतपूर्व हो चुका था। इन दरबारी सामंतों की विलासिता ने एक ऐसे पंथ का रूप ग्रहण कर लिया था, जिसको

किसी भी प्रकार संरक्षित रखना उसके उपासकों का प्रमुख कर्तव्य बन चुका था। इनके लिए बेशर्म विलासिता, फूहड़ दिखावा, परिधानों का प्रदर्शन तथा अनैतिक मनोरंजन ही तत्कालीन प्रगति के दर्शन का पर्याय बन चुका था। परिष्कृत रुचियों एवं उत्तम शिष्टाचारों के गुणों से भूषित सामंतों के हज़ार खून माफ थे। यह दरबारी संस्कृति एक रूपहले घड़े में भरे हुए एक ऐसे विष के समान थी, जो किसी के अनैतिक भोगविलास और कामुक मनोरंजन को अपनी पराकाष्ठा पर ले जाकर, उसे हंसते-हंसते आत्महत्या करने पर मजबूर कर देती है।

इन दरबारी सामंतों के अतिरिक्त फ्रांस का शेष सामंत वर्ग अपनी समृद्धि, सुविधाओं व हैसियत के आधार पर कई वर्गों में बंटा था। इनमें सबसे प्रमुख 'न्यायिक सामंत' (*नोबल्स ऑफ़ द रोब*) थे, जो 'दरबारी सामंतों' से कम समृद्ध नहीं थे, परंतु राजा के दरबार तक उनकी पहुंच नहीं थी। अपने पूर्वजों की संपत्ति तथा भ्रष्टाचार की आय पर ऐश करने वाले इन न्यायाधीशों, वकीलों, मैजिस्ट्रेटों की अपनी एक अलग दुनिया थी, जिसमें दूसरों का प्रवेश वर्जित था। अपनी इस दुनिया में वे भी स्वच्छंद होकर भोगविलास व कामुकता की संस्कृति का पोषण करते थे। सामंतों का एक दूसरा वर्ग मंत्रियों व इंटेंडेंटों का भी था, जो कभी सामंतों के सबसे बड़े शत्रु हुआ करते थे। परंतु, लुई XVI के राजा बनने के बाद, एक नेकर के अतिरिक्त, जितने भी मंत्री बने, सभी सामंत परिवारों के थे। इसी प्रकार उस समय के सभी इंटेंडेंट भी सामंती वर्ग के ही लोग थे। इन सभी सामंतों में बहुत थोड़े से लोग उदारवारी विचारधारा के भी थे, जिन्होंने तत्कानीन सामंती व्यवस्था की आलोचना की तथा क्रांति में महत्त्वपूर्ण भूमिका का निर्वाह भी किया। लॉफाए ऐसे ही उदारवादी सामंतों में से एक था।

इन सब के अतिरिक्त एक 'खड्गधारी सामंतों' (*नोबल्स ऑफ़ द सोर्ड*) का भी वर्ग था, जिनकी संख्या सर्वाधिक थी। सामंतों का यह वर्ग अपनी निर्धनता के कारण न तो वर्साय जा सकता था, न अपनी निर्धनता मिटाने के लिए सामंती गरिमा के विपरीत व्यवसायों को ही अपना सकता था। अपने सामंती रक्त की शूरवीरता के यादों को अपने सीने में दबाए रहने वाला यह सामंत 'दरबारी सामंतों', 'न्यायिक सामंतों' तथा अपनी समृद्धि के बल पर बने सामंतों को अत्यंत घृणा करता था। परंतु इस ईर्ष्या एवं घृणा के बाद भी वह स्वयं को एक आम फ्रांसीसी से अधिक सम्मानित एवं श्रेष्ठ मानता था।

1789 की क्रांति के बहुत पहले ही सामंतवाद की प्रांसगिकता समाप्त होने लगी थी। वाणिज्यवाद के विकास ने एक ऐसे वर्ग को जन्म दे दिया था, जो

रक्त से सामंत न होते हुए भी सामंतों से अधिक समृद्ध होने लगा था। इस नए समाज में सामंतों की उपादेयता पूरी तरह समाप्त हो चुकी थी। परंतु, अभी भी फ्रांसीसी समाज इनके बोझ को ढोने पर मजबूर था। समस्त सुविधाओं को भोगने वाले इस वर्ग की सामाजिक भूमिका पूरी तरह समाप्त हो चुकी थी।

फ्रांस मुख्यतया एक कृषि प्रधान देश था। आश्चर्य नहीं कि कृषकों का सवाल आशियां युग का सबसे महत्त्वपूर्ण सवाल बन गया था। इस समाज का बहुत बड़ा हिस्सा कृषि पर आधारित था। परंतु, इस वर्ग में भी अनेक विषमताएं एवं विभिन्नताएं उपस्थित थीं।

कृषक वर्ग की यह विभिन्नता न केवल पट्टे या बटाईदारों की पद्धतियों में थी, बल्कि कृषि भूमि का विभाजन भी अत्यंत विषमतामूलक था। फ्रांस की समस्त कृषि भूमि का एक तिहाई हिस्सा सामंतों एवं पादरियों के पास था। इनमें से अधिकांश भूमि कृषि योग्य न होकर जंगलों, घास के मैदानों तथा चरागाहों के रूप में थी, जिसका उपयोग सामुदायिक आधार पर किया जाता था। थोड़े से अभिजात्य वर्ग के पास कृषि के योग्य बृहद खेत अवश्य थे, परंतु अधिकांश सामंतों तथा पादरियों ने अपनी भूमि के छोटे-छोटे टुकड़ों को पट्टे पर दे रखा था। इसके अतिरिक्त समृद्ध मध्यवर्ग के पास भी अपने-अपने नगरों से लगे हुए बड़े-बड़े खेत थे। कृषि से जुड़ा हुआ सबसे बड़ा वर्ग उन किसानों का था, जो स्वतंत्र खेतिहर तो थे, परंतु जिनके पास उनकी आवश्यकता से अत्यंत कम भूमि थी। ऐसे समस्त भूमिधरों के पास फ्रांस की समस्त भूमि का एक तिहाई अथवा आधे हिस्से से अधिक की, भूमि नहीं थीं। हालांकि, सैद्धांतिक दृष्टि से इस समस्त भूमि के स्वामी भी वे जागीरदार थे, जो उनसे जागीरदारी शुल्क तथा सेवा वसूल करते थे, परंतु, व्यवहार में यह भूमिधर वर्ग इस भूमि का क्रय, विक्रय तथा उत्तराधिकार के आधार पर हस्तांतरण भी किया करता था। जो भी हो, इस भूमि का आकार सामान्यतः इतना बड़ा नहीं होता था कि उससे उस किसान के परिवार का भरण-पोषण हो सके। कुल कृषक जनसंख्या का एक चौथाई हिस्सा कृषि पर आधारित खेतिहर मजदूरों की भी थी, जो किसानों के घरों और खेतों में मजदूरी कर जीवनयापन करते थे।

तत्कालीन, स्वतंत्र कृषक वर्ग में ऐसे किसानों की संख्या अत्यंत कम थी, जो समस्त करों व जागीरदारी शुल्कों का भुगतान करने के बाद भी, अपने परिवारों की आवश्यकता पूरी करने योग्य हो। ऐसे किसान ग्रामीण अभिजात्य वर्ग का प्रतिनिधित्व करते थे। इसके विपरीत अधिकांश स्वतंत्र किसानों के पास करों एवं

जागीरदारी शुल्कों का भुगतान करने के बाद इतना उपज शेष नहीं बचता था कि उनकी आवश्यकताएं पूरी हो सकें। ख़राब फसलों और प्रतिकूल मौसमों के कारण यह वर्ग अकाल एवं भुखमरी का शिकार होता रहता था।

सामंतों, पदाधिकारियों एवं बड़े जमींदारों के द्वारा किसानों को दो प्रकार के पट्टे दिए जाते थे। पहला, 'सावधि पट्टा', (*फरमाज़*) जिसमें भूस्वामी काश्तकार को तीन से नौ वर्ष के लिए पट्टा प्रदान करता था। इसके एवज़ में भूस्वामी को नकद या उपज के रूप में किराया प्राप्त होता था। अठारहवीं सदी के पूर्वार्द्ध तक यही पद्धति अधिक प्रचलित थी, परंतु बाद में भूस्वामियों ने छोटे-छोटे टुकड़ों को मिलाकर बड़े-बड़े खेत बना लिए तथा किराए की दर बढ़ा दी। फलस्वरूप, अधिकांश काश्तकारों को अपने पट्टों से हाथ धोना पड़ गया। दूसरा, 'बटाई पट्टा' (*मेतायाज़*) की पद्धति थी, जिसमें भूस्वामी बीज तथा अन्य लागत उपलब्ध कराता था, व इसके एवज़ में कुल उपज का आधा हिस्सा ले लेता था। इसके अतिरिक्त काश्तकार को अन्य कर, जागीरदारी शुल्क, आदि भी देना ही पड़ता था। इस प्रकार के पट्टे दक्षिणी फ्रांस में अधिक प्रचलित थे। अभी भी कृषक दास की प्रथा फ्रांस के अनेक हिस्सों में प्रचलित थी। इनकी कुल संख्या बहुत अधिक नहीं थी, तथा इनकी स्थिति भी अन्य किसानों से बुरी नहीं थी।

फ्रांसीसी किसानों के साथ होने वाला सबसे क्रूर उत्पीड़न 'जागीरदारी शुल्क' था। इन किसानों को यह शुल्क सभी प्रकार के अन्य करों के साथ देना पड़ता था। इन जागीरदारी शुल्कों की क्रूरता स्थान-स्थान पर अलग-अलग थी। इस प्रथा के उत्पीड़क चरित्र के कारण ही फ्रांसीसी किसानों की स्थिति 'बोझ ढोने वाले जानवरों' से भी बदतर हो चुकी थी। इन्हें कृषक दासों की भांति अभी भी जागीदार के लिए सप्ताह में तीन दिन का बेगार करना पड़ता था। इन किसानों को निश्चित धनराशि भूमि के किराए के रूप में भी देनी पड़ती थी। इसके अतिरिक्त अपनी उपज का आठवां हिस्सा 'शैंपा' (*शांपार*) या *तिरेय* के रूप में भी देना पड़ता था। इसी प्रकार उपज को बेचने से प्राप्त धनराशि का आठवां हिस्सा ब्रिक्री कर के रूप में जागीरदार को देना पड़ता था।

यद्यपि, सार्वजनिक कार्यों के लिए बेगार कराने की प्रथा अब तक समाप्त हो चुकी थी, परंतु मध्यकालीन छोटी-छोटी प्रथाएं अभी भी चल रही थी। जैसे, अनाज को जागीदार के मिल ले जाने, अंगूर को उसकी भट्टी तक लाने तथा आटे को उसके बेकरी तक लाने की प्रथाओं का कोई औचित्य अब शेष नहीं बचा था। इन प्रथाओं के अतिरिक्त किसान के फसल लगे खेतों में शिकार करने

का अधिकार भी जागीरदारों ने अभी तक नहीं छोड़ा था। किसानों और जागीरदारों के मध्य मध्यकालीन उत्पीड़क प्रथाएं अभी भी जारी थीं, परंतु किसानों के संरक्षण का दायित्व अब तक पूरी तरह भुला दिया गया था। यही कारण था कि किसानों में भी अब जागीरदारों के प्रति अतीव सम्मान का स्थान आक्रोशपूर्ण घृणा ने ले लिया था।

अठारहवीं सदी की नई परिस्थितियों ने भी इन किसानों की बदहाली को बढ़ा दिया था। अभी भी कृषि का तरीका मध्यकालीन औजारों पर ही आधारित था। कृषि योग्य भूमि के अधिकांश हिस्सों पर खेती नहीं की जाती थी। अनाजों के आंतरिक व्यापार एवं आवागमन पर अनेक प्रकार के प्रतिबंधों के कारण न केवल भ्रष्टाचार अपने चरम पर था, बल्कि किसी एक प्रांत में पर्याप्त अनाज उपलब्ध होने के बाद भी दूसरे प्रांत का किसान अकाल एवं भुखमरी का शिकार होता रहता था। फ्रांसीसी सरकारें इन प्रतिबंधों को हटाने के स्थान पर अकाल के समय राहत पहुँचाने तथा भिन्न-भिन्न प्रकार के नियम कानून बनाने पर ज़्यादा जोर देती थीं। इससे सरकारी अधिकारियों के अधिकारों में वृद्धि होती थी, और भ्रष्टाचार का रास्ता खुलता था।

अठारहवीं सदी की बढ़ती हुई महंगाई तथा स्थिर मजदूरी की दरों ने भी इन किसानों के दैनिक जीवन को अत्यंत दूभर कर दिया था। यद्यपि, इस दौर में उपज बढ़ाने, नई फसलों को उगाने, पशुपालन को प्रोत्साहित करने, नए कृषि यंत्रों का प्रयोग करने तथा नए-नए भूमि खंडों पर भी खेती करने जैसे सुधार करने के प्रयास किए गए, परंतु सरकारी अधिकारियों के भ्रष्टाचार एवं किसानों की अज्ञानता के कारण इसका कोई लाभ नहीं उठाया जा सका। इन सारे संकटों को 1788 और 1789 के अकालों तथा भयंकर शीत के प्रकोप ने और भी अधिक असहनीय बना दिया था। सहनशीलता की उनकी समस्त सीमाओं को तोड़ने के लिए बस एक चिंगारी की आवश्यकता रह गई थी।

1789 में फ्रांस में नगरीय जनसंख्या अधिक नहीं थी। पेरिस और लियो ही ऐसे दो नगर थे, जिनकी जनसंख्या लाखों में थी। अन्य किसी भी नगर की जनसंख्या दस हज़ार से अधिक नहीं थी। इन नगरों में मुख्य रूप से उद्योगपतियों, व्यापारियों, व्यवसायियों, दुकानदारों, वकीलों, चिकित्सकों, विश्वविद्यालय के अध्यापकों, सरकारी अधिकारियों, क्लर्कों जैसे मध्यम वर्ग के लोग तथा विभिन्न उद्योगों से जुड़े मजदूर ही रहते थे। यह मध्यम वर्ग प्रर्याप्त समृद्ध तो था, परंतु सामंतों एवं पादरियों की भांति वह सुविधाप्राप्त वर्ग में नहीं आता था। अतः वह न केवल सामंतों एवं पादरियों

से घृणा करने लगा था, बल्कि स्वयं को इन्हीं के समकक्ष भी मानने लगा था। इस वर्ग का प्रासंगिकता अठारहवीं सदी में जहां निरंतर बढ़ रही थी, सामंतों की पूरी तरह समाप्त हो चुकी थी। एक अप्रासंगिक वर्ग उन सभी सुविधाओं से युक्त था, जो प्रांसगिक मध्यम वर्ग को उपलब्ध नहीं था। फलस्वरूप, इनके मध्य विद्वेष का उत्पन्न हो जाना एक ऐतिहासिक आवश्यकता बन चुकी थी।

वैचारिक क्रांति

18वीं सदी में फ्रांसीसी समाज एक वैचारिक क्रांति के दौर से गुज़रने लगा था। निःसंदेह यह दावा करना ग़लत होगा कि 1789 की क्रांति फ्रांसीसी वैचारिक क्रांति का प्राकृतिक उत्पाद था। परंतु, यह मानना और भी ग़लत होगा कि इन दोनों क्रांतियों के मध्य कोई रिश्ता नहीं था। वास्तव में, इस क्रांति में, विस्फोट के लिए यदि आशियां युग का आत्मघाती चरित्र उत्तरदायी था, तो उसे सर्वांगीण स्वरूप प्रदान करने में वैचारिक क्रांति की महत्त्वपूर्ण भूमिका थी। संभवतया, आशियां युग का स्वरूप यदि उतना द्वंद्वात्मक न रहा होता तो, उस वैचारिक क्रांति के बाद भी, 1789 में क्रांति का विस्फोट ही नहीं हुआ होता। परंतु, 1789 के पूर्व यदि फ्रांसीसी वैचारिक क्रांति न हो चुकी होती तो निःसंदेह, 1789 के विस्फोट ने एक सर्वांगीण क्रांति का स्वरूप ही न ग्रहण किया होता। फ्रांस के उस वैचारिक क्रांति ने प्राचीन मूल्यों एवं परंपरावादी आदर्शों के समानान्तर नवीन मूल्यों एवं आधुनिक आदर्शों की एक ऐसी नींव तैयार कर दी थी, जिसके बिना इस युग की वह पहली क्रांति संभव ही नहीं थी। उस वैचारिक क्रांति के वाहकों ने, वास्तव में, न केवल प्राचीन समाज के उन स्तंभों को जर्जर कर दिया था, जिन पर उस पूरे समाज का औचित्य टिका हुआ था, बल्कि एक नया सैद्धांतिक खाका भी तैयार कर दिया था, जिसके आधार पर एक नए समाज का निर्माण संभव था। फ्रांसीसी दार्शनिकों ने मुख्यतः यही दोनों कार्य किया था।

यह सच है कि फ्रांसीसी दार्शनिकों वाल्तेयर, मोंतेस्क्यू तथा रूसो में से किसी ने भी न तो क्रांति का नारा दिया था, न उसका आह्वान ही किया था। इनमें से कोई भी उस रक्तरंजित क्रांति का समर्थक भी नहीं था। वास्तव में, उस समय तक, उनके पास, उस प्रकार की किसी क्रांति का उदाहरण ही उपस्थित नहीं था। उन्होंने तो केवल तत्कालीन फ्रांसीसी समाज की विद्रूपता और उसके सैद्धांतिक खोखलेपन पर से पर्दा हटाने तथा उसके स्थान पर एक मानवतावादी एवं न्यायसंगत वैकल्पिक समाज का ख़ाका सामने रखने का कार्य किया था। वाल्तेयर ने यदि पहला कार्य किया था, तो मोंतेस्क्यू एवं रूसो ने दूसरा।

विवेक और सहिष्णुता का संभवतः अब तक का सबसे बड़ा पुरोधा वाल्तेयर (*वाल्तियां*) ही हुआ है। उसका जन्म 1694 में पेरिस के एक लखा प्रमाणक (नोटरी) के यहाँ हुआ था। उसका वास्तविक नाम फ्रैंकाएस मॉरी अरुएत था। इक्कीस वर्ष की आयु में लुई XIV के विरुद्ध एक व्यंग्यात्मक लेख लिखने के लिए उसे वास्तीय के दुर्ग में बंदी बना कर डाल दिया गया था। हालांकि, वह लेख उसने नहीं लिखा था, लेकिन उस छोटी आयु में ही एक व्यंग्यात्मक लेखक के रूप में लोकप्रिय होने की कीमत उसे इस रूप में देनी पड़ी थी। 1718 में उसका पहला काव्य-संग्रह *एडीपी* प्रकाशित हुआ। 1723 में धार्मिक सहिष्णुता पर उसकी रचना *ऑरिआद* (हेनरियाड) प्रकाशित हुई। इन प्रारंभिक रचनाओं ने ही उसे अत्यंत लोकप्रिय कर दिया था। उसी समय उसे एक अभिजात्यवर्गीय व्यक्ति को नाराज करने की कीमत के रूप में वास्तीय में बंदी भी होना पड़ा। परंतु शीघ्र ही उसे इस शर्त पर रिहा कर दिया गया कि वह फ्रांस में नहीं रहेगा।

आगामी तीन वर्षों तक वह इंग्लैंड में रहा, जहां उसने जॉन लॉक, न्यूटन तथा शेक्सपीयर की रचनाओं को पढ़ा। वापस लौटकर उसने *ब्रूटस* तथा *ला मौर द सेज़ार* नामक नाटक लिखे, जिसमें अंग्रेज़ी दुःखांत नाटकों का प्रभाव स्पष्ट रूप से दृष्टिगोचर होता था। 1733 में उसकी सुप्रसिद्ध रचना *लेथ्र आंग्लैज़* (लेटर्स आन द इंगलिश) इंग्लैंड में प्रकाशित हुई। इस रचना ने फ्रांस के परंपरावादी बौद्धिक वर्ग एवं धार्मिक जमातों में सनसनी फैला दी। उसकी एक प्रति को सार्वजनिक रूप से जलाया भी गया। इसे धर्म-विरोधी तथा नैतिकता विरोधी घोषित कर दिया गया। इस पुस्तक में वाल्तेयर ने इंग्लैंड की जनता को प्राप्त अभिव्यक्ति की स्वतंत्रता, संवैधानिक राजतंत्र और धार्मिक दमन के स्थान पर सहिष्णुता की नीति, नागरिक अधिकारों का सम्मान, दार्शनिकों एवं वैज्ञानिकों के सामाजिक गौरव तथा मध्यमवर्ग एवं सामंतों के समान सामाजिक प्रतिष्ठा जैसे विषयों पर अपनी कलम चलाई थी। वाल्तेयर ने इसमें उन्हीं विशिष्ट विषयों की चर्चा की थी, जो फ्रांसीसी समाज में उपलब्ध नहीं थे।

वाल्तेयर की दो अन्य उत्कृष्ट काव्यात्मक रचनाओं–*जेयर* तथा *तानक्रीड* ने चर्च पर चौतरफ़ा प्रहार किया था। इसके साथ ही उसने फ्रांस छोड़ दिया था। पन्द्रह वर्षों तक वह मादाम दू शातेल नामक एक विद्वान महिला के साथ लारेन में रहा। शातेल के निधन के बाद वह तीन वर्षों तक प्रसिया के सम्राट फ्रेडरिक महान के दरबारी के रूप में बर्लिन में रहा। इसके पश्चात वह स्विस सीमा के निकट फर्नी में रहा, जहाँ उसे दमन का भय नहीं था। इसके पश्चात पच्चीस

वर्षों तक उसने नाटकों, कविताओं, दार्शनिक कहानियों, व्यंग्यों, प्रहसनों, इतिहासों, लेखों, उग्र-भाषणों, देववादी प्रवचनों, बाइबिल-विरोधी पर्चों द्वारा धार्मिक अंधविश्वासों, रूढ़ियों एवं कट्टरता के विरुद्ध अपना ज़िहाद जारी रखा।

वाल्तेयर नास्तिक नहीं था। 'प्राकृतिक विज्ञान' के मौलिक सिद्धांतों को वह स्वीकार करता था। वह देववादी था, तथा मानव विवेक द्वारा ज्ञात नैतिक मूल्यों में निष्ठा रखता था। परंतु, ईसाई धर्न की रूढ़ियों, संगठित धर्म के संस्कारों, धर्म-दर्शन के रहस्यात्मक जटिलताओं तथा धार्मिक कट्टरता, दमन, रक्तपात, विवेकहीनता एवं अभिव्यक्ति की स्वतंत्रता पर होने वाले कुठाराघातों का उसने जमकर विरोध किया। 1764 में प्रकाशित अपनी रचना *फिलॉसोफिकल डिक्शनरी* में उसने 'ईश्वर', 'धर्म', 'कट्टरता', 'विवेक की स्वतंत्रता' तथा 'विचारों की स्वतंत्रता' पर लेख प्रकाशित किए। इसी प्रकार 1751-1758 ई. के मध्य रचित अपने लेख *एस्से आन द मैनर्स एंड स्प्रिट ऑफ़ नेशंस, तथा ट्रीटाइज आन टालरेंस* में भी उसने संगठित धर्मों को समाप्त कर देने की वकालत की। *एक्रेसेज़ ला इनफैमी* का नारा देते हुए उसने इस बुरी वस्तु को नष्ट कर देने का आह्वान किया था।

वाल्तेयर ने अपने उपन्यास *कान्दीद* में *अल डोराडो* नामक एक स्थान की परिकल्पना की थी, जो दक्षिणी अमरीका में कहीं स्थित था। इस स्थान पर वास्तविक स्वतंत्रता और शांति स्थापित थी। वहां कोई पादरी, कोई कानूनी विवाद, कोई कारावास नहीं था। वहां के निवासी बिना किसी लालच एवं शत्रुता के एक दूसरे के साथ मिलकर रहते थे। वे अपने विवेक के आधार पर ईश्वर की आराधना करते थे, तथा तर्क एवं विज्ञान के आधार पर अपनी समस्याओं को सुलझाते थे। परंतु यह सब इसलिए संभव हो सका था, क्योंकि वह भूमि 'यूरोप के संगठित हत्यारों' की पहुंच से दूर था।

वाल्तेयर व्यक्तिगत स्वतंत्रता का सबसे बड़ा वकील था। अभिव्यक्ति तथा विचारों की स्वतंत्रता पर लगाए गए प्रतिबंधों को वह बर्बरता की पहचान मानता था। उसकी यह उक्ति अत्यंत प्रसिद्ध है कि 'मैं तुम्हारे बोले गए एक शब्द से भी सहमत नहीं हूं परंतु तुम्हारे बोलने के अधिकार का मैं जान देकर भी रक्षा करूंगा।' 1778 में वाल्तेयर पेरिस लौट आया। इसी वर्ष चौरासी वर्ष की आयु में उसका निधन हो गया। उसके लौटने पर पेरिसवासियों ने जिस गर्मजोशी से उसका स्वागत किया था, उसी से यह स्पष्ट हो जाता है कि उसने अपने समकालीन

समाज को किस सीमा तक प्रभावित किया था। वास्तव में यह वाल्तेयर का वैचारिक युग था।

"मानव समाज ने अपने अधिकारों को खो दिया था, मोंतेस्क्यू उसे पुनः पाने के लिए आया है।" मोंतेस्क्यू के संबंध में वाल्तेयर की यह उक्ति पूरी तरह सटीक है। मोंतेस्क्यू (1689-1755) एक मैजिस्ट्रेट होने के साथ-साथ बोर्दिया के पार्लेमेंत का अध्यक्ष भी था। उसकी प्रथम पुस्तक *पर्शियन लेटर्स* 1721 में प्रकाशित हुई थी। इस पुस्तक में पेरिस की यात्रा कर रहे दो फारसी यात्री फ्रांसीसी जीवन का वर्णन करते हैं। इस यात्रा विवरण के माध्यम से मोंतेस्क्यू ने लुई XIV के शासनकाल की पूरी व्यवस्था पर टिप्पणी की है। उसने दरबार में व्याप्त भ्रष्टाचार, अभिजात्य वर्ग की सुविधाओं, दोषपूर्ण वित्तीय प्रशासन, धार्मिक कट्टरता तथा असहिष्णुता का मजाक उड़ाया है। इस लोकप्रिय पुस्तक की इतनी अधिक प्रतियां बिक गईं कि मोंतेस्क्यू ने न्यायाधीश का पद त्याग कर शेष जीवन यात्रा एवं अध्ययन में ही व्यतीत किया। मोंतेस्क्यू इंग्लैंड तथा उसकी लोकतांत्रिक संस्थाओं से अत्यंत प्रभावित था। 1734 में प्रकाशित अपनी दूसरी पुस्तक *द ग्रेटनेश एंड डिकैडेंस ऑफ़ द रोमंस* में उसने इतिहास-दर्शन के विभिन्न पक्षों पर दार्शनिक टिप्पणी की है। इस पुस्तक में उसने मानव इतिहास पर पड़ने वाले जलवायु, भूगोल तथा जनसंख्या के प्रभावों का अध्ययन किया था।

मोंतेस्क्यू की महानतम रचना *स्प्रिट ऑफ़ लॉज़* 1748 में प्रकाशित हुई थी। इस पुस्तक में मोंतेस्क्यू ने राजतंत्र एवं निरंकुशता की कमियों एवं बुराइयों का वर्णन करते हुए गणतंत्रात्मक प्रणाली की सराहना की है। राजनैतिक दर्शन के इतिहास पर प्रकाश डालने वाली इस पुस्तक में ब्रिटेन के संवैधानिक राजतंत्र के प्रति मोंतेस्क्यू का सम्मान पूरी तरह स्पष्ट हो जाता है। इस पुस्तक में उसने राजा को स्थानापन्न करने वाली एक वैकल्पिक राज व्यवस्था की कल्पना की है, जिसमें राजा की तीनों शक्तियों—विधायिका, कार्यपालिका तथा न्यायपालिका—को अलग कर उनमें शक्ति-संतुलन स्थापित किया गया है। मोंतेस्क्यू के इस दार्शनिक अवधारणा ने ही अमरीकी एवं फ्रांसीसी क्रांतियों के बाद राजा के स्थान पर ऐसी गणतंत्रात्मक प्रणाली स्थापित करने के विचार को जन्म दिया, जिसमें इन तीनों शक्तियों को अलग-अलग कर दिया गया था।

वाल्तेयर की ही भांति मोंतेस्क्यू भी क्रांति का पक्षधर नहीं था। वह अभिजात्य वर्गों की सुविधाओं तथा चर्च की निरंतरता का भी समर्थक था। परंतु, वह पादरीवाद एवं कट्टरता का समर्थक नहीं था। मोंतेस्क्यू राजा की निरंकुशता पर अंकुश

लगाने के लिए सामंतों की राजनैतिक शक्ति में वृद्धि का समर्थक था। वह न्यायपालिका के पदों की बिक्री का भी विरोधी नहीं था। परंतु, वाल्तेयर की भांति वह भी दमन के बर्बर तरीकों, अमानवीय सजाओं तथा नागरिक अधिकारों के हनन का धुर विरोधी था।

1762 में प्रकाशित जॉन ज़ॉक रूसो (1712-1778) की रचना '*कंफेशंस्*' से रूसो के जीवन, अनुभव, दर्शन और कार्य योजनाओं की प्रामाणिक जानकारी प्राप्त होती है। प्रारंभिक चालीस वर्षों तक उसका जीवन, निर्धनता, असफलता एवं भटकाव से परिपूर्ण एक गैर महत्त्वपूर्ण अज्ञात व्यक्ति के जीवन जैसा रहा। अपने बाल्यकाल से ही उसने एक एकाकी, अनुशासनहीन, अशिक्षित एवं दिशाहीन व्यक्ति की भांति जीवन व्यतीत किया था। इस दौर में, अपने समकालीन बौद्धिक आंदोलन में भी उसके किसी योगदान का जिक्र नहीं हो सका था। सोलह वर्ष की आयु में अपने नगर जेनेवा को छोड़कर वह नक्काशीकार बन गया था। चौदह वर्षों तक वह एक गृहहीन घुमंतू व्यक्ति जैसा आवारा जीवन व्यतीत करता रहा। एक के बाद एक पेशे में असफल होने के बाद संपत्ति के नाम पर उसने अनुभवों की एक समृद्ध थाती एकत्रित कर ली थी। 1741 से 1749 तक वह पेरिस की गोष्ठियों का नियमित भागीदार बना रहा, जो पेरिस के वैचारिक जगत की पहचान बन चुके थे। यहां भी वह एक असफल व्यक्ति की भांति अपनी पहचान न बना सका था। निःसंदेह, इस निर्धन व्यक्ति का निधन यदि 1749 के पूर्व हो गया होता तो यह दुनिया अनंतकाल के लिए निर्धन ही रह गई होती।

रूसो की तरफ़ लोगों का ध्यान सर्वप्रथम उसके *फर्स्ट डिसकोर्स* नामक लेख के प्रकाशन के बाद गया। रूसो ने यह लेख एक प्रतियोगिता के लिए लिखा था। *दिज़ो* की अकेडमी द्वारा आयोजित इस प्रतियोगिता में इस प्रश्न का उत्तर देना था कि "विज्ञान और कला की प्रगति ने नैतिकता को भ्रष्ट किया है कि शुद्ध।" इस प्रश्न के उत्तर में लिखे गए अपने लेख में रूसो ने यह बताया था कि प्राचीनकाल में मनुष्य एक साधारण जीवन व्यतीत करता था। उसका जीवन अत्यंत सुखमय एवं नैतिकता तथा प्रसन्नता से परिपूर्ण था। परंतु ज्ञान के विस्फोट, संपत्ति के आगमन, नगरों एवं विलासिता के विकास ने उसके सामान्य जीवन को भ्रष्ट और कष्टपूर्ण कर दिया है। इस लेख में उसने अपनी ओजस्वी भाषा, प्रवाहमय शैली तथा अकाट्य तर्कों से यह स्थापित कर दिया था कि कला और विज्ञान ने मानव समाज को लाभ से अधिक हानि पहुंचाया है। रूसो के तर्कों

ने अपने समकालीन वैचारिक युग के विरुद्ध एक आध्यात्मिक विद्रोह का झंडा खड़ा कर दिया था।

इस लेख के पश्चात रूसो ने एक के बाद एक अनेक पुस्तकें प्रकाशित की। *द ओरिजिन ऑफ़ इनइक्विलिटी* (1755); *द न्यू हिलॉएस*, (1761); *एमिली* (1762), तथा *द सोशल काट्रैक्ट*, (1762) से उसने आध्यात्मिक क्रांति का बिगुल बजा दिया था। रूसो के नवीन दर्शन ने लाखों लोगों को रातों-रात अपना समर्थक बना लिया था। रूसो ने वैचारिक जगत पर शासन कर रहे 'विवेक' की अवधारणा को चुनौती दी थी, जो मनुष्य के भावनात्मक पक्ष और आध्यात्मिक चरित्र को विश्लेषित करने में असफल रहा था। अपने युग के दार्शनिकों को संबोधित करते हुए रूसो ने कहा था :

"इहलोक एवं परलोक में उपस्थित अनेक बातों पर आपके दर्शन में ध्यान नहीं दिया गया है। मस्तिष्क के तर्कों से अधिक हृदय के स्पंदनों पर विश्वास करना चाहिए। जिस विवेक की आप सराहना करते हैं, जिसकी उपलब्धियों को गिनाते हुए आप थकते नहीं हैं, जिसके अनंत पूर्णता के आश्वासन को आप स्वीकार करते हैं, वह एक झूठा मार्गदर्शक है। मुझे जो सफलता एवं प्रसन्नता चाहिए, उसे देने लायक समाज का निर्माण इसने नहीं किया है। प्रकृति से, हर जगह मनुष्य मेरे ही जैसा है—साधारण, ईमानदार, संवेदनशील तथा नैतिक, परंतु वह न चाहते हुए भी ग़लत कार्य करता है। एक ऐसा समाज जिसमें थोड़े से लोग विलासिता पूर्ण जीवन व्यतीत कर रहे हों तथा अधिकांश लोग बदनसीबी में पिस रहे हों, जिसमें थोड़े से उच्च पदस्थ लोग बहुसंख्यक की अधीनता पर लाभान्वित हो रहे हों, जिसमें झूठी शिक्षा सद्गुणों और मानवता के मूल्यों को नकार देती हो, वह पूरी तरह एक भ्रष्ट समाज है। इसे बदलना विवेक के वश में नहीं है। मनुष्य केवल उसी समाज में प्रसन्न रह सकता है, जिसमें उसे अपनी अंतरात्मा के बताए रास्ते पर चलने तथा प्रकृति के उद्देश्यों के साथ नैतिक सामंजस्य बना कर जीने की स्वतंत्रता हो।"

रूसो ने अपने आलोचकों की एक सेना ही खड़ी कर ली थी। आध्यात्मिक तथा इहलौकिक दोनों समुदाय उसके विरुद्ध उठ खड़े हुए थे। *एमिली* के प्रकाशन के बाद पेरिस के पार्लेमेंत ने उसे बंदी बनाने का आदेश जारी कर दिया था। एक बार फिर अपने जीवन के अंतिम सोलह वर्षों के लिए वह एक लाचार घुमंतू का जीवन व्यतीत करने के लिए मजबूर कर दिया गया था। इस प्रकार 18 वीं सदी के सर्वाधिक मौलिक मस्तिष्क को आध्यात्मिक रूप से सड़ने के लिए मजबूर कर दिया गया। अपने जीवन की इस दशा से दुःखी रूसो पर आंशिक पागलपन

का दौरा पड़ने लगा था, जिससे उसे मृत्यु के बाद ही मुक्ति मिल पाई। फिर भी, इस अभिशप्त जीवन को जीने वाले रूसो ने अपने युग को जीत लिया था। जिस समय वह मरा उस समय प्रत्येक पढ़ा लिखा व्यक्ति उसकी रचनाएं पढ़ रहा था।

एमिली से रूसो को लोकप्रियता भी प्राप्त हुई। इस पुस्तक में उसने शिक्षा के महत्त्व को स्थापित किया था। उसने स्थापित किया था कि तत्कालीन मानव समाज को बदलने के लिए एक प्रबुद्ध निरंकुश राजा की नहीं, बल्कि एक प्रबुद्ध जनता की आवश्यकता थी, जिसका निर्माण केवल उपयुक्त शिक्षा के द्वारा ही किया जा सकता था।

प्रबुद्धवाद के उस युग में, जिसमें वाल्तेयर के विवेकवाद का निरंकुश शासन चुनौती रहित था, रूसो अपने मौलिक सिद्धांतो से रोमांसवाद का जन्मदाता बन गया था। उसने अपनी सर्वोत्कृष्ट रचना *सोशल कांट्रेक्ट* में वाल्तेयर के 'निरंकुश इच्छा' के स्थान पर 'सामान्य इच्छा' के अवधारणा की स्थापना की थी। इस अवधारणा के अनुसार एक न्यायपूर्ण मानव समाज में मानव स्वयं को और अपने अधिकारों को एक 'सामान्य इच्छा' के समक्ष समर्पित कर चुका होगा, तथा सभी के हित के अनुरूप कार्य करने को वचनबद्ध होगा। इस सिद्धांत में भावी लोकतंत्र के बीज छुपे हुए थे।

रूसो ने सर्वाधिक महत्त्वपूर्ण संघर्ष विषमता के विरुद्ध किया था। उसका मानना था कि सभी मनुष्य स्वतंत्र पैदा होते हैं, पर अभी भी वे बंधनों में जकड़े हुए हैं। अपनी पुस्तक *ओरिजिन ऑफ़ इनइक्विलिटी* में उसने विषमता के उद्भव पर प्रकाश डाला था। उसने यह प्रमाणित किया था कि सभी मनुष्य के कुछ प्राकृतिक अधिकार एवं स्वतंत्रताएं होती हैं। ऐसे किसी भी शासन के प्रति निष्ठावान रहने के लिए उसे मजबूर नहीं किया जा सकता है, जो उसके जीवन, स्वतंत्रता और संपत्ति के अधिकारों की सुरक्षा प्रदान करने में सफल न रहा हो। उसके लोकप्रिय सर्वोच्चता का सिद्धांत स्वतंत्रता, समता और भाईचारावाद के मूल्यों पर आधारित था।

वैचारिक क्रांति के इस युग को दार्शनिकों के अतिरिक्त एक अन्य वर्ग ने भी अत्यंत प्रभावित किया, जो स्वयं को अर्थशास्त्री अथवा *फिजियोक्रेट* कहते थे। यह वर्ग, भूमि को समृद्धि का मूल स्रोत मानता था। इनका मानना था कि प्रकृति की भांति मानव समाज भी कुछ निर्धारित नियमों के द्वारा संचालित होता है, तथा सरकार का यह नैतिक कर्तव्य है कि वह इन नियमों की खोज करे तथा

समाज को उनके अनुरूप संचालित करे। इन्होंने यह दावा भी किया कि विवेक और अनुभव के आधार पर उन्होंने ऐसे ही कुछ नियमों की खोज की है। इनमें से पहला नियम यह था कि मानव के सहअस्तित्व को उत्पादन के स्वतंत्र वितरण से ही प्राप्त किया जा सकता है। उन परिस्थितियों में व्यक्तिगत हित आवश्यक रूप से सामाजिक हित का उद्देश्य पूरा करता है। दूसरा नियम यह था कि मनुष्य को संपत्ति का अपना प्राकृतिक अधिकार समस्त सरकारी नियंत्रणों एवं सामंती प्रतिबंधों को समाप्त कर ही प्राप्त हो सकता है, जो उसे अपनी संपत्ति का पूर्ण उपभोग करने से रोकती है। स्वतंत्र उत्पादन और स्वतंत्र वितरण ही उनका साध्य था। वे केवल *मांग व पूर्ति* के प्राकृतिक नियमों तथा मनुष्य के प्रबुद्ध स्वार्थ के नियंत्रण पर ही विश्वास रखते थे।

इन अर्थशास्त्रियों में प्रमुख फ्रांस्वा कज़ने (1694-1774) तथा मार्किस द गुरने (1712-1759) थे। कज़ने ने 1758 में *ताब्लो एकोनामीक* नामक पुस्तक प्रकाशित की। लुई XV के चिकित्सक कज़ने का मानना था कि भूमि ही समस्त समृद्धि का मूल स्रोत है। उसका यह भी मानना था कि केवल उसी कृषि उपज एवं खनिज उत्पादनों पर कर लगाया जाना चाहिए, जिनकी खपत उत्पादन की प्रक्रिया के दौरान नहीं हो पाता है। उसी ने यह कहा था कि "निर्धन किसान, निर्धन राज्य; निर्धन राज्य, निर्धन राजा।" गुरने ने भी कज़ने के सिद्धांतों का समर्थन किया था। गुरने का मानना था कि बिना स्वतंत्र प्रतियोगिता के व्यवसाय एवं उद्योग प्रगति नहीं कर सकते हैं। दोनों ने तटकर, संरक्षकात्मक करों, तथा गिल्ड नियंत्रणों का विरोध किया था। दोनों ने कोल्बेर के नियंत्रणों की आलोचना करते हुए यह कहा था कि प्राकृतिक आर्थिक शक्तियों के स्वतंत्र विचरण पर नियंत्रण लगाने का अधिकार सरकार के पास नहीं होना चाहिए।

इस युग को संचालित करने वाले नवीन ज्ञान को व्यवस्थित स्वरूप प्रदान करने का उत्तरदायित्व दानी दिदरा ने स्वयं अपने ऊपर ले लिया था। उसने दालानब्र (दालाम्बेर), दोलबाख तथा हेल्वेशिल (एल्वासिस) की सहायता से पैंतीस खंडों में विशालकाय विश्वकोष की रचना की। इसके संपादक के रूप में दिदरा ने भिन्न-भिन्न विचारों के अनेक लेखकों की सहायता ली थी। प्रबुद्धता के उस युग में राजनीति, धर्म, नैतिकता, अध्यात्म, तथा अर्थशास्त्र से संबंधित विवादास्पद विचारों को एक सूत्र में पिरोने का असंभव कार्य दिदरो ने कर दिया था। तत्कालीन धार्मिक असहिष्णुता, तथा सरकारी प्रतिबंधों के बाद भी यह महान विश्वकोष तैयार हो गया था। तत्काल, फ्रांस में ही नहीं, बल्कि पूरे यूरोप में इस ऐतिहासिक

रचना का प्रचार एवं प्रसार होने लगा था। इस विश्वकोष को भी तमाम धार्मिक प्रतिबंधों और विरोधों का सामना करना पड़ा। अनेक स्थानों पर इसकी प्रतियों को सार्वजनिक रूप से जलाया गया। परंतु, ज्ञान के इस महत्त्वपूर्ण कोष को प्रयोग करने से लोगों को रोका न जा सका। फ्रांसीसी क्रांति के दौरान मृत्युदंड पाने वाले दार्शनिक *कोंदोरसे* ने विश्वकोष की उपयोगिता पर टिप्पणी करते हुए यह कहा था कि "अंत में सत्य की जीत हुई है, तथा मानवता की रक्षा हो सकी है।"

वाल्तेयर ने दैविक राजतंत्र की निरंकुशता के नीचे से उसकी आधारशिला ही हटा दी थी, जिस पर प्राचीन सामाजिक-राजनैतिक ढांचा खड़ा था। उसने ईसाई धर्म में व्याप्त अंधविश्वासों, कुरीतियों, कट्टरताओं, असहिष्णुताओं, पादरियों के ढोंगों तथा मध्यकालीन विवेकहीनता का दमन करने तथा मानवता, विवेक तथा सहिष्णुता पर आधारित प्राकृतिक धर्म के रास्ते को अपनाने का नारा देकर दैविक राजतंत्र के औचित्य को ही चुनौती दे दिया था। यदि वह प्रचलित धर्म ही गैर वैज्ञानिक एवं मानव विरोधी था, तो उस पर टिके दैविक राजतंत्र के लिए भी समाज में कोई स्थान शेष नहीं था। मोंतेस्क्यू ने राजा के तीनों कर्तव्यों विधि निर्माण, विधि पालन तथा न्याय पालन को तीन भिन्न, परंतु संतुलित संस्थाओं विधानपालिका, कार्यपालिका तथा न्यायपालिका में विभाजित कर राजा का विकल्प प्रस्तुत कर दिया था। उसके इसी सिद्धांत पर अमरीका के निर्माताओं ने राजा के स्थान पर गणतंत्र की स्थापना भी कर ली थी। मोंतेस्क्यू ने हर हाल में राजा को ढोते रहने की मजबूरी से मुक्ति का मार्ग दिखा दिया था। परंतु इस वैकल्पिक राजनैतिक स्वरूप के निर्माण के लिए सैद्धांतिक आधारशिला निर्मित करने का कार्य रूसो ने किया था। अपने 'सामान्य इच्छा' के सिद्धांत द्वारा उसने नवीन राजनैतिक संस्थाओं को निर्मित करने का नवीन विचार प्रस्तुत किया था। उसने अपनी 'सामाजिक संविदा' में यह स्थापित कर दिया था, कि राजनैतिक संप्रभुता का स्रोत, राजा नहीं बल्कि, जनता की 'सामान्य इच्छा' होती है। इस क्रांति के बाद यही सिद्धांत आधुनिक लोकतंत्र का मूलमंत्र बनने वाला था। 1789 में क्रांति का विस्फोट होने तथा प्राचीन व्यवस्था को सुविधा प्राप्त वर्गों के रक्त में डुबोने के बाद क्रांतिकारियों ने इन्हीं सिद्धांतों पर आधारित एक वैकल्पिक राजनैतिक एवं सामाजिक व्यवस्था निर्मित करने का मार्ग अपना लिया था। इस पूरी प्रक्रिया ने ही इसे आधुनिक युग की सर्वांगीण क्रांति बना दिया था।

इस्टेटस् जनरल

लुई XVI ने अपने शासन का प्रारंभ एक लोकप्रिय राजा के रूप में किया था। फ्रांसीसी जनता एक बूढ़े एवं अयोग्य राजा लुई XV के स्थान पर उसके युवा पौत्र को पाकर अत्यंत आशान्वित एवं उत्साहित हो गई थी। अपनी जनता की उम्मीदों पर खरा उतरने के लिए लुई XVI ने अपने शासनकाल का प्रारंभ सुधारों को लागू करने के साथ किया भी था। न्यायिक सामंतों का समर्थन प्राप्त करने के लिए उसने 'पार्लेमेंतो' को भी पुनर्स्थापित कर दिया, जिन्हें 1771 में लुई XV ने समाप्त कर दिया था। लुई XVI ने अपने शासनकाल का प्रारंभ योग्यतम अधिकारियों की नियुक्ति के साथ किया था। वाल्तेयर का मित्र तूरगो (1774-1776) इन्हीं में से ही एक था। लुई ने उसे अपना 'कंट्रोलर जनरल ऑफ़ फाइनेंस' नियुक्त किया था। इस युग के नवीन विचारों से ओत-प्रोत दार्शनिक तूरगो ने सरकारी खर्च को कम करने के लिए अनावश्यक कर्मचारियों की छंटनी की योजना बना ली। अपनी इस नीति को उसने एक वाक्य ''दिवालिया नहीं, नए कर नहीं, नए कर्ज नहीं'', में स्पष्ट कर दिया था। उसने तमाम छोटे-छोटे अनावश्यक करों तथा कर वसूली में चलने वाली अनियमितताओं को समाप्त कर राष्ट्रीय कर्ज़ को भी कम कर दिया था। परंतु राष्ट्रीय आय को बढ़ाने के लिए सितंबर 1774 में उसने 'अनाज-व्यापार' का नया आदेश जारी कर दिया। इस आदेश के अंतर्गत अनाजों के आंतरिक व्यापार पर लगे तमाम प्रतिबंधों एवं नियंत्रणों को समाप्त कर दिया गया। इन सरकारी नियंत्रणों के हटने से सरकारी भ्रष्टाचार का मार्ग भी अवरुद्ध हो गया। फलस्वरूप, सरकारी अधिकारियों के वर्ग में असंतोष व्याप्त हो गया। सुविधाप्राप्त वर्ग उसकी सुधार योजनाओं से कुपित था ही। फलस्वरूप, अकाल के भय का माहौल निर्मित कर दिया गया। इसके कारण अचानक महंगाई बढ़ गई। किसान भी उसके इस नीति का महत्त्व न समझ सके। फ्रांस में कृषक-विद्रोह प्रारंभ होने लगे। फलस्वरूप, कृषि के क्षेत्र में उदारवाद लाने की उसकी योजना धरी रह गई।

अपनी इस असफलता के बाद भी तूरगो विचलित नहीं हुआ। उसने 1776 में बेगारी की प्रथा (कोरवे) तथा श्रेणी निकायों (गिल्ड व्यवस्था) को समाप्त करने का आदेश जारी कर दिया। इसके साथ ही साथ करों में समानता की नीति की भी घोषणा कर दी गई। लुई XVI ने पार्लेमेंत के विरोधों को नज़रअंदाज़ करते हुए इन आदेशों को पारित कर दिया। परंतु, इसके साथ ही फ्रांस का सुविधाप्राप्त वर्ग उसका शत्रु बन बैठा। उन्होंने तूरगो को हटाने के लिए मॅारी अंत्वानेत का

समर्थन प्राप्त कर लिया। मॉरी अंत्वानेत के दबाव में आकर लुई XVI ने तूरगो को पदच्युत कर दिया। इसके साथ ही सही दिशा में होने वाले सुधारों की समस्त संभावनाएं भी समाप्त हो गईं।

इसके बाद लुई XVI ने जेनेवा मूल के प्रसिद्ध बैंकर और वित्तीय विशेषज्ञ नेकर (1776-1781) को 'डायरेक्टर जनरल ऑफ़ फाइनेंस' बनाकर यह जिम्मेदारी सौंप दी। एक विदेशी तथा प्रोटेस्टैंट होने के कारण उसे मंत्री नहीं बनाया जा सकता था। नेकर ने तत्काल प्रशासनिक सुधारों तथा नए कर्जों की व्यवस्था प्रारंभ कर दी। 1778 में अमरीका के विद्रोहियों के साथ संधि करने के कारण फ्रांस की वित्तीय व्यवस्था पर अचानक अत्यधिक बोझ आ पड़ा। नेकर ने तमाम वित्तीय जटिलताओं को समाप्त कर परोक्ष करों की वसूली का कार्य सरकार के जिम्मे कर दिया। उसके कर्जों तथा लाटरियों की योजना सफल हो गई। बिना कर बढ़ाए, कर्जों के बल पर, उस युद्धकाल की वित्तीय आवश्यकताओं की पूर्ति करने में नेकर सफल रहा। इससे, एक महान वित्तीय प्रशासक के रूप में, उसकी प्रतिष्ठा अपने चरम पर पहुंच चुकी थी। परंतु, यह कम ही लोग समझ सके थे कि वास्तव में नए कर्जों का उपयोग पुराने कर्जों के ब्याज चुकाने के लिए ही हो पा रहा था। वास्तव में, उसकी नीतियों ने फ्रांस के आर्थिक संकट को कम करने के स्थान पर अत्यधिक बढ़ा दिया था। अपनी बढ़ती लोकप्रियता का लाभ उठाकर उसने पूर्ववर्ती सुधारकों के कार्यों को आगे बढ़ाने का प्रयास प्रारंभ कर दिया। उसने राजसी भू-संपत्ति पर कृषक दास की व्यवस्था को समाप्त करने, आपराधिक जांच कार्यों में यातना देने पर प्रतिबंध लगाने के साथ-साथ इंटेंडेंटों के अधिकारों को कम करने के लिए प्रांतीय सभाओं को स्थापित करना प्रारंभ कर दिया।

नेकर ने अपनी सफलताओं को लोकप्रिय बनाने तथा मंत्री बनने के लिए 1781 में अपने वित्तीय प्रशासन की उपलब्धियों को प्रकाशित कर दिया। इसमें उसने आंकड़ों को फेरबदल कर सकारात्मक आर्थिक संतुलन प्रदर्शित करने का प्रयास किया, जबकि वास्तव में वह बजट एक घाटे का बजट था। यद्यपि, इस बजट की लाखों प्रतियां बिक गई थीं, परंतु इससे उसकी बेईमानी का भेद भी सार्वजनिक हो गया। उसके विरोधियों को अवसर प्राप्त हो गया तथा नेकर को मंत्री नहीं बनाया गया। नेकर ने इसके विरोध में त्यागपत्र दे दिया।

आगामी दो वर्षों तक फ्रांस में भय एवं अनिश्चितता का वातावरण बना रहा। सरकार के दिवालिया हो जाने के भय से सरकार को कर्ज़ देने वाला पूंजीपति वर्ग अत्यंत चिंतित हो गया था। दूसरी तरफ़ अमरीकी क्रांति के कारण मध्यम

वर्ग राजनैतिक बदलाव की बढ़ती उम्मीद से अत्यंत उत्साहित हो गया था। यह वही दौर था, जिसमें फ्रांस की सहायता से अमरीकी विद्रोही सेना ने ब्रिटेन को पराजित कर दिया था। अंततोगत्वा, 1783 में पेरिस की संधि के साथ अमरीकी युद्ध समाप्त हो गया। नवंबर 1783 में लुई XVI ने शार्ल द आलेक्जांद्र कालोन (1783-1787) को वित्त विभाग का कंट्रोलर जनरल नियुक्त कर दिया। कालोन एक अत्यंत बुद्धिमान एवं अनुभवी इंटेंडेंट था। उसने सबसे पहले फ्रांस के खोए आत्मविश्वास को वापस स्थापित करने का प्रयास प्रारंभ कर दिया। इसके लिए उसने फ्रांसीसी पूंजीपतियों से अत्यधिक कर्ज़ लेकर जनता के क्रय शक्ति को बढ़ाने का प्रयास प्रारंभ कर दिया। उसे अपनी इस नीति में सफलता भी प्राप्त होने लगी। एक बनावटी समृद्धि का वातावरण निर्मित होने लगा। इन वर्षों में अच्छी फसल तथा वाणिज्य एवं उद्योगों में सकारात्मक विकास के कारण किसानों तथा मजदूरों की बदहाली में वृद्धि नहीं हुई। परंतु, यह बनावटी समृद्धि अधिक दिनों तक टिक नहीं सकी। शीघ्र ही आर्थिक मंदी के आसार दिखने लगे और पूंजीपति वर्ग का आत्मविश्वास भी गिरने लगा। कालोन के तमाम प्रयासों के बाद भी कर्जों के ब्याज को चुकाना असंभव होने लगा। पार्लेमेंतों ने कर्जों व खर्चों की नीति का विरोध प्रारंभ कर दिया।

इस आर्थिक संकट का सामना करने के लिए कालोन ने एक सुधार योजना प्रस्तुत की। इस योजना के अनुसार बेगार प्रथा को समाप्त करने, आंतरिक तटकर को न्यूनतम करने, प्रांतीय सभाओं को स्थापित करने तथा ताईय एवं गाबेल्ल (सेल्स टैक्स) के दरों को कम करने के साथ-साथ भूमि कर लगाने का प्रस्ताव रखा गया, जो तीसरे इस्टेट के साथ-साथ पादरियों व सामंतों को भी देना था। इन प्रस्तावों को स्वीकृति प्रदान कराने के लिए लुई XVI 'विशिष्टों की सभा' (असेंबली ऑफ़ नोटेबल्स) बुलाने पर सहमत हो गया। फ़रवरी 1787 में तीनों इस्टेट के एक सौ चौवालिस प्रतिनिधियों ने इस प्रस्ताव पर विचार प्रारंभ कर दिया। फ्रांस का पादरी और सामंत वर्ग अपनी सुविधाओं का त्याग करने के लिए बिलकुल तैयार नहीं था। विशिष्टों की इस सभा ने कालोन के प्रस्तावों को पूरी तरह खारिज़ कर दिया। मजबूर होकर लुई XVI ने कालोन को हटाकर ब्रिएन्न (1787-1788) को वित्त मंत्री बना दिया।

ब्रिएन्न ने भी कालोन के प्रस्ताव को एक बार फिर 'विशिष्टों की सभा' में विचारार्थ रख दिया। इस प्रस्ताव में ब्रिएन्न ने 'स्टैंप टैक्स' नामक एक नए कर का प्रस्ताव भी जोड़ दिया था। परंतु पादरी एवं सामंत वर्ग इसे भी स्वीकार

करने को तैयार नहीं थे। लुई XVI ने 25 मई 1787 को यह सभा भंग कर दी। अब इस प्रस्ताव पर पार्लेमेंतों को विचार करना था। परंतु, फ्रांस का न्यायिक सामंत वर्ग भी 'लैंड टैक्स' और 'स्टैंप टैक्स' को स्वीकार करने के लिए तैयार नहीं था। पार्लेमेंतों ने इसके लिए 'इस्टेट्स जनरल' की सभा बुलाने का परामर्श दिया। इसके जबाब में सरकार ने नवंबर 1787 में यह आश्वासन दिया कि आगामी पांच वर्षों में 'इस्टेट्स जनरल' की सभा बुला ली जाएगी तथा दोनों प्रस्तावित करों को भी वापस ले लिया जाएगा, यदि पार्लेमेंत कर्ज लेने के प्रस्ताव को पंजीकृत कर दे। जब पार्लेमेंत ने इस प्रस्ताव को भी अवैधानिक घोषित कर दिया तो लुई XVI ने पहली बार कड़े कदम उठाते हुए इन न्यायालयों को समाप्त कर दिया। लुई के इस निर्णय ने जन आक्रोश को और अधिक बढ़ा दिया। 'इस्टेट्स जनरल' बुलाने की मांग ने तीव्रता पकड़ ली तथा अनेक स्थानों पर विद्रोहात्मक प्रदर्शन होने लगे। अंत में सरकार ने मजबूर होकर 1 मई 1789 को 'इस्टेट्स जनरल' बुलाने की घोषणा कर दी। ब्रिएन्न को अपदस्थ कर एक बार फिर नेकर को वित्त मंत्री बना दिया गया।

इस घोषणा के साथ ही 'इस्टेट्स जनरल' के चुनाव की तैयारियां प्रारंभ हो गईं। पादरियों एवं सामंतों का सुविधाप्राप्त वर्ग 'इस्टेट्स जनरल' के परंपरावादी स्वरूप को बनाए रखना चाहता था। इसके पूर्व 'इस्टेट्स जनरल' की बैठक 175 वर्ष पूर्व 1614 में हुई थी।[2] अपने सुविधाओं को बनाए रखने के लिए कटिबद्ध इस वर्ग के अनुसार प्रत्येक इस्टेट के प्रतिनिधियों की संख्या बराबर-बराबर होनी चाहिए थी; तथा निर्वाचित सभा के अंदर मतदान वर्गों के आधार पर होना चाहिए था। इस प्रक्रिया के अनुसार प्रत्येक 'इस्टेट' के अंदर बहुमत का निर्धारण व्यक्तिगत प्रतिनिधियों के मत के आधार पर किया जाना चाहिए था। जबकि, 'इस्टेट्स जनरल' की सम्मिलित सभा में प्रत्येक इस्टेट का एक मत होना चाहिए था। इनका मानना था कि फ्रांस के पास पहले से ही एक परंपरावादी संविधान उपस्थित था। अतः किसी प्रकार के नए संविधान की आवश्यकता नहीं थी।

सुविधाहीन वर्गों का मानना था कि फ्रांस के पास कोई संविधान नहीं था। वे एक संविधान बनाने के पहले 'इस्टेट्स जनरल' के चुनाव एवं मतदान की प्रक्रिया में बदलाव चाहते थे। उनकी मांग थी कि तीसरे इस्टेट के प्रतिनिधियों की संख्या शेष दोनों इस्टेटों की संख्या के योग के बराबर होनी चाहिए तथा निर्वाचित सभा में मतदान इस्टेट के आधार पर नहीं, व्यक्ति के आधार पर होना चाहिए। उन्होंने स्वयं को 'देशभक्त' कहना प्रारंभ कर दिया था। यह वर्ग न केवल अत्यंत संगठित

था, बल्कि इनके पास अनेक योग्य नेताओं की भरमार भी थी। लॉफॉयैत्त, कोन्दोरसे, मिराबो तथा आद्रियान दूयू पौढ़ जैसे प्रतिभा-संपन्न नेताओं ने अपनी मांगों को संगठित रूप से रखने के लिए एक 'तीस सदस्यों की समिति' भी बना ली थी। इन्होंने पूरे फ्रांस में अपनी मांगों का प्रचार प्रारंभ कर दिया। इसके लिए तीसरे इस्टेट के शिक्षित सदस्यों ने अनगिनत पर्चों को लिख-लिख कर प्रसारित करना प्रारंभ कर दिया था। ऐसे ही एक पर्चे में कहा गया कि ''राजा, निरंकुशता एवं संविधान छोटे सवाल हैं, जबकि असली युद्ध तीसरे इस्टेट तथा शेष दोनों इस्टेटों में है।''

इस दौर में राजा के सम्मान में अभूतपूर्व वृद्धि हुई तथा लोगों ने यह कहना प्रारंभ कर दिया था कि राजा प्रतिक्रियावादियों का एजेंट नहीं बल्कि उनका शिकार था। उसकी परोपकारिता का उदाहरण पिछली जुलाई का वह अपील था जिसमें उसने अपने राज्य के सभी विद्वानों एवं शिक्षित लोगों से यह सुनिश्चित करने के लिए सूचना मांगा था कि इस्टेट जनरल ''एक सर्वमान्य पिता के नेतृत्व में एक महान परिवार की वह सभा है,'' जिसमें ''तीनों वर्गों का निर्माण आवश्यक समानुपात एवं समन्वय से किया गया हो।'' क्लबों, कहवाघरों, मदिरालयों, पुस्तकालयों तथा सरायों में दिन रात इन्हीं विषयों पर चर्चा होने लगी थी। पूरा फ्रांस क्रांति की एक धधकती भट्ठी बनने के लिए तैयार होने लगा था। मौखिक प्रचारों के साथ-साथ क्रांतिकारियों ने विभिन्न प्रश्नों पर पर्चों को प्रकाशित कर प्रसारित करना भी प्रारंभ कर दिया था। इन्हीं पर्चों में से एक आब्बे सियेस[3] द्वारा रचित पर्चा 'व्हाट इज द थर्ड इस्टेट' अत्यंत लोकप्रिय हुआ। इसमें सियेस ने यह कहा था कि, ''थर्ड इस्टेट क्या है? सब कुछ। अभी तक इसकी राजनैतिक स्थिति क्या थी? कुछ नहीं। इसकी मांग क्या है? कुछ हो जाना।''

जन आक्रोश के बढ़ते दबाव में दिसंबर 27, 1788 को सरकार ने यह स्वीकार कर लिया कि 'थर्ड इस्टेट' के प्रतिनिधियों की कुल संख्या शेष दोनों इस्टेटों की कुल संख्या के बराबर होगी। परंतु अभी भी मतदान के स्वरूप को निर्धारित नहीं किया गया। इसके साथ ही 'इस्टेट्स जनरल' के प्रतिनिधियों को निर्वाचित करने की प्रक्रिया प्रारंभ हो गई। परंतु, चुनावों के इसी दौर में ख़राब फसलों के कारण अकाल पड़ गया। अकेले पेरिस की बीस प्रतिशत जनता भुखमरी का शिकार हो गई। उधर 1788 में शीत के अभूतपूर्व प्रकोप से निर्धन जनता की पीड़ा द्विगुणित हो गई। भूख एवं शीतलहर से होती मौतों के बीच में भी चुनाव का कार्य किसी

प्रकार संपन्न हुआ। इससे उपजे आक्रोश ने स्थान-स्थान पर हिंसक विद्रोहों व मुठभेड़ों का रूप भी लेना प्रारंभ कर दिया था।

चुनाव के इस दौर में तीनों इस्टेटों द्वारा अपने-अपने मांग पत्रों (*काइए द दोलेऑस*) को भी तैयार किया गया था। प्रत्येक निर्वाचन क्षेत्र से आए इन मांग पत्रों में मुख्य रूप से एक संवैधानिक राजतंत्र, प्रतिनिधि सभा, करों में समानता, पादरी एवं सामंतों की सुविधाओं का समापन, नागरिकों के मौलिक अधिकारों की स्थापना तथा स्थानीय निकायों को शक्ति-संपन्न करने जैसे मांगों की ही भरमार थी।

1 मई 1789 तक सभी इस्टेटों के चुनाव संपन्न हो गए तथा सभी प्रतिनिधि वर्साय (उत्तरी फ्रांस का एक नगर जो पेरिस से 12 मील दक्षिण-पश्चिम में स्थित है तथा यहीं पर लुई XIV द्वारा निर्मित सुप्रसिद्ध राजमहल भी स्थित था।) पहुंच गए। इन निर्वाचित प्रतिनिधियों की कुल संख्या के बारे में एक निश्चित मत नहीं है। एम. ए. तियू (1838) के अनुसार इनकी कुल संख्या 1254 थी, जिसमें तीसरे इस्टेट के 661, सामंतों के 285 तथा पादरियों के 308 प्रतिनिधि थे।[4] इनमें निर्वाचित प्रतिनिधियों के वैकल्पिक सदस्य भी सम्मिलित थे। 2 मई को इन सभी प्रतिनिधियों को राजा के सम्मुख प्रस्तुत किया गया। 4 मई को एक आडंबरपूर्ण प्रभावशाली शोभायात्रा निकाली गई, जिसमें राजा सहित तीनों वर्गों के प्रतिनिधि एवं विशिष्ट तथा गणमान्य नागरिक संत लुई की चर्च तक गए। इस भव्य शोभायात्रा में राजपुरुषों, सामंतों, कुलीन एवं अभिजात्य वर्ग के प्रतिनिधियों आदि ने जामुनी रंग के बहुमूल्य परिधानों को धारण कर रखा था, जबकि तीसरे इस्टेट के प्रतिनिधियों को काला लबादा पहनने के लिए मजबूर किया गया था। अपने साधारण आवरण के बाद भी अपनी संख्या एवं संभावनाओं के कारण उनकी प्रभावोत्मकता एवं शक्ति अन्यों से कम नहीं लग रही थी। यह एक राष्ट्रीय महत्त्व का समारोह था। नैंसी के बिशप ने अपना उपदेश देकर उपस्थित जनसमूह का उत्साहवर्धन किया। इस अवसर पर पूरा पेरिस वर्साय में एकत्रित था।

अंततोगत्वा, भय, संदेह, आक्रोश एवं अव्यवस्था के माहौल में 'इस्टेट्स जनरल' की बैठक 5 मई 1789 को महान 'अल्पानंद के सभागार' (*साल दे मन्यू प्लेज़ार्स*—हॉल ऑफ़ लेसर प्लेसिस) में प्रारंभ हुई। राजा लुई XVI उच्चतम स्थान पर रखे गए सिंहासन पर आसीन था। उसकी रानी मॅारी अन्त्वानेत राजा के पार्श्व में सुशोभित थी। उसके नीचे सीढ़ियों पर राजा के दरबारियों और राजपुरुषों ने स्थान ग्रहण कर रखा था। शेष सभागार में तीनों वर्गों के प्रतिनिधियों के लिए

स्थान आरक्षित था। राजा के दाहिनी तरफ़ पादरी वर्ग, बाईं तरफ़ सामंत वर्ग तथा पीछे निचली कतारों में तीसरे वर्ग के प्रतिनिधि बैठे थे। राजा ने अपने उद्बोधन में फ्रांस को एक सुखी राष्ट्र बनाने की अपील की। उसने सभी को एकजुट होकर उपस्थित आर्थिक संकट का मुकाबला करने की सलाह दी। राजा के बाद राजमुद्रा अधिकारी बारंतैं तथा वित्त नियंत्रक नेकर ने अपने भाषणों में यह बताया कि फ्रांस का वार्षिक घाटा लगभग 560 लाख फ्रैंक था। नेकर ने अत्यंत विस्तार से फ्रांस की वित्तीय समस्याओं पर प्रकाश डाला। इस प्रस्ताव में केवल आर्थिक सुधारों की बात की गई थी। कहीं भी उन संवैधानिक परिवर्तनों का जिक्र नहीं किया गया था, जो इस्टेट-जनरल के चुनाओं के दौरान राष्ट्रीय चर्चा के विषय बन चुके थे।

अगले दिन तीनों वर्गों के निर्वाचित प्रतिनिधियों को अपने-अपने पूर्व निर्धारित सभागारों में जाने का निर्देश दिया गया। यद्यपि, सामान्य सभागार इतना बड़ा था कि उसमें तीनों इस्टेटों के प्रतिनिधि बैठ सकते थे; परंतु पादरियों व सामंतों के लिए अलग से एक-एक सभागार निर्धारित कर दिया गया था। तीसरे इस्टेट के प्रतिनिधियों को सामान्य सभागार में बैठना था। इसके साथ ही साथ सभी प्रतिनिधियों से अपनी पहचान को सुनिश्चित कराने के लिए कहा गया। सरकार के इन प्रस्तावों ने तीसरे इस्टेट के प्रतिनिधियों को अत्यंत क्रोधित कर दिया। उन्होंने उन सभी प्रस्तावों को पूरी तरह अस्वीकार कर दिया। वे एक नया संविधान बनाने का स्वप्न लेकर आए थे, जबकि उनसे उनकी पहचान का स्पष्टीकरण मांगा जा रहा था, तथा अलग-अलग सभाओं में बैठने की बात की जा रही थी। इन प्रतिनिधियों ने अपनी पहचान को सुनिश्चित कराने की मांग को मना करते हुए अलग सभा में बैठना भी अस्वीकार कर दिया। तीसरे इस्टेट के प्रतिनिधियों की मांग थी कि सभी के पहचान का यह निर्धारण एक साथ कराया जाना चाहिए, जबकि पादरियों एवं सामंतों के प्रतिनिधि इसे अलग-अलग कराना चाहते थे। इस विवाद का संबंध मतदान से नहीं था, क्योंकि प्रतिनिधि-पहचान का निर्धारण एक साथ कराने के बाद वे अपने-अपने इस्टेट के अनुसार अलग-अलग मतदान कर सकते थे। इस प्रकार इस्टेट-जनरल की बैठक प्रारंभ होते ही, पहले ही दिन, विवाद प्रारंभ हो गया। हालांकि, यह कोई महत्त्वपूर्ण मामला नहीं था, और इस विवाद का समाधान आसानी से किया जा सकता था, परंतु राजा के पास इतना साहस नहीं था कि वह न्यायपूर्ण बात को स्वीकार कर सके या फिर उसे अस्वीकार ही कर दे। इसके साथ ही साथ वह विभाजित सभा के आधार पर शासन करना अधिक सुविधाजनक भी मान रहा था।

तीसरे इस्टेट के निर्वाचित प्रतिनिधि प्रतिदिन सभा में आते थे, परंतु प्रत्येक प्रकार की कार्यवाही स्थगित थी। वे अन्य दोनों वर्गों के प्रतिनिधियों की प्रतीक्षा करते रहे। यद्यपि, इस बीच सामंतों एवं पादरियों ने अपने आर्थिक सुविधाओं को त्यागने का प्रस्ताव पारित कर दिया था, परंतु एक साथ बैठने पर वे अभी भी राजी नहीं थे। तीसरे इस्टेट के प्रतिनिधियों के अनुसार वह किसी एक इस्टेट की सभा नहीं थी, बल्कि वैधानिक रीति से निर्मित नागरिकों की सभा थी, जो अन्य शेष सदस्यों की प्रतीक्षा कर रही थी। सामंतों की सभा ने एक प्रस्ताव पारित किया कि उस सत्र में प्रतिनिधियों की पहचान अलग-अलग की जाएगी, लेकिन भविष्य में किसी अन्य प्रकार से पहचान करने की व्यवस्था इस्टेटों पर छोड़ दी गई। सामान्य सभा को यह सूचना 27 मई को भेजी गई। अब तक बाईस दिन व्यतीत हो चुके थे, जिसमें कोई भी कार्य नहीं हुआ था। मिराबो[5] के अनुसार, ‘‘अब समय आ चुका था कि कोई ठोस निर्णय लिया जाए।’’

2

राष्ट्रीय सभा

(17 जून 1789–06 अक्तूबर 1789)

इस्टेट्स जनरल में अनिश्चितता का यह वातावरण पांच सप्ताह तक बना रहा। इन प्रतिनिधियों ने स्वयं को 'तीसरे इस्टेट' के प्रतिनिधि के स्थान पर राष्ट्र का प्रतिनिधि कहना प्रारंभ कर दिया था। उसी समय स्थानीय चर्चों के कुछ पादरियों ने उनके साथ बैठना प्रारंभ कर दिया। इससे उत्साहित होकर आब्बे सियेस ने इस सभा को 'राष्ट्रीय सभा' घोषित करने का एक प्रस्ताव लिखा, जिसे इन प्रतिनिधियों ने स्वीकार कर लिया तथा 17 जून को 90 के विरुद्ध 491 मतों के बहुमत से यह घोषणा कर दी गई कि वे 'राष्ट्रीय सभा' के प्रतिनिधि थे। इसके साथ ही साथ उन्होंने इस 'राष्ट्रीय सभा' को वैधानिकता प्रदान करने के लिए एक सरकारी आदेश के द्वारा तत्कालीन करों को स्वीकृति प्रदान कर दिया।

निःसंदेह, तीसरे इस्टेट के द्वारा स्वयं को 'राष्ट्रीय सभा' घोषित कर देना इस क्रांति की वह पहली क्रांतिकारी घटना थी, जिसने उन्हें आशियां युग के राजनैतिक नियंत्रण से मुक्ति प्रदान कर उस लोकतांत्रिक मूल्य का अहसास कराया, जिसके अनुसार समस्त सत्ता जनता के पास होती है न कि राजा के पास। इस घोषणा ने यह स्थापित कर दिया कि फ्रांस की छियानबे प्रतिशत जनता द्वारा चुनकर भेजे गए प्रतिनिधियों के पास ही वास्तविक सत्ता थी और सुविधा प्राप्त वर्गों के अनुपस्थित प्रतिनिधियों के कारण राष्ट्रीय महत्त्व के कार्यों को लंबित नहीं रखा जा सकता था। उनके इस दुःसाहसिक पहल के कारण शेष दोनों वर्गों के प्रतिनिधिगण आशंकित हो गए तथा पादरियों की सभा ने 115 के विरुद्ध 149 मतों के बहुमत से यह घोषित कर दिया कि वे भी 'राष्ट्रीय सभा' के साथ ही बैठेंगे। पादरियों के इस निर्णय ने 'राष्ट्रीय सभा' की अवैधानिकता को न्यायसंगत एवं वैधानिक बना दिया। तत्काल

महारानी मॉरी अंत्वानेत के नेतृत्व में दरबारियों ने सम्राट लुई XVI पर यह दबाव डालना प्रारंभ कर दिया कि वह दमनात्मक कार्यवाही प्रारंभ कर दे जबकि नेकर ने सुधारों का कार्यक्रम प्रारंभ कर देने का परामर्श दिया।

कोई भी ठोस निर्णय लेने में असमर्थ लुई XVI ने अंत में सोमवार दिनांक 22 जून को एक 'राजसी सत्र' की बैठक आहूत करने की घोषणा कर दी, जिसमें उसने सुधारों, मतदान की प्रक्रिया एवं संवैधानिक विवादों पर सरकार की नीति स्पष्ट करने का आश्वासन दिया। इस सत्र की तैयारी के नाम पर सभा स्थल के दरवाज़े को बिना किसी सूचना के शनिवार, 20 जून से ही बंद कर दिया गया तथा सुरक्षाकर्मियों ने उस दिन आए हुए प्रतिनिधियों को अंदर आने से रोकना प्रारंभ कर दिया। बंदी बनाए जाने के तात्कालिक भयवश, सभी प्रतिनिधि सभा स्थल के निकट स्थित 'टेनिस' के एक हाल में एकत्रित हो गए। हालांकि, वह हॉल पर्याप्त बड़ा था लेकिन उसमें न रोशनी की कोई व्यवस्था थी न कुर्सियां ही थीं। सुरक्षा की दृष्टि से वे वहां से पेरिस जाने के सुझाव पर विचार कर ही रहे थे कि मुनिए नामक एक प्रतिनिधि ने उन्हें रोका तथा उसके प्रस्ताव पर, एक के अतिरिक्त, सभी ने उसी समय, सभाध्यक्ष बेली[6] के साथ शपथ ली तथा इस पर हस्ताक्षर भी किया कि ''वे कभी अलग नहीं होंगे तथा परिस्थितियों के अनुरूप जहाँ भी आवश्यकता होगी, तबतक मिलते रहेंगे, जबतक एक संविधान का निर्माण नहीं हो जाता।'' टेनिस मैदान की इस साहसिक शपथ ने उन्हें राजा के प्रति निष्ठा एवं आज्ञाकारिता के परंपरावादी कर्तव्य से विलग कर दिया, जो राजा के अस्तित्व के लिए एक आवश्यक शर्त होती है।

लुई XVI का 'राजसी सत्र' 22 जून को प्रारंभ न हो सका क्योंकि राजा के प्रथम उत्तराधिकारी (डॉफीन) की असमय मृत्यु के कारण राजा को वर्साय से मार्ली जाना पड़ गया था। इस एक दिन के विलंब ने अर्ताय के काउंट जैसे प्रतिक्रियावादियों को इतना समय प्रदान कर दिया कि वे राजा के प्रस्तावित भाषण में से नेकर की उन सुधार योजनाओं को बाहर निकलवा दें, जो वह सामान्यों की सभा में घोषित करने वाला था। इसके साथ ही साथ जब 22 जून को प्रतिनिधि टेनिस हॉल पहुंचे तो पता चला कि वहां सभा नहीं हो सकती थी क्योंकि आर्तवा का कॉउंट[7] वहां टेनिस खेलने वाला था। अतः मज़बूर होकर प्रतिनिधियों ने सेंट लुई की चर्च में अपनी सभा की, जहां वियन एवं बोर्दिया के आर्च बिशप सहित 149 पादरी तथा कुछ सामंत भी उनके साथ हो लिए। इस प्रकार राष्ट्रीय सभा में अब प्रतिनिधियों के साथ साथ वर्गों का भी बहुमत हो गया था।

अंततोगत्वा, लुई XVI का 'राजसी सत्र' मंगलवार, 23 जून को प्रारंभ हुआ। इस दिन सभा स्थल–अल्पानन्द के सभागार–में पीछे के दरवाज़े से प्रवेश करने की अनुमति मिलने के पूर्व प्रतिनिधियों को एक घंटे तक बरसात में भीगते हुए सभा स्थल के बाहर प्रतीक्षा करना पड़ा था। उस दिन दर्शकों को बाहर कर दिया गया था तथा सभागार को सेना ने घेर रखा था। नेकर की कुर्सी खाली थी, जिसने इस अफ़वाह को जन्म दे दिया था कि उसने त्यागपत्र दे दिया था। हालांकि, उसने सत्रावसान के बाद सम्राट की नीतियों के विरोधस्वरूप त्यागपत्र दिया था। यद्यपि, इस सभा में लुई XVI ने करों की समानता, प्रांतीय सभाओं की स्थापना तथा नागरिकों के मौलिक अधिकारों को स्वीकार करने की घोषणा तो की परंतु तीनों इस्टेटों के मध्य उपस्थित ऐतिहासिक विभाजन को समाप्त करना अस्वीकार कर दिया। इस घोषणा के साथ ही वह सभा स्थल से उठकर बाहर आ गया। इसके साथ ही सामंतों एवं पादरियों के तमाम प्रतिनिधि भी सभा स्थल से बाहर आ गए। परंतु टेनिस मैदान के शपथ से बंधे प्रतिनिधि संविधान निर्माण के प्रति कटिबद्ध थे। उस आयोजन के संयोजक ने जब उन्हें बाहर निकलने का आदेश दिया तो मिराबो ने गरजते हुए यह घोषित किया कि "यदि तुम हमें निकालने के आदेश से बंधे हो तो शक्ति प्रयोग का आदेश दो क्योंकि हम बिना संगीनों की नोक के निकलने वाले नहीं हैं।" सभा के अध्यक्ष बेली ने भी कहा कि "जब राष्ट्रसभा में हो तो कोई उसे आदेश नहीं दे सकता।" उन्हें सभागार से बाहर निकालने के लिए राजा के द्वारा भेजे गए सैनिक भी, उनके प्रति अपनी सहानुभूति एवं सभागार के बाहर एकत्रित क्रुद्ध भीड़ के भयवश, सभागार के अंदर जाने का साहस न कर सके। यह कहते हुए राजा ने अपने आदेश की इस अवहेलना के प्रति आत्मसमर्पण कर दिया कि "ठीक है शैतानों को सभा करने दो।" इस प्रकार राजसी आदेश की उस अवहेलना की सफलता ने एक प्रकार से राजा के ऊपर संसद की सर्वोच्चता को ही स्थापित कर दिया तथा क्रांति को नियंत्रित करने का पहला प्रयास असफल हो गया। इसके पश्चात आब्बे सियेस के सुझाव पर राष्ट्रीय सभा ने अपने सभी पूर्ववर्ती प्रस्तावों को पारित कर दिया। मिराबो के इस प्रस्ताव को भी स्वीकार कर लिया गया कि "जो भी प्रतिनिधियों के अधिकारों का उल्लंघन करेगा, उसे देशद्रोह के अपराध में मृत्युदंड दिया जाएगा।"

इस बीच में पादरियों तथा सामंतों के अनेक प्रतिनिधियों ने आम प्रतिनिधियों का साथ देना प्रारंभ कर दिया था। 26 जून को अधिकांश सामंत तथा पादरी राष्ट्रीय सभा के साथ बैठने आ गए। मजबूर लुई XVI ने 27 जून को यह आदेश

दे दिया कि शेष पादरी तथा सामंत भी राष्ट्रीय सभा के साथ बैठेंगे। इसके साथ ही संघर्ष समाप्त हो गया तथा 'इस्टेट्स जनरल' का स्थान 'राष्ट्रीय सभा' ने ले लिया। हालांकि, कुछ सामंत अभी भी अलग बैठते रहे परंतु प्रत्येक दिन उनकी संख्या कम होती जा रही थी। 3 जुलाई को कुल 138 सामंत उपस्थित थे तो 10 जुलाई को 93 और 11 जुलाई को केवल 80 । 8 जुलाई को 'राष्ट्रीय सभा' ने एक 'राष्ट्रीय संविधान समिति' का निर्माण कर दिया, जिसे सम्राट की सहमति से फ्रांस के लिए एक नया संविधान निर्मित करना था।

यद्यपि, लुई XVI ने अपनी तरफ़ से संघर्ष को समाप्त कर संविधान निर्माण की प्रक्रिया प्रारंभ कर दी थी, परंतु उसकी पत्नी मॅारी अंत्वानेत और तमाम दरबारी सामंत इसके लिए तैयार नहीं थे। अपनी निर्बल इच्छाशक्ति के कारण उसने उनके आगे भी घुटने टेकना स्वीकार कर लिया। इन सभी के दबाव में लुई XVI ने विदेशी मूल के किराये की सेना बुलाना स्वीकार कर लिया। जुलाई के प्रथम सप्ताह से ही यह सेना वर्साय पहुँचने लगी थी। किराये की विदेशी सेना बुलाने का मात्र इतना कारण था कि सरकार को फ्रांसीसी सेना पर विश्वास नहीं रह गया था। फ्रांस की अतिअनुशासित फ्रांसीसी सुरक्षाकर्मियों की सेना ने विद्रोह कर दिया था। उन्होंने प्रदर्शनकारियों के विरुद्ध हथियार उठाने से भी मना कर दिया था। वे स्वयं यह नारा लगा रहे थे कि "हम राष्ट्र की सेना हैं ! तीसरा इस्टेट ज़िन्दाबाद!" किराये की विदेशी सेना बुलाने का उद्देश्य राष्ट्रीय सभा के विरुद्ध शक्ति प्रयोग कर आंशियां युग की व्यवस्था को पुनर्स्थापित करना था। पंद्रह रेजिमेंट की इस सेना को पेरिस, वर्साय और दोनों के मध्य रास्तों पर लगाया गया था। बूढ़े मार्शल द ब्रोली को इस सेना का कमांडर बनाया गया था तो राजधानी में आई विदेशी सेना का नियंत्रण बारो द बाज़ॅवाल के पास था।

8 जुलाई को राष्ट्रीय सभा ने संविधान निर्माण का कार्य स्थगित कर दिया तथा इसके विरुद्ध मिराबो के एक प्रस्ताव को पारित करने के साथ-साथ एक प्रतिनिधि मंडल राजा के पास प्रेषित कर सेना बुलाए जाने के निर्णय का विरोध कर दिया। इस प्रतिनिधिमंडल में अरॉस का एक युवा वकील मैक्सिमिलियन रोबेसपियैर[8] भी शामिल था, जिसे इस क्रांति में आगे महत्त्वपूर्ण भूमिका निभानी थी। राजा ने इसके जवाब में एक मूर्खतापूर्ण सुझाव दिया कि यदि राष्ट्रीय सभा उस सेना से भयभीत है, जिसे कानून व्यवस्था बनाए रखने के लिए बुलाया गया है, तो वह अपनी सभा पेरिस से दूर किसी अन्य नगर में कर ले। 11 जुलाई

को लुई XVI ने नेकर तथा अन्य उदारवादी मंत्रियों को अपदस्थ कर बैरन द बेतूल के नेतृत्व में एक प्रतिक्रियावादी नया मंत्रिमंडल निर्मित कर दिया, जिसमें आशियां युग के घोर समर्थक फूलो तथा मार्शल द ब्रोली आदि शामिल थे। लुई XVI ने नेकर को देश छोड़ने का आदेश भी दे दिया। यह एक प्रकार से क्रांतिकारियों को प्रतिक्रियावादियों की तरफ़ से दी जाने वाली सीधी चुनौती थी, जिसमें राजा की वास्तविक मंशा भी पूरी तरह स्पष्ट हो गई थी।

उस समय राजधानी पेरिस में उत्तेजना का माहौल व्याप्त था। इसका कारण वर्साय में चल रही उक्त गतिविधियों के साथ साथ नगर का आर्थिक संकट भी था। उस समय पेरिस की जनसंख्या लगभग 6,00,000 थी। उनमें से 5,00,000 लोग या तो अत्यंत निर्धन थे या अत्यंत कठिनाई से जीवनयापन कर पा रहे थे। रोटी, काम और सरकारी सहायता की उम्मीद में पास-पड़ोस के गांवों से हज़ारों की संख्या में आ गए अकाल पीड़ितों ने नगर के नारकीय जीवन को और अधिक वीभत्स, अशांत एवं अराजक कर दिया था। ऐसे माहौल में तत्कालीन समस्त क्रांतिकारी गतिविधियों का केंद्र पेरिस बन चुका था। पेरिस में इन गतिविधियों का नियंत्रण अपने राजमहल से द्यूक ऑफ़ आरलियां [9] कर रहा था। उस राजमहल में सरकारी सेना भी प्रवेश नहीं कर सकती थी। पेरिस की सुरक्षा की ज़िम्मेदारी भी द्यूक ऑफ़ आरलियां की ही थी। उसके राजमहल के बाग में हज़ारों की संख्या में देशभक्त विद्रोहियों, ग्रामीण शरणार्थियों और उत्तेजित लोगों ने शरण ले रखा था।

12 जुलाई को नेकर को हटाए जाने की सूचना मिलते ही पेरिस में अव्यवस्था फैल गई। लोग नेकर व आरलियां की मोम से बनी मूर्तियों के साथ, (उन मूर्तियों को एक म्यूजियम से उठाया गया था।) उनके समर्थन में जुलूस निकाल कर, विरोध प्रदर्शन करने लगे। रास्ते में उस उत्तेजित भीड़ और एक जर्मन टुकड़ी के मध्य मुठभेड़ हो गई, जिसमें कई लोग घायल हो गए। घायलों में एक फ्रांसीसी सुरक्षाकर्मी भी था, जिसका बैरक पास में ही था। फ्रांसीसी सुरक्षाकर्मियों की सहानुभूति भी जनता के साथ थी तथा उनका हाल में ही उस जर्मन टुकड़ी के साथ झगड़ा भी हुआ था। उन्होंने जर्मन टुकड़ी पर गोलीबारी प्रारंभ कर दी, तथा इसके जवाब में उस जर्मन टुकड़ी ने आम लोगों पर गोलियां चलाना प्रारंभ कर दिया, जिसमें एक बूढ़ा व्यक्ति मारा गया। इस जर्मन टुकड़ी का नेतृत्व *प्रैंस द लांबेस* कर रहा था। भयभीत लोगों की भीड़ पूरी तरह उत्तेजित हो गई और सबने

हथियार ढूंढ़ना प्रारंभ कर दिया। उस उत्तेजित भीड़ ने *होटल डी विले* में एकत्रित पेरिस के प्रतिनिधियों से हथियार मांगना प्रारंभ कर दिया। 12 जुलाई की रात तक यह अव्यवस्था नियंत्रण के बाहर पहुंच चुकी थी। नगर में लूटपाट और हिंसक वारदातों का सिलसिला प्रारंभ हो चुका था। फलस्वरूप, 13 जुलाई को पेरिस के प्रतिनिधियों ने अस्थायी नागरिक प्रशासन की स्थापना कर एक 'नागरिक सेना' का निर्माण कर दिया। स्वयंसेवकों की इस सेना ने स्थिति पर नियंत्रण बनाए रखने का कार्य प्रारंभ कर दिया। हालांकि, पेरिस के प्रतिनिधि, स्वयं *होटल द विले* में अनियंत्रित भीड़ से घिरे हुए थे।

बास्तीय का पतन

मंगलवार, 14 जुलाई के प्रातः काल से ही पेरिस में अनियंत्रित भीड़ तथा 'नागरिक सेना' के सदस्यों ने हथियारों को एकत्रित करना प्रारंभ कर दिया था। इस उत्तेजित भीड़ का नेतृत्व पेरिस का क्रांतिकारी पत्रकार *कामील द मूलै*[10] कर रहा था। नगर का माहौल पूरी तरह विस्फोटक हो चुका था। उन्होंने 3200 राइफल व पांच तोपों पर अधिकार कर लिया था। अब उन्हें कहीं से बारूद की व्यवस्था करनी थी। इसके लिए वे बास्तीय के किले की तरफ़ चल दिए।

पेरिस नगर के बाहर 'बास्तीय दुर्ग' नामक क़ैदखाना स्थापित था। 100 फ़ीट ऊंची पत्थरों की मोटी दिवालों तथा ऊंची-ऊंची मीनारों से बना यह दुर्ग आशियां युग के आतंक का एक जीवन्त पर्याय था। इसमें बंद क़ैदियों की यातनाओं से जुड़ी कहानियां पूरे फ्रांस में प्रचलित थीं। यद्यपि, उन कहानियों में कल्पना का पुट अधिक होता था, परंतु इसमें कोई संदेह नहीं कि स्वतंत्रता प्रेमी नागरिकों के लिए वह राजतंत्र की निरंकुशता एवं अत्याचार का प्रतीक था। फ्रांस की सामान्य जनता इस दुर्ग से यदि आतंकित रहा करती थी, तो पेरिस के नागरिक उससे घृणा करते थे। उस समय किसी प्रकार यह अफ़वाह उड़ गई थी कि बास्तीय दुर्ग की तोपों का मुंह पेरिस नगर की तरफ़ कर दिया गया है और उन्हें बमवर्षा करने से रोकना आवश्यक था।

14 जुलाई की सुबह नौ बजे से ही पेरिस की एक हिंसक भीड़ ने बास्तीय के दुर्ग का घेराव प्रारंभ कर दिया था। वे उसके गवर्नर *द लोने* से हथियारों की मांग कर रहे थे। लोगों में यह आम धारणा थी कि उस दुर्ग में अत्यधिक हथियार रखे गए हैं। गवर्नर के द्वारा मना करने के कारण पेरिस के एक नगर प्रतिनिधि

थूरिओ द ला रोज़िए ने स्वयं अंदर आकर देखने की अनुमति मांगी। उसने अंदर जाकर पाया कि उसमें केवल 32 स्विस सैनिक और 82 अत्यंत कृशकाय क़ैदी व्यक्ति थे। उसने सैनिकों से यह आश्वासन भी ले लिया कि वे अनावश्यक गोलीबारी नहीं करेंगे। इस बीच में, अपने प्रतिनिधि को जल्दी वापस लौटता न पाकर उत्तेजित भीड़ एक समय अत्यंत अनियंत्रित हो गई थी। उन्हें शांत करने के लिए उसे झरोखे से स्वयं अपना चेहरा दिखाकर उस उत्तेजित भीड़ को अपनी सुरक्षा के प्रति आश्वस्त करना पड़ा था। 11 बजे पूर्वाह्न में वह आश्वस्त होकर बाहर निकल आया था।

उसके बाहर आने के आधे घंटे बाद उत्तेजित भीड़ का एक नया सैलाब आ गया, जो दुर्ग पर हमला करने का नारा लगा रहा था। दुर्ग के सैनिकों ने उनसे लौट जाने को कहा लेकिन कोई कुछ सुनने को तैयार नहीं था। दो नवयुवक किसी प्रकार क़िले के दरवाज़े के सामने खाई पर बने पुल के चेन को तोड़ने में सफल हो गए, जिससे पुल नीचे गिर गया तथा उसके मलबे के सहारे अब वे दूसरी तरफ़ का पुल भी वैसे ही गिराने का प्रयास करने लगे, तब सैनिकों ने गोलीबारी प्रारंभ कर दी। गोलियों की आवाज़ सुनकर *होटल डी विले* में एकत्रित नगर प्रतिनिधियों ने घबराहट में एक के बाद एक दो प्रतिनिधिमंडलों को वहां इसलिए भेजा कि वे गवर्नर द लोने से यह कहें कि वह पेरिस की नागरिक सेना की एक टुकड़ी को अंदर आने दें, क्योंकि पेरिस की पूरी सेना अब नागरिक प्रशासन के नियंत्रण में थी। प्रतिनिधिमंडलों के साथ गए नगाड़ों की आवाज़ एवं उनके झंडों को देखकर सैनिकों ने गोलीबारी बंद कर दी। सैनिकों एवं प्रतिनिधिमंडलों के मध्य चलने वाला वार्तालाप शोरशराबे के कारण कोई सुन नहीं पा रहा था कि इसी बीच किसी ने गोली चला दिया। भीड़ ने समझा कि उनके साथ धोखा किया गया है और वे दुर्ग में आग लगाने का प्रयास करने लगे, जिसके जवाब में सैनिकों ने पुनः गोलीबारी प्रारंभ कर दी। इसके जवाब में भीड़ में शामिल फ्रांसीसी सुरक्षाकर्मियों ने तोप से हमला करने की तैयारी प्रारंभ कर दी। उस भीड़ की संख्या, उनके क्रोध एवं उत्तेजना को देखते हुए द लोने जब स्वयं जलती मशाल से दुर्ग को उड़ा देने के लिए आगे बढ़ा तो उसके सैनिकों ने उसे रोक दिया और उसे आत्मसमर्पण करने के लिए राजी कर लिया। पुल नीचे कर दिया गया और सारी भीड़ दुर्ग के अंदर घुस गई। स्विस सैनिक पलायन कर गए तथा शेष कृशकाय क़ैदियों को फ्रांसीसी सुरक्षाकर्मियों ने किसी प्रकार भीड़ से बचाया।

उन्हें रिहा कर दिया गया। द लोने की युवा, सुन्दर व भयभीत बेटी को भी ज़िंदा जलाए जाने से एक बहादुर सैनिक ने बचा लिया था। इस समय तक शाम के साढ़े पांच बज गए थे। द लोने को बंदी बना कर *होटल डी विले* लाया जा रहा था कि रास्ते में ही उत्तेजित भीड़ ने उसका सर काट दिया। इसके साथ ही पूर्व मेयर द फ्लेसेल्ल की भी हत्या कर दी गई। उन दोनों के कटे सर को भाले पर लगा उत्तेजित भीड़ 'ज़िंदाबाद-ज़िंदाबाद' (विक्टरी-विक्टरी) के नारे लगा रही थी। बास्तीय के क़िले को पूरी तरह ध्वस्त कर दिया गया। इस पूरे कांड में कम से कम सौ लोग मारे गए तथा सत्तर लोग घायल हुए थे। लोगों में इसके पत्थरों को इस ऐतिहासिक जीत के स्मृतिचिह्न के रूप में रखने की होड़ लग गई। इस प्रकार बास्तीय के क़िले का पतन हो गया। बास्तीय का यह पतन, वास्तव में, आशियां युग की निरकुशंता के पतन के समान था।

सामंतों का पलायन

बास्तीय के पतन की सूचना वर्साय में चल रही राष्ट्रीय सभा को मध्यरात्रि में प्राप्त हुई। राजा कुछ ही समय पूर्व अपने शयनकक्ष में चला गया था। उसे जगाकर वास्तीय के पतन की सूचना उसे उसके मित्र एवं वार्डरोब के अधिकारी *द्यूक द लियॉकूट* ने दे दी थी। राजा ने पूछा था क्या 'विद्रोह' हो गया, लियॉकूट ने उत्तर दिया था नहीं 'क्रांति' हो गई। तत्काल उसने राष्ट्रीय सभा द्वारा निरंतर भेजे जा रहे प्रतिनिधिमंडलों के जवाब में अपना निर्णय दे दिया कि सुबह ही वह स्वयं राष्ट्रीय सभा में जाएगा। इस बीच में राष्ट्रीय सभा ने अपनी कार्यवाही स्थगित कर एक चौबीस सदस्यी प्रतिनिधिमंडल राजा के पास प्रेषित कर दिया था। पेरिस में उक्त संकट प्रारंभ होने से अबतक कुल चार प्रतिनिधिमंडल भेजे जा चुके थे। पांचवां प्रतिनिधिमंडल अभी निकलने ही वाला था कि सूचना मिली कि राजा स्वयं बिना किसी सुरक्षाकर्मी को साथ लिए उसी समय पहुंचने वाला है। सभागार में राजा की जयजयकार होने लगी कि तभी मिराबो ने चीखते हुए घोषणा की कि "जबतक राजा अपने निर्णय को सुना नहीं देता है, हम इस दुःख की घड़ी में उसका स्वागत मौन रहकर करेंगे। राष्ट्र का मौन राजाओं के लिए एक सबक होता है।"

राजा अपने दो भाइयों के साथ राष्ट्रीय सभा में आया। उसने पहली बार प्रतिनिधियों को राष्ट्रीय सभा कह कर संबोधित किया। "आप सभी मुझसे भयभीत

रहते आए हैं,'' राजा ने कहा, ''अब मैं अपनी तरफ़ से आपमें अपना विश्वास रखता हूं।'' उसके ऐसा कहते ही उसकी जयजयकार होने लगी। अति आह्लादित प्रतिनिधियों ने राजा को अपने घेरे में ले लिया और पैदल ही उसे उसके शयनकक्ष तक पहुंचाकर आए। सभी की आंखें नम थीं। बालकनी में अपने दोनों बच्चों के साथ इस दृश्य को देख रही रानी भी भावुक हो उठी। एक क्षण के लिए सभी कुछ भुला दिया गया। परंतु सुबह होने तक राजा के दरबारियों का अपना अहंकार और जनता की उनके प्रति घृणा एवं अविश्वास पुनर्जीवित हो चुके थे।

राजा के साथ हुए इस समझौते के बाद प्रातःकाल राष्ट्रीय सभा ने पेरिस को सूचित करने के लिए बेली, लॉफॉयैत्त एवं लाली को *होटल डी विले* प्रेषित कर दिया। उनकी बातें सुनकर नगर प्रतिनिधि प्रसन्नता से झूम उठे। उन्होंने पिछले दिन मारे जा चुके मेयर के स्थान पर बेली को पेरिस नगर का मेयर एवं लॉफॉयैत्त[11] को नागरिक सेना का कमांडर घोषित कर दिया। वहां से वापस वर्साय पहुंचकर बेली ने राजा को पेरिस चलने के लिए कहा। रानी एवं दरबारियों के प्रतिरोध के बाद भी राजा ने यह निमंत्रण स्वीकार कर लिया। राजा के साथ-साथ राष्ट्रीय सभा के दो सौ प्रतिनिधि भी पेरिस आए। बेली ने नगर की चाभी राजा को सौंपते हुए कहा, हेनरी IV जैसे ''अच्छे राजा ने जनता को जीता था, इस समय जनता ने अपने राजा को फिर से जीत लिया है।'' *होटल द विले* में उसका अभूतपूर्व स्वागत किया गया। वहां से वापस वर्साय लौटकर राजा ने नए मंत्रिमंडल को तुरंत बर्खास्त कर दिया और नेकर को पुनः मंत्री बना दिया। राष्ट्रीय सभा ने उसके मित्र एवं परामर्शदाता लियॉकूट को बेली के स्थान पर अध्यक्ष निर्वाचित कर लिया। ऐसा लगने लगा था जैसे क्रांति का उद्‌देश्य पूरा हो चुका हो। राष्ट्रीय सभा के माध्यम से फ्रांस को विधायिका का अधिकार प्राप्त हो गया था एवं जनता ने अपनी सत्ता के औचित्य को विद्रोह के द्वारा वैधानिकता प्रदान करने में सफलता पा ली थी। पर वास्तव में यह तो फ्रांसीसी क्रांति की मात्र एक भूमिका थी।

उस दिन राजा के दरबारियों का भय अपने चरम पर पहुंच गया था। उन्हें लग रहा था कि किसी भी समय पेरिस के क्रांतिकारी वर्साय पर हमला करने आ पहुंचेंगे। उसी दिन भयभीत आरत्वा का काउंट, कोंदे का शासक प्रैंस लुई, मार्शल द ब्रोल्ली तथा रानी का परम मित्र पॉलिन्याक परिवार अत्यंत ज़ल्दबाजी एवं आपाधापी में फ्रांस से पलायन कर सुरक्षित बेल्जियम पहुंच गया। सामंतों

की कायरता का यह एक शर्मनाक उदाहरण था। इसके बाद छोटे-छोटे सामंतों में फ्रांस से पलायन कर भागने की होड़ लग गई। आने वाले दो महीने—अगस्त एवं सितंबर—में हज़ारों सामंत फ्रांस से पलायन कर गए। बास्तीय के पतन के बाद होने वाला सामंतों का यह पलायन एक प्रकार से 'फ्रांस के 30,000 बास्तीयों' का सामूहिक पलायन था, जो फ्रांस के आशिया युग के पलायन का परिचायक बन गया, और जिसने क्रांति विरोधी राजसी आक्रामकता का अंत कर दिया था। फ्रांस अब एक स्वतंत्र देश था और इसका राजा एक संवैधानिक सम्राट।

बास्तीय का पतन होने से पूर्व ही फ्रांस के ग्रामीण क्षेत्रों में जागीरदारों के हवेलियों व दुर्गों पर किसानों का हमला प्रारंभ हो चुका था। इन हमलों का मुख्य उद्‌देश्य जागीरदारों के हवेलियों व दुर्गों में रखे उन बहिख़ातों को जला देना था, जिसमें जागीरदारी शुल्कों का विवरण दर्ज़ किया जाता था। तत्कालीन फ्रांसीसी कृषकों को तमाम अन्य करों एवं शुल्कों के साथ-साथ अपनी कुल उपज का आठवां हिस्सा *शांपार* नामक जागीरदारी शुल्क के रूप में जागीरदारों को देना पड़ता था। क्रांति प्रारंभ होने के पूर्ववर्ती अकालग्रस्त वर्षों में इसे वसूलने के दौरान जागीरदारों ने किसानों पर भयंकर अत्याचार किया था। उन अत्याचारों एवं शोषण से किसानों को किसी प्रकार की राहत नहीं मिल पाती थी, क्योंकि अधिकृत अधिकारियों (इंटेंडेंट), तथा जागीरदारों के पास उसका लिखित साक्ष्य एवं विवरण होता था और जागीरदारों के न्यायालय जागीरदारों का ही पक्ष लेते थे। इस्टेट जनरल के चुनावों के दौरान मांगपत्रों (*काइए द दोलेऑस*) में की गई शिकायतों से भी जब किसी प्रकार की राहत मिलने की उम्मीद नहीं रही तथा पेरिस एवं वर्साय की अनिर्णायक घटनाओं ने विभिन्न प्रकार के अफ़वाहों को जन्म देना प्रारंभ कर दिया। तब उसी अनिश्चितता के माहौल में जागीरदारों के हवेलियों एवं दुर्गों पर किसानों का हमला प्रारंभ हो गया। बास्तीय का पतन होने से पूर्व ही पूर्वी फ्रांस के फ्रांस-कोंत प्रांत में किसानों ने अपने जागीरदारों के विरुद्ध विद्रोह प्रारंभ कर दिया था। बास्तीय का पतन होने की सूचना मिलने के बाद तो किसानों के हमले और तेज हो गए। जुलाई के अंत व अगस्त के प्रारंभ तक फ्रांस के पूर्वी तथा पश्चिमी प्रांतों में अराजकता का साम्राज्य स्थापित हो चुका था।

तत्कालीन फ्रांस की वह ग्रामीण अराजकता उस दौर में उपजे 'महान आतंक' से ग्रस्त किसानों की प्रतिक्रिया का ही प्रतिफल था। उस अराजकता की आग में फ्रांस की पूरी सामंती व्यवस्था जल कर ख़ाक हो गई। अब किसानों को अपनी

फ़सलों पर पूरा अधिकार था और उनसे जागीरदारी शुल्क मांगने वाला कोई जागीरदार शेष नहीं बचा था। उस अराजकता का शिकार केवल ग्रामीण जागीरदार वर्ग ही नहीं हुआ बल्कि नगरों के शिल्पकारों ने भी अपने-अपने शोषकों-बेईमान न्यायाधीशों, भ्रष्ट अधिकारियों, असंवेदनशील महाजनों एवं लोभी व्यवसायियों के विरुद्ध विद्रोह कर दिया था। निःसंदेह, उस क्रांति ने एक वर्ग-संघर्ष का रूप ले लिया था।

इसके साथ ही साथ पेरिस की ही भांति अन्य नगरों में भी क्रांतिकारी परिषदों (नगरपालिकाओं) एवं स्थानीय सुरक्षाबलों (स्थानीय नेशनल गार्ड) का गठन होने लगा था। इन्होंने उस अराजकता पर नियंत्रण स्थापित करने का प्रयास प्रारंभ कर दिया। जो भी हो, ग्रामीण एवं कस्बाई क्षेत्रों में आशियां युग पुनर्स्थापित न हो सका।

नई सुबह

इस प्रकार फ्रांस की जनता ने 1789 की गरमियों में स्वयं को नौकरशाही के नियंत्रण एवं जागीरदारी व्यवस्था के महान असहनीय बोझ से मुक्त हो कर स्वशासन तथा आर्थिक स्वतंत्रता की तरफ़ निर्णायक कदम बढ़ा दिया। हालांकि, मध्यम वर्ग और आम जनता के पारस्परिक हितों के मध्य एक अस्पष्ट व अघोषित द्वंद्व उपस्थित था लेकिन पूरा तीसरा इस्टेट निरंकुश एवं कुलीनतंत्र के विनाश का आकांक्षी बन चुका था। स्थितियां अत्यंत विस्फोटक हो चुकी थीं; लोगों ने प्रत्येक प्रकार का कर देना बंद कर दिया था और हर जगह जीवन तथा संपत्ति की सुरक्षा संदिग्ध हो चुकी थी। स्वयं पेरिस में, 22 जुलाई को उस क्षेत्र के अधिकारी (इंटेंडेंट) बेरतिए द सूवीन्यी और उसके श्वसुर फूलो द दूयॅू को एक क्रुद्ध भीड़ ने भयंकर क्रूरतापूर्वक इसलिए टुकड़े-टुकड़े कर दिया था कि उन्होंने आम लोगों पर भयंकर अत्याचार करने के साथ-साथ नगर में भोज्य-पदार्थों का कृत्रिम अभाव भी उत्पन्न कर दिया था।

अराजकता की इस सीमा से राष्ट्रीय सभा में एक चिंता तो व्याप्त हुई लेकिन वह कुलीनों के संभावित षड्यंत्र से भी कम आशंकित नहीं थी। राष्ट्रीय सभा में मध्यम वर्ग के ऐसे सदस्यों की कमी नहीं थी, जिनके स्वयं की संपत्ति की सुरक्षा दांव पर लगी हुई थी। आश्चर्य नहीं कि इस वर्ग के प्रतिनिधि द्यूपौर ने ऐसे अराजक अपराधों पर नियंत्रण स्थापित करने के लिए एक अस्थायी समिति

बनाने का प्रस्ताव रख दिया। उस समिति ने किसानों के पक्ष को नज़रअन्दाज़ करते हुए ऐसे अपराधों को राजद्रोह घोषित कर उनका दमन करना संस्तुत कर दिया। परंतु, मध्यम वर्ग के सदस्यों में भी ऐसे समझदार उदारवादियों की कमी नहीं थी, जो यह समझ रहे थे कि यदि उस समिति के संस्तुतियों को स्वीकार कर लिया गया तो भूमिधर सामंतों व संपत्तिविहीन कृषकों के मध्य एक लंबा गृह-युद्ध प्रारंभ हो जाएगा, जिसकी अंतिम कीमत भूमिधर सामंतों को ही चुकानी पड़ेगी। उन्हीं में से एक ईग्विलान का द्यूक भी था, जो फ्रांस का सबसे बड़ा भूमिधर सामंत था। उसने समिति का प्रस्ताव आने के एक दिन पूर्व ही *ब्रीतान क्लब*[12] की सायंकालीन बैठक में सभी सामंती शुल्कों एवं अधिकारों को स्वयमेव त्यागने का विचार प्रस्तुत कर दिया। उसी के अनुरूप, अगले दिन, 4 अगस्त को मोईली के विस्काउंट ने राष्ट्रीय सभा में यह प्रस्ताव रख दिया, जिसका समर्थन करते हुए ईग्विलान ने अपने समस्त सामंती शुल्कों व अधिकारों को त्यागने की घोषणा कर दी। उसने कहा कि, ''लोग सदियों से ढो रहे बोझ को उतार फेंकना चाहते हैं, और हमें यह स्वीकार करना चाहिए कि इससे पीड़ित लोगों का असंतप्त दुःख ही इस अवैधानिक विद्रोह को वैधानिकता प्रदान करता है।'' शीघ्र ही इस प्रस्ताव को स्वीकार कर लिया गया तथा एक के बाद एक प्रतिनिधि ने अपने विशेष अधिकारों को त्यागने की घोषणा करना प्रारंभ कर दिया। सामंतों ने यदि अपने शिकार करने, मछली मारने व न्याय करने के अधिकारों को त्याग दिया तो पादरियों ने *तीथ* नामक धार्मिक शुल्क, अमीरों ने व्यक्तिगत छूटों एवं नगरों तथा प्रांतों ने अपने परंपरावादी प्रथाओं व सुविधाओं को त्याग दिया। 4 अगस्त की उस ऐतिहासिक रात को फ्रांस में आशियां युग की वीभत्सता का अंत हो गया तथा प्रातःकाल के साथ ही एक नएं फ्रांस के उदय का मार्ग प्रशस्त हो गया।

हालांकि, 4 अगस्त की ऐतिहासिक रात को राष्ट्रीय सभा के प्रतिनिधियों ने जिस उदारता का परिचय दिया था, उसमें मजबूरी का तत्व अधिक था, क्योंकि उन्होंने उन्हीं अधिकारों एवं सुविधाओं का परित्याग किया था, जो पहले ही उनसे छीन ली गई थीं; लेकिन उस समय उन्होंने जिस विपुल उत्साह का प्रदर्शन किया था, उसमें कोई कुटिलता नहीं थी। एक सप्ताह के अंदर ही (5 से 11 अगस्त) सुविधाओं के परित्याग संबंधी आदेश पारित कर राजा के पास अनुमोदन हेतु प्रेषित कर दिया गया। उपरोक्त पारित आदेशों को संशोधित कर पर्याप्त 'प्रतिक्रियावादी'

बना दिया गया था। सामंतों के शिकार एवं मछली मारने संबंधी अधिकार का उसमें कोई जिक्र नहीं था। कृषक दास प्रथा एवं जागीरदारी शुल्कों को तो बिना मुआवज़े के समाप्त कर दिया गया था, लेकिन भू-संपत्ति और चर्च संबंधी शुल्कों को इस प्रकार समाप्त किया गया था कि भविष्य में उन्हें पुनः लागू किए जाने की संभावना बनी रही। जो भी हो, इन आदेशों ने पोप को दिये जाने वाले एनेट्स को समाप्त करने के साथ-साथ चर्च, प्रशासन एवं सेना के सभी पदों को सभी के लिए अवश्य खोल दिया। सभी प्रकार के पदों की बिक्री बंद कर दी गई एवं न्याय व्यवस्था को निःशुल्क कर दिया गया तथा एक नवीन न्याय-व्यवस्था के निर्माण का आश्वासन भी दे दिया गया। वास्तव में, अगस्त के उन आदेशों ने फ्रांस में सर्वांगीण सामाजिक, आर्थिक और धार्मिक सुधार योजनाओं की नींव रख दी थी।

अलविदा वर्साय

'अगस्त आदेशों' को पारित करने के तत्काल बाद 12 अगस्त को राष्ट्रीय सभा ने अपनी वह बहस पुनः प्रारंभ कर दी, जो 'बास्तीय के पतन' तथा 'अगस्त आदेशों' के कारण स्थगित हो गई थी। यह बहस 'अधिकारों की घोषणा' के बारे में चल रही थी। सबसे पहले लॉफॉयैत्त ने यह विचार रखा था, जिसकी प्रेरणा स्वयं उसे अमरीका से प्राप्त हुई थी। एक पखवारे की लंबी बहस के बाद 27 अगस्त को इसे 'मानव एवं नागरिक अधिकारों की घोषणा'[13] के रूप में पारित कर दिया गया। इसे 1791 के संविधान में प्रस्तावना के रूप में स्थान प्राप्त हुआ।

संविधान निर्माण की बहस के दौरान राष्ट्रीय सभा के प्रतिनिधि धीरे-धीरे विभिन्न राजनैतिक समूहों अथवा राजनैतिक दलों में विभाजित होने लगे थे। प्रारंभ में वे केवल क्रांति समर्थक देशभक्तों एवं क्रांतिविरोधी समूहों में विभाजित थे। लेकिन अब स्वयं क्रांतिसमर्थक देशभक्तों का समूह विभिन्न विचारधाराओं वाले समूहों में विभाजित होने लगा था। फ्रांस के राजनैतिक परिदृश्य के लिए यह एक नवीन लक्षण था। दक्षिणपंथी अथवा रूढ़िवादी प्रतिनिधि अध्यक्ष की मेज से दाहिनी तरफ़; मध्यममार्गी बीच में; तथा वामपंथी अथवा प्रगतिशील एवं उग्रवादी बाईं तरफ़ बैठते थे। उन बहसों का मुख्य मुद्दा संवैधानिक सरकार में कार्यपालिका और विधानपालिका के भावी संबंधों पर केंद्रित था। प्रथम संवैधानिक समिति ने प्रस्ताव रखा था कि भावी विधानपालिका में दो सदन होंगे तथा दोनों सदनों

के विषयों पर निरंकुश विशेषाधिकार तथा सदनों को भंग करने का अधिकार राजा के पास होगा। इस प्रश्न पर वामपंथी प्रतिनिधि विभिन्न समूहों में विभाजित हो गए थे। दो सदन का समर्थन करने वाले ब्रिटिश संविधानपरक समूह का नेतृत्व नेकर, मुनिए और लाली कर रहे थे। मिराबो यद्यपि दो सदनों का विरोध कर रहा था, परंतु राजा के विशेषाधिकारों का वह समर्थक था। इसके विपरीत आब्बे सियेस दो सदनों तथा राजा के विशेषाधिकारों, दोनों, का विरोध कर रहा था। आब्बे सियेस की ही भांति बार्नेव, द्यूपौर तथा लमेथ भी दो सदनों और राजा के विशेषाधिकारों, दोनों, का विरोध कर रहे थे, परंतु उनका विरोध आब्बे सियेस की भांति सैद्धांतिक एवं कट्टर नहीं था।

राष्ट्रीय सभा में चल रहे इस बहस के दौरान पेरिस का जन-उन्माद अपने चरम पर पहुंच गया था। पेरिस में आरलियां के द्यूक का राजसी महल क्रांतिकारी उन्मादियों का आश्रय स्थल बन चुका था। वे पत्र लिख-लिख कर उन प्रतिनिधियों को धमकी दे रहे थे, जो दो सदनों एवं राजा के विशेषाधिकारों का समर्थन कर रहे थे, कि वे देशद्रोह के अपराधी थे। उनमें से कई तत्काल वर्साय पहुंच कर ऐसे प्रतिनिधियों को निष्कासित कर उनके स्थान पर नए प्रतिनिधियों को निर्वाचित करना चाहते थे। रविवार 30 अगस्त को पेरिस के रॉयल पैलेस में जुटी उग्र भीड़ ने वर्साय पहुंच कर अपने प्रतिनिधियों को व्यक्तिगत सुरक्षा प्रदान करने का प्रस्ताव पारित कर दिया। लॉफॉयैत्त ने उन्हें किसी प्रकार वर्साय आने से रोका।

उसी विस्फोटक माहौल में, विधानसभा के स्थायित्व, दो सदनों के सवाल तथा राजा के विशेषाधिकारों के प्रश्न पर वर्साय के महल में चल रही राष्ट्रीय सभा की बैठक में मत-विभाजन किया जा रहा था। विधानसभा के स्थायित्व को लगभग एक मत से पारित कर दिया गया। बार-बार भंग की जाने वाली विधानसभा से आम जनता तंग आ चुकी थी। इसके पश्चात दो सदनों के मामले पर मत-विभाजन कराया गया। 10 सितंबर के इस मत-विभाजन में 498 प्रतिनिधियों ने एक सदन के पक्ष में मत दिया जबकि दो सदनों के पक्ष में केवल 99 मत पड़े। 122 प्रतिनिधियों ने भयवश मतदान में हिस्सा ही नहीं लिया। राजा के विशेषाधिकारों (विटो) के मामले में एक मध्यम मार्ग का प्रस्ताव आ चुका था, जो राजा के 'निरंकुश विशेषाधिकार' के स्थान पर 'स्थगन विशेषाधिकार' का अनुमोदन कर रहा था। इस सवाल पर 673 प्रतिनिधियों ने 'स्थगन विशेषाधिकार' के पक्ष में मतदान किया तो 355 प्रतिनिधियों ने 'निरंकुश विशेषाधिकार' का

समर्थन किया। इस प्रकार नवीन संविधान का मूल स्वरूप बहुमत के आधार पर निर्धारित कर दिया गया। हताश मूनिए तथा लाली तोलादॉल ने तत्काल संविधान समिति से त्यागपत्र दे दिया। 'अगस्त आदेशों' तथा 'अधिकारों की घोषणा', को अपना अनुमोदन देने में राजा के द्वारा किए जा रहे विलंब ने फ्रांस को दूसरी क्रांति के कगार तक ला खड़ा दिया।

सैद्धांतिक आधार पर उपरोक्त आदेशों का वास्तविक स्वरूप संवैधानिक था। राष्ट्रीय सभा को तबतक प्राप्त हो चुके संविधान निर्माण के पूर्ण अधिकार के कारण उसके 'आदेशों' को राजा के अनुमोदन की आवश्यकता नहीं थी। 11 सितंबर को मुनिए ने यह स्वीकार किया था कि, ''संविधान को राजा के अनुमोदन की आवश्यक्ता नहीं थी, क्योंकि वह राजा से ज्येष्ठ था।'' परंतु, राष्ट्रीय सभा संवैधानिक विवादों में पड़े बिना पूरे सितंबर यह प्रयास करती रही कि किसी प्रकार लुई उन आदेशों को 'उद्घोषित', 'स्वीकृत' या 'अनुमोदित' कर दे। इसके विपरीत लुई ने 15 सितंबर को फ्लैंडर्स बटालियन के 1000 सैनिकों को वर्साय बुला लिया तथा उसने नेशनल गार्ड का सहयोग लेने का प्रयास भी प्रारंभ कर दिया।

उधर पेरिस में निर्धनों की भुखमरी ने एक ऐसा अराजक माहौल बना दिया था, जिसमें राजनैतिक अनिश्चितता के कारण लोग अपना धैर्य खोने के कगार तक पहुंच चुके थे। हालांकि, पेरिस की नगरपालिका ने पावरोटी के दाम घटा दिए थे, लेकिन उनका वितरण बिना सैनिकों के संभव नहीं हो पा रहा था। ऐसे में यह माहौल बनाना आसान हो चुका था कि इसका समाधान तभी संभव था जब राजा और उसका मंत्रिमंडल पेरिस में ही रहे। पूरे सितंबर माह में यह मांग लगातार उठती रही थी। स्वयं राष्ट्रीय सभा में भी पेरिस की इस मांग के प्रति समर्थन बढ़ने लगा था।

ऐसे अराजक, उग्र एवं अनिश्चय के माहौल में जब लुई के सुरक्षाकर्मियों ने 1 अक्तूबर को फ्लैंडर्स की बटालियन को वर्साय के महल में दावत दी, जिसमें सभी सैनिकों ने राजा के प्रति वफ़ादारी की कसमें खाईं, तो पेरिस में लोगों का उन्माद अपने शिखर पर पहुंच गया। पेरिस तक यह सूचना 3 अक्तूबर को पहुंची। समाचारपत्रों की उन उत्तेजक ख़बरों ने सारे माहौल को गरमा दिया। ज़्याँ पॉल मॉरा[14] तथा ज़ॉक दातॉ[15] ने सभी भले पेरिसवासियों को वर्साय पहुंचने के लिए भड़काना प्रारंभ कर दिया। उन्होंने पेरिस की नगरपालिका पर भी दबाव बनाना प्रारंभ कर दिया कि वह लॉफॉयैत्त को वर्साय भेजकर तत्काल विदेशी सैनिकों

को वापस भेजने की मांग करे। 4 अक्तूबर को द्यूक ऑफ़ आरलियां के राजमहल में एकत्रित भीड़ ने राष्ट्र के शत्रुओं को बलपूर्वक निष्काषित करने की धमकी देनी प्रारंभ कर दी थी।

अगले दिन सुबह 5 अक्तूबर को बेकरी की एक दूकान पर हुए एक विवाद के बाद महिलाओं का एक समूह पेरिस के *होटल डी विले* पहुंच कर वहां एकत्रित अधिकारियों से पावरोटी की मांग करने लगा। इस समूह के साथ अनेकों अन्य निर्धन, दुकानदार एवं कामकाजी महिलाएं भी शामिल हो गई थीं। *होटल डी विले* में पावरोटी न मिलने पर महिलाओं की यह भीड़ अनियंत्रित हो गई। बास्तीय के एक नायक मैयार ने उनका नेतृत्व करना प्रारंभ कर दिया तथा उन्हें वर्साय ले जाने लगा। वर्साय पहुंचते-पहुंचते इस अनियंत्रित भीड़ की संख्या 7000 पहुंच चुकी थी। इस अनियंत्रित, क्रोधित एवं उन्मादग्रस्त भीड़ में बेरोज़गार नौजवान, शिल्पकार और विभिन्न ग्रामीण क्षेत्रों से आए भुखमरी से ग्रस्त किसान भी शामिल थे। कुछ इतिहासकारों का मानना है कि महिलाओं की उस भीड़ में अनेकों पुरुष भी महिलाओं का वेश बनाकर सम्मिलित हो गए थे, जिनमें से एक ऑरलियां का द्यूक भी था। ऑरलियां स्वयं उस भीड़ में शामिल हो या न हो, लेकिन इस पर तो आम सहमति है ही कि उस उत्तेजित भीड़ को वर्साय भेजने में उसकी महत्त्वपूर्ण भूमिका थी। उस उत्तेजित भीड़ में कुछ लोग रानी अन्त्वानेत की हत्या करने का नारा भी लगा रहे थे। भारी कोहरे एवं बरसात में महिलाओं की यह उत्तेजित भीड़ अपराह्न 4 बजे वर्साय पहुंच गई। इस वर्साय कूच की सूचना मिलने पर लॉफॉयैत्त ने भी अपने राष्ट्रीय बलों के साथ वर्साय जाने की अनुमति नगरपालिका से प्राप्त कर ली।

लुई उस समय शिकार पर गया हुआ था। सूचना मिलते ही वह वापस लौट आया। अभी तक भीड़ रास्ते में ही थी। लुई के सलाहकारों ने राजा और रानी को पलायन कर जाने का परामर्श दिया। परंतु, लुई एक 'भगोड़ा राजा' नहीं बनना चाहता था और रानी भी राजा को छोड़कर जाने को तैयार नहीं थी। राजा ने उस उत्तेजित भीड़ को रास्ते में ही रोक देने का प्रयास भी नहीं किया। भीड़ के वर्साय पहुंचने पर राजा ने महिलाओं के प्रतिनिधि को पावरोटी दिलाने का लिखित आदेश दे दिया। भीड़ की उत्तेजना समाप्त हो गई। इसके पश्चात उसने राष्ट्रीय सभा के प्रतिनिधि मूनिए की मांग भी सुनी तथा सायंकाल 8 बजे 'अगस्त आदेशों' को भी अपनी मंजूरी दे दी। मध्य-रात्रि तक लॉफॉयैत्त भी अपने राष्ट्रीय

सुरक्षाबलों के साथ वर्साय पहुंच गया। वर्साय के महल एवं राजपरिवार के सदस्यों के सुरक्षा की ज़िम्मेदारी अब लॉफॉयैत्त पर आ गई थी। सुरक्षा की समस्त व्यवस्था करने के बाद लॉफॉयैत्त जब थोड़ी देर के लिए आराम कर रहा था कि प्रातःकाल 4 बजे राजमहल के एक असुरक्षित दरवाज़े से कुछ लोगों की एक उग्र भीड़ महल में प्रवेश कर गई। वे सभी रानी की हत्या कर देने के इरादे से महल में घुसे थे। यह स्पष्ट नहीं है कि लॉफॉयैत्त की सुरक्षा व्यवस्था की वह कमी योजनाबद्ध थी कि अनजाने में ही वह दरवाज़ा असुरक्षित रह गया था। जो भी हो, रानी के दो सुरक्षाकर्मियों ने अपनी जान देकर रानी को इतना समय दे दिया कि वह भागकर राजा के कमरे तक पहुंच जाए। रानी के कमरे में पहुंचकर उस उत्तेजित भीड़ ने रानी के खाली बिस्तर को बरछों व भालों से बींध डाला। यह अन्दाज़ लगाना कठिन नहीं है कि उस समय रानी यदि अपने बिस्तर में रही होती तो उसकी क्या गति हुई होती। उसी समय लॉफॉयैत्त व उसके राष्ट्रीय बल के सैनिकों ने वहां पहुंचकर स्थिति को नियंत्रण में ले लिया।

राजपरिवार की सुरक्षा से चिंतित उत्तेजित भीड़ को शांत करने के लिए लॉफॉयैत्त राजा, रानी और राजकुमार को महल के झरोखे (बॉलकोनी) पर ले आया। राजा और रानी के जयजयकार के साथ भीड़ 'पेरिस चलो', 'पेरिस चलो' के नारे भी लगा रही थी। अंत में, राजा पेरिस जाने के लिए तैयार हो गया। उसी दिन राजपरिवार उस उत्तेजित व हर्षित भीड़ तथा राष्ट्रीय सभा के एक प्रतिनिधिमंडल के साथ पेरिस आ गया। रास्ते भर अपनी सफलता से हर्षित भीड़ एक पारंपरिक लोकगीत गाते हुए चल रही थीः "वे रसोइए, रसोइए की पत्नी एवं रसोइए के बेटे (बेकर, बेकर्स वाइफ एंड बेकर्स ब्वाय) को लेकर पेरिस आए हैं।" उस रात्रि के बाद *त्यूलरी* में लूरे नामक परित्यक्त पड़ा महल ही राजपरिवार का निवासस्थल बन गया। दस दिन बाद राष्ट्रीय सभा भी सदैव के लिए वर्साय से पेरिस आ गई।

राजपरिवार के पेरिस आने के बाद भी एक माह तक, जब तक नई फसल नहीं आ गई, पेरिस की भुखमरी समाप्त नहीं हुई। पेरिस में शांति-व्यवस्था बनाए रखने के उद्देश्य से लॉफॉयैत्त ने आरलियां के द्यूक को लंदन चले जाने के लिए राजी कर लिया। राजा पर जनता की इस जीत ने एक बार फिर पलायन का सिलसिला तेज कर दिया। नित्य गतिशील क्रांति एवं रक्तपात के उस दौर में राजतंत्रवादियों के लिए फ्रांस में अब कोई उम्मीद शेष नहीं बची थी। वे अब

फ्रांस की सीमाओं से बाहर यूरोप में ही उम्मीद की कोई किरण तलाशना चाहते थे। जनता की सहायता से राष्ट्रीय सभा और अधिक मजबूत होती जा रही थी। मुनिए ने उस हिंसक वातावरण में राष्ट्रीय सभा की अध्यक्षता को त्यागने में ही भलाई देखी। संवैधानिक राजतंत्र की संभावनाओं को तलाशने वाला वर्ग धीरे-धीरे अपनी प्रतिष्ठा खोता जा रहा था। आरलियां, मिराबू एवं मुनिए के प्रभाव में आने वाली कमी ने लॉफॉयैत्त के प्रभाव को बढ़ा दिया था। 'अक्तूबर क्रांति', के बाद लॉफॉयैत्त ने कठोरतापूर्वक पेरिस में शांति-व्यवस्था बनाए रखी। 1789 व 1790 में अच्छी फसल होने के कारण किसानों के भुखमरी की समस्या भी समाप्त हो गई थी और उन्होंने राष्ट्रीय सभा को अपना समर्थन जारी रखा।

3

संविधान सभा

(07 अक्तूबर 1789 - 30 सितंबर 1791)

राष्ट्रीय सभा ने अब संविधानसभा के क्रांतिकारी सुधारों को पारित करना प्रारंभ कर दिया। उस संविधानसभा में आजकल की दृष्टि से कोई राजनैतिक दल नहीं था। लेकिन, नवंबर 1789 तक पूरी संविधानसभा विभिन्न अस्थायी वैचारिक समूहों में विभाजित हो गई थी, जिसके सदस्य अपने वर्गीय एवं व्यक्तिगत हितों, सामयिक उन्माद एवं अवसर के अनुरूप समय-समय पर अपनी वैचारिक प्रतिबद्धता बदलते रहते थे। उन समूहों में अनौपचारिक रूप से उच्च पादरियों एवं शक्तिशाली सामंतों का एक अभिजात्यवर्गीय समूह था, जो प्रत्येक प्रकार के सुधार कार्यक्रमों का विरोध कर सभा की कार्यवाही में रुकावट डालता था। इस समूह का नेतृत्व मिराबो के छोटे भाई मिराबो-तोन्नो, देंप्रेमेसनिल, आब्बे मोरी तथा काज़ालेस आदि कर रहे थे। रूढ़िवादियों का दूसरा समूह उन राजतंत्रवादियों का था, जिनका नेतृत्व क्लेरमो तोन्नेर व मालूए कर रहे थे। लगभग चालीस प्रतिनिधियों का यह समूह अभी भी फ्रांस को ब्रिटेन के उदारवादी एवं संवैधानिक राजतंत्र के मार्ग पर ले जाने का असंभव सपना देख रहा था।

इन दोनों दक्षिणपंथी अल्पसंख्यक समूहों के अतिरिक्त शेष प्रतिनिधि आशियां युग के घोर विरोधी थे तथा अध्यक्ष की कुर्सी के बाएं तरफ़ बैठने के कारण उन्हें समग्र रूप से वामपंथी कहा जाने लगा था। यह बहुसंख्यक समूह स्वयं भी विभिन्न वैचारिक दलों में विभाजित था। इनमें से एक मध्यममार्गी व उदारवादी प्रतिनिधियों वाला 'संविधानवादी' समूह था, जो मुख्यरूप से नवीन-संविधान के लिए उत्तरदायी था और संविधानसभा में दक्षिणपंथियों एवं वामपंथियों के मध्य में बैठता था। तारज़े, थ्रोंशें एवं मेर लैं द दूए जैसे वकीलों के नेतृत्व वाले इस

समूह का पैगंबर आब्बे सियेस था, जो अच्छा वक़्ता तो नहीं था, लेकिन जिसके दार्शनिक एवं क्रांतिकारी विचारों की धाक उस समय पूरे संविधानसभा पर हावी थी। इनके अतिरिक्त अनेक उदारवादी एवं मानववादी पादरी तथा सामंत भी इसी समूह में थे। अक्तूबर क्रांति के बाद इसी समूह का लॉफॉयैत्त सर्वाधिक प्रभुत्वशाली व्यक्ति बन चुका था।

सुदूर बाईं तरफ़ कुछ युवाओं वाला एक छोटा समूह बैठता था जो अपने राजनैतिक विचारों के आधार पर आपस में प्रगाढ़ता से जुड़ा था। 'त्रिगुट', नामक इस समूह में युवा वकील बार्नेव, सुप्रसिद्ध कानूनविद् आद्रियान द्यू पौढ़ तथा ऊर्जावान चार्ल्स द् लमेथ थे। इनके बारे में कहा जाता था कि "जो आद्रियान सोचता है, लमेथ करता है एवं बार्नेव बोलता है।" इस त्रिगुट के साथ चार्ल्स द लमेथ का भाई अलेग्जांदर द लमेथ भी जुड़ा हुआ था, जो एक बेहतरीन कूटनीतिज्ञ एवं सैन्य मामलों का जानकार था। इस त्रिगुट के अतिरिक्त एकदम बाईं तरफ़ बैठने वाला एक छोटा-सा समूह संविधानसभा के प्रारंभिक दौर में त्रिगुट का समर्थक था, लेकिन बाद में वह उससे पूरी तरह अलग हो गया। भविष्य में 'ज़ीरोदै' नामक समूह के रूप में प्रसिद्ध होने वाले इस समूह में पेतिओ नामक एक वकील तथा बूज़ो नामक एक नार्मन प्रतिनिधि भी शामिल था। इसी समूह में अरॅास का प्रतिनिधि मैक्सिमिलियन रोबेसपियैर भी सम्मिलित था। रोबेसपियैर प्रारंभ में एक दब्बू वक्ता था लेकिन धीरे-धीरे उसकी जनप्रिय दलीलों ने सभी का ध्यान अपनी तरफ़ आकर्षित करना प्रारंभ कर दिया था।

उस समय उन सभी समूहों से ऊपर मिराबो था, जो यद्यपि अपने कुकृत्यों के कारण 1789 के पूर्व ही पर्याप्त बदनाम हो चुका था, परंतु जिसने अपनी वाक्शक्ति, वक्तृता, तार्किकता और साहस के कारण सभी का विश्वास जीत लिया था। संविधान, धर्म, वित्त, विदेश नीति या सामाजिक सुधार, कोई भी विषय हो, मिराबो के तर्क अकाट्य होते थे। वह अधिकांशतः बिना किसी तैयारी के ही बोलता था, लेकिन जब बोलता था, तब सभी को सुनने के लिए मजबूर कर देता था। पूरी क्रांति के दौरान उसकी वाक्शक्ति चुनौती रहित रही थी। वह राजा की निरंकुशता के विरुद्ध था, लेकिन शक्तिशाली राजतंत्र का समर्थक था। राजा को अपने विचारों के बारे में बताते हुए उसने घोषित किया था कि "वह कानून के द्वारा नियंत्रित राजतंत्र का समर्थक तथा राजतंत्र के द्वारा प्रदत्त स्वतंत्रता का धर्म-प्रचारक था।"

राष्ट्रीय सभा की भांति संविधानसभा के बाहर भी विभिन्न क्रांतिकारी शक्तियां सक्रिय थीं, जो क्रांति की सफलता के लिए वास्तव में जिम्मेदार थीं। उनमें सर्वाधिक शक्तिशाली नगरपालिका प्रशासन तथा राष्ट्रीय-सुरक्षा बल थे, जो बास्तीय के पतन के पश्चात अस्तित्व में आए थे। इनमें अधिकांशतः मध्यमवर्ग के उन उदारवादी वकीलों, चिकित्सकों, साहित्यकारों, समृद्ध व्यवसायियों तथा उद्योगपतियों की भरमार थी, जिन्होंने क्रांति प्रारंभ की थी।

इनके अतिरिक्त क्रांतिकारी क्लबों तथा समाचारपत्रों ने नई व्यवस्था को लोकप्रिय बनाने का महत्त्वपूर्ण कार्य किया था। क्रांतिकारी क्लबों में सर्वाधिक लोकप्रिय 'जैकोबिन क्लब' था, जो प्रांतों की अपनी विभिन्न शाखाओं के कारण शेष सभी से अधिक शक्तिशाली हो गया था। यद्यपि, औपचारिक रूप से उसका नाम *सोसायटी ऑफ़ फ्रेंडस ऑफ़ द कान्स्टीट्यूशन* (संविधान मित्रों की संस्था) था, लेकिन उसका प्रचलित नाम 'जैकोबिन क्लब' था, जो उसे अपनी होने वाली नियमित बैठकों के स्थान से प्राप्त हुआ था। वह बैठकें जैकोबिन के पूर्व कांवेंट में होती थीं, जो मॉनेग के निकट था, जहां राष्ट्रीय सभा की बैठकें होती थीं।

प्रारंभ में केवल प्रमुख वामपंथी प्रतिनिधि ही इसके सदस्य बने थे, लेकिन 1790 के प्रारंभ में इसकी सदस्यता गैर-प्रतिनिधियों के लिए भी उपलब्ध करा दी गई थी। इसकी कुल सदस्यता 1000 थी, हालांकि इसकी बैठकों को देखने एवं सुनने के लिए 2000 तक दर्शक भी बरामदों में आ जाते थे। शीघ्र ही इसकी शाखाएं अन्य प्रांतों में भी खुलने लगी थीं तथा 1791 तक उन शाखाओं की संख्या 400 तक पहुंच चुकी थी। अपने प्रचारों, सुझावों तथा तमाम प्रांतों से इसको प्राप्त होने वाली याचिकाओं के कारण जैकोबिन क्लब सैन्यवादी एवं बौद्धिक मध्यमवर्ग की उम्मीदों का केंद्र बन गया था। क्रांति के प्रारंभ से 1791 के प्रारंभिक महीनों तक इसने समझौतापरक मध्यममार्ग अपना रखा था। लेकिन 1791 तक पेरिस का जैकोबिन क्लब राष्ट्रीय सभा के बाहर सर्वाधिक शक्तिशाली एवं संगठित ताकत बन चुका था, जिसने अब वैधानिक अधिकारों का अतिक्रमण भी प्रारंभ कर दिया था। इसका उद्देश्य विभिन्न ज्वलंत प्रश्नों एवं विषयों पर चर्चा चलाने के साथ-साथ राष्ट्रीय सभा की गतिविधियों पर नज़र रखना तथा देश को सुधारों के लिए तैयार करना था।

ऐसी ही अन्य संस्थाएं निम्न मध्यम वर्गों, मज़दूरों तथा किसानों में भी सक्रिय थीं, जिनकी सदस्यता शुल्क अपेक्षाकृत सस्ती थी। उनमें सर्वाधिक सक्रिय '*सोसायटी*

ऑफ़ फ्रेंडस् ऑफ़ दि राइट्स ऑफ़ मैन एंड ऑफ़ दि सिटिजन,' या 'कार्देलियर क्लब' था, जिसकी बैठकें 'जैकोबिन क्लब' की ही भांति कार्देलियर्स के पूर्व कांवेंट में हुआ करती थीं। क्रांति के अंतिम चरण में प्रभावशाली होने वाले कॉरॉ, दातॉ, कामील द मूलै, एबेर, मोमोरा, फाब्र देग्लान्तीन आदि कार्देलियर क्लब के ही सदस्य थे। इसके सदस्य चर्चा में कम, उत्तेजित गतिविधियों में अधिक लिप्त, हिंसक एवं उग्र क्रांतिकारी थे। इनके अतिरिक्त भी कम सक्रिय और प्रभावशाली अनेक क्रांतिकारी क्लब थे, जिन्होंने क्रांति की प्रगति को किसी न किसी रूप में प्रभावित किया था।

इन क्लबों के अतिरिक्त अनेक समाचारपत्रों तथा उनके संपादकों ने भी इस क्रांति को कम प्रभावित नहीं किया था। गोरसा का *कुरिए द्यू वेरसाय,* ब्रिसो का *पात्रिओत फ्रांसैज़,* प्रूधो एवं लूस्तालो का *रेवोल्यूशियो द पारी,* कामील दे मूलै का *दि रेवोल्यूशियो द फ्रांस ए द ब्राबॉं,* ज्यॉ पॅाल मॉरा का *लामी द्यू पप्ल* तथा एबेर का *पेर द्यूशेन* आदि कुछ अत्यंत लोकप्रिय क्रांतिकारी समाचारपत्र थे। इन क्रांतिकारी समाचारपत्रों के अतिरिक्त अनेक प्रतिक्रांतिकारी एवं क्रांति विरोधी पत्र भी प्रकाशित होते थे, जो क्रांतिविरोधियों के विचारों को प्रकाशित करते थे। यद्यपि, इन पत्रों का प्रकाशन अत्यंत सस्ता एवं घटिया प्रकार का होता था लेकिन क्रांति को आगे बढ़ाने में इनकी भूमिका अत्यंत महत्त्वपूर्ण थी। क्लबों एवं समाचारपत्रों के अतिरिक्त पेरिस तथा अन्य नगरों में लगने वाले क्रांतिकारी मेलों ने भी क्रांति के उद्देश्यों को आगे बढ़ाने में महत्त्वपूर्ण भूमिका निभाया था। वास्तीय के पतन की पहली वर्षगांठ पर 14 जुलाई 1790 को पेरिस में आयोजित होने वाला *फेत द ला फेदेराशियों,* इसी प्रकार का एक उच्च कोटि का मेला था, जिसमें उपस्थित जनसमूह ने लॉफॉयैत्त द्वारा दिलाए गए शपथ को एक साथ दोहराया था कि वे ''राष्ट्र, कानून एवं राजा के प्रति निष्ठावान रहेंगे'', तथा लुई XVI ने संविधान के प्रति निष्ठावान बने रहने का आश्वासन दिया था। संविधानसभा के अंदर और बाहर के उसी माहौल में विभिन्न क्रांतिकारी विधानों एवं कार्यक्रमों को प्रारंभ किया गया। तमाम विचारों, चर्चाओं और संशोधनों के बाद अंत में 14 सितंबर 1791 को लुई XVI ने नवीन संविधान को स्वीकार कर लिया।

हालांकि, 1791 के संविधान में यह घोषणा की गई थी कि ''मनुष्य स्वतंत्र पैदा हुआ है, स्वतंत्र है तथा उसके अधिकार समान हैं,'' परंतु संविधानसभा ने प्रत्येक फ्रांसीसी नागरिक को समान मताधिकार नहीं प्रदान किया। उस संविधानसभा

ने फ्रांसीसी जनता को दो वर्गों—सक्रिय एवं निष्क्रिय नागरिकों—में विभाजित कर मताधिकार का अधिकार केवल सक्रिय नागरिकों तक सीमित कर दिया था। राष्ट्रीय सुरक्षाबल का सदस्य बनने का अधिकार भी केवल सक्रिय नागरिकों को ही प्रदान किया गया था। सक्रिय नागरिक भी केवल वे ही फ्रांसीसी बन सकते थे, जिनकी आयु कम से कम पच्चीस वर्ष हो तथा जो एक स्थानीय मज़दूर के दैनिक मज़दूरी की तीन गुनी राशि कर के रूप में देते हों। नागरिकों की समृद्धि के आधार पर किया गया वह विभाजन यहीं तक सीमित नहीं था। सक्रिय नागरिक स्थानीय सभाओं में निर्वाचकों का चुनाव करते थे, जो राष्ट्रीय सभा के प्रतिनिधियों, न्यायाधीशों, बिसपों, स्थानीय पादरियों तथा स्थानीय प्रशासन के सदस्यों को चुनते थे। एक निर्वाचक चुने जाने की योग्यता उसी सक्रिय नागरिक को मिल सकती थी जो दस दिन की स्थानीय मज़दूरी के बराबर कर प्रदान करता था। इसी प्रकार एक प्रतिनिधि चुने जाने की योग्यता लगभग 50 फ्रैंक का वार्षिक कर था। इस प्रकार राजनैतिक अधिकारों को समृद्ध नागरिकों का एकाधिकार बना दिया गया था। हालांकि, नए संविधान ने जन्म के आधार पर प्राप्त होने वाली सुविधाओं को समाप्त कर दिया था, लेकिन उसके स्थान पर आर्थिक समृद्धि को महत्त्वपूर्ण बना दिया गया था। इस पक्षपात के विरुद्ध सभा में होने वाले विरोधों के बाद अंत में 17 अगस्त 1791 को ही इसे संशोधित किया जा सका।

संविधानसभा ने, यह घोषित करते हुए कि समस्त प्रभुसत्ता राष्ट्र में निहित थी, शक्तियों का पृथकीकरण कर दिया तथा विधायी शक्तियां निर्वाचित प्रतिनिधियों को, कार्यकारी शक्ति सम्राट को तथा न्यायिक शक्ति निर्वाचित न्यायाधीशों को सौंप दी। विधान निर्माण का अधिकार एक सदन वाले निर्वाचित विधानसभा को सौंप दी गई, जिसके प्रतिनिधि दो वर्षों के लिए निर्वाचित होते थे तथा जिसे सम्राट भंग नहीं कर सकता था। यद्यपि सम्राट को निलंबित-विशेषाधिकार प्रदान किया गया था लेकिन, किसी भी विधान पर वह तीन बार से अधिक इस अधिकार का प्रयोग नहीं कर सकता था। साथ ही, संवैधानिक और वित्तीय अधिनियमों, राष्ट्रीय घोषणाओं एवं मंत्रियों पर लगाए गए आरोपों के विरुद्ध विशेषाधिकार के प्रयोग का अधिकार भी सम्राट को नहीं दिया गया था।

यद्यपि, सम्राट को राजदूतों, मंत्रियों और प्रमुख सेनाधिकारियों की नियुक्ति का अधिकार दिया गया था, लेकिन वह निर्वाचित प्रतिनिधियों में से किसी को अपना मंत्री नहीं बना सकता था। क्योंकि, मंत्रीपद के प्रत्याशा में कोई भी निर्वाचित

प्रतिनिधि राष्ट्रीय-हितों के साथ समझौता कर सकता था तथा सम्राट सभा में चलने वाली चर्चाओं को प्रभावित कर सकता था।

राजा को यद्यपि राज्य के प्रशासन में सर्वोच्च अधिकारी घोषित किया गया था, लेकिन वह बिना राष्ट्रीय सभा की मर्जी के कुछ भी परिवर्तित नहीं कर सकता था। सभा स्थल के चारों तरफ़ तीस मील के व्यास में किसी भी प्रकार की सेना रखे जाने से भी राजा को प्रतिबंधित कर दिया गया।

संविधानसभा ने फ्रांस के प्रशासनिक व्यवस्था को भी पूरी तरह बदल दिया। आशियां युग के भ्रामक प्रशासनिक विभाजनों को समाप्त कर पूरे फ्रांस को 83 विभागों में विभाजित कर प्रत्येक विभाग को ज़िलों में, ज़िलों को कैंटनों में तथा कैंटनों को कम्यूनों में विभाजित कर दिया गया। प्रत्येक विभाग के क्षेत्रफल को इतना छोटा कर दिया गया कि नागरिक अपने मुख्य नगर एवं बाज़ार तक एक दिन की यात्रा में पहुंच सकें। इंटेंडेंटों को भंग कर समस्त अधिकार स्थानीय नागरिकों के द्वारा निर्वाचित प्रतिनिधियों के हाथ में सौंप दिया गया। उन नए प्रशासनिक इकाइयों ने 1790 के बसंत ऋतु से कार्य करना प्रारंभ कर दिया। स्थानीय प्रशासन में केंद्रीय प्रशासन का हस्तक्षेप समाप्त कर दिया गया। यद्यपि, राजा स्थानीय निर्वाचित अधिकारियों को निलंबित कर सकता था, लेकिन निलंबित प्रतिनिधियों को राजा के हस्तक्षेप के विरुद्ध सभा में अपील करने का भी अधिकार था। प्रत्येक विभाग, ज़िले तथा कम्यून में एक निर्वाचित परिषद् तथा एक निर्वाचित कार्यपालिका भी होती थी, जिसे विभाग एवं ज़िला में डायरेक्टरी तथा कम्यून में म्यूनिसिपल कार्प्स कहते थे। डायरेक्टरी की अध्यक्षता मेयर करता था। इंटेंडेंट अधिकारियों के समस्त अधिकारों को निर्वाचित प्रतिनिधियों को सौंप दिया गया था। वे करों का निर्धारण, वसूली, कानून व्यवस्था का परिपालन, विद्यालयों का संचालन आदि जैसे समस्त कार्य करते थे। प्रत्येक कम्यून अपना मेयर, म्यूनिसिपल अधिकारियों तथा स्थानीय एजेंट (प्रोक्यूरेटर) का निर्वाचन स्वयं करता था।

प्रशासनिक सेवाओं की भांति ही न्यायपालिका का पुनर्गठन भी उसी उत्साह के साथ कर दिया गया। आशियां युग के मैजिस्ट्रेटों के स्थान पर निर्वाचित न्यायाधीशों की व्यवस्था प्रारंभ कर दी गई। न्याय को निःशुल्क तथा आम नागरिकों की पहुंच के अंदर ला दिया गया। न्याय प्रक्रिया को अत्यंत सरल बना दिया गया। छोटे-छोटे मामलों के निस्तारण की व्यवस्था स्थानीय स्तर पर ही कर दी गई। यातना, टिकठी तथा दागने जैसी सज़ाओं को समाप्त कर दिया गया, परंतु मृत्युदंड को बरकरार रखा गया।

यद्यपि, प्रशासन में किए गए क्रांतिकारी सुधारों ने सभी समस्याओं को हल नहीं किया, परंतु आशियां युग का केंद्रीकृत प्रशासन अवश्य निर्बल हो गया। नवीन विकेंद्रित प्रशासन में राजा के स्थान पर मताधिकारी सक्रिय नागरिकों को अधिक अधिकार प्राप्त हो चुका था। उस नवीन व्यवस्था में सरकारों के स्थायित्व तथा राष्ट्रीय अखंडता पर आने वाले संभावित चुनौतियों का सामना करना अभी शेष था।

उस समय संविधानसभा के सामने सबसे बड़ी चुनौती फ्रांस को उस वित्तीय संकट से उबारना था, जिसने उसे क्रांति के कगार पर लाकर खड़ा कर दिया था। सभा ने आशियां युग के तमाम करों को समाप्त कर *काइए द दोलेऑस* के अनुसार कर व्यवस्था में सुधार करना प्रारंभ कर दिया। पुराने करों के स्थान पर नए कर लगाए गए परंतु देश की वित्तीय स्थिति निरंतर बदतर होती जा रही थी। फिर भी सभा किसी भी मूल्य पर देश को दिवालिया घोषित करने के पक्ष में नहीं थी। राज्य का व्यय बढ़ता जा रहा था और आय का कोई स्रोत दिखाई नहीं दे रहा था। कहीं से भी किसी प्रकार का कर्ज़ मिलने की सभी संभावनाएं समाप्त हो गई थीं। ऐसे में नेकर ने यह प्रस्ताव रखा कि राष्ट्रीय कोष को राष्ट्रीय बैंक में बदल दिया जाए, जो नई मुद्रा जारी करे। इस प्रस्ताव को इस आधार पर खारिज़ कर दिया गया कि बिना किसी अतिरिक्त सुरक्षा के नई मुद्रा को स्वीकृति न मिल पाती। जबकि, राज्य द्वारा जारी नई मुद्रा को अधिक विश्वसनीयता प्राप्त होती। लेकिन समस्या यह थी कि इसके लिए राज्य के पास भी आवश्यक सुरक्षा उपलब्ध नहीं थी। इसी अवसर पर एक प्रतिनिधि ने 'धार्मिक विरासत' (पैट्रिमोनी) का विकल्प रख दिया। परंतु, धार्मिक विरासत राज्य की नहीं चर्च की संपत्ति थी। अंततोगत्वा, 2 नवंबर 1789 को राष्ट्रीय सभा ने धार्मिक विरासत को राज्य की संपत्ति घोषित कर दिया। उस समय चर्च संपत्ति का कुल अनुमानित मूल्य दो से चार अरब फ्रैंक के बराबर था, जो राज्य के समस्त कर्ज़ों को उतारने के लिए पर्याप्त था।

चर्च की संपत्ति को अधिग्रहित करने के संवैधानिक अधिकार के प्रश्न पर संविधानसभा में एक गर्मागर्म लंबी बहस चली। अंत में, 'चर्च-संपत्ति' को 'राज्य-संपत्ति', घोषित कर पादरियों को वेतन देने, पूजा-अर्चना का व्यय वहन करने तथा निर्धनों को सहायता पहुंचाने का उत्तरदायित्व राज्य को सौंप दिया गया। 14 दिसंबर को राष्ट्रीय सभा ने चार अरब फ्रैंक मूल्य के चर्च-भूमि को

बेचने का निर्णय ले लिया। इसके साथ ही चर्च-भूमि के मूल्य के बराबर बांड भी जारी कर दिया गया तथा सभा के नियंत्रण में एक राष्ट्रीय बैंक की स्थापना कर दी गई। राष्ट्रीय सभा के इन प्रयासों को जनता का विश्वास नहीं प्राप्त हुआ तथा बैंक द्वारा जारी बांड का मूल्य छः प्रतिशत तक गिर गया।

राष्ट्रीय सभा ने अब चर्च की भूमि को राष्ट्रीय संपत्ति घोषित कर दिया तथा बांड को वैधानिक स्वरूप प्रदान कर काग़ज़ी मुद्रा का रूप दे दिया। अप्रैल 1790 के उपरोक्त निर्णयों के बाद राज्य के संपूर्ण कर्ज़ को अदा करने के उद्देश्य से अतिरिक्त काग़ज़ी मुद्रा जारी कर दी गई। परिणामस्वरूप, 1791 के अंत तक इस मुद्रा का अवमूल्यन पच्चीस प्रतिशत तक हो गया। वित्तीय नीतियों के साथ साथ कृषि एवं आर्थिक नीतियों की असफलताओं ने तत्कालीन असंतोष को और अधिक बढ़ा दिया।

संविधानसभा के सामने सबसे बड़ा सवाल फ्रांसीसी चर्च को लेकर था। उस समय एकमात्र कैथोलिक चर्च ही एक ऐसा चर्च था जो राज्य के द्वारा संरक्षित था। परंतु, अब कैथोलिक धर्म को राष्ट्रीय धर्म घोषित करना भी संभव नहीं रह गया था। विशेषकर, मानव अधिकारों की घोषणा के बाद प्रोटेस्टैंटों सहित सभी के प्रति सहिष्णुता की नीति अपनाने तथा उन्हें सैनिक एवं नागरिक नौकरियों में रखे जाने की घोषणा के बाद फ्रांस को एक धार्मिक राज्य घोषित करना असंभव हो चुका था। प्रारंभ में, निम्न पादरी वर्ग ने धार्मिक कानूनों का स्वागत किया, परंतु कैथोलिक धर्म को राज्य का धर्म न घोषित करने से समस्त निम्न पादरी वर्ग असंतुष्ट हो गया। उन्हें यह समझ में नहीं आ रहा था कि जब कैथोलिक चर्च सभी असैनिक दस्तावेज़ों, शिक्षा तथा निर्धनों की सहायता जैसे महत्त्वपूर्ण कार्यों का नियंत्रण कर रही थी, तब उसे क्रांतिकारी प्रतिनिधि राज्य का धर्म क्यों नहीं घोषित कर रहे थे। संविधानसभा के प्रारंभिक धार्मिक नीतियों की अंतिम परिणति 2 जुलाई 1790 को 'पादरियों के नागरिक संविधान' की घोषणा थी। इस नागरिक संविधान ने धर्म को राज्य के अधीन करने के साथ साथ फ्रांसीसी गैलिकन चर्च को पोप के नियंत्रण से मुक्ति प्रदान कर दिया। बिशपों एवं आर्चबिशपों की संख्या कम होकर 83 रह गई, पादरी वेतनभोगी कर्मचारी बन गए; फलस्वरूप उनका निर्वाचन होने लगा। यद्यपि, यह संविधान पोप की सर्वोच्च सत्ता को तो स्वीकार करता था, लेकिन फ्रांस में उसके अधिकार क्षेत्र को मान्यता नहीं देता था। परिणामस्वरूप, फ्रांस का कैथोलिक चर्च एक राष्ट्रीय चर्च बन गया।

पादरियों के इस नागरिक संविधान को न पादरियों का समर्थन प्राप्त था न राजा का। पादरी पोप से मुक्त होकर राज्य की अधीनता स्वीकारने को तैयार नहीं थे। राजा स्वयं इस संविधान को स्वीकार करने के लिए तैयार नहीं था, लेकिन वह विशेषाधिकार का प्रयोग भी नहीं कर सकता था, क्योंकि इस आदेश का स्वरूप संवैधानिक था। उसके पास इसे स्वीकार करने अथवा अस्वीकार करने के अतिरिक्त अन्य कोई विकल्प शेष नहीं था। अतः उसने सर्वप्रथम इसे स्वीकृति प्रदान कर तत्पश्चात पोप से अपील करने का निर्णय लिया।

27 नवंबर 1790 को राष्ट्रीय सभा ने यह निर्णय लिया कि सभी धर्माधिकारियों को पादरियों के नागरिक संविधान को स्वीकार करने संबंधी एक शपथ लेनी होगी। लेकिन, केवल सात बिशपों ने ही यह शपथ ली। लुई XVI ने 26 दिसंबर को इसे अपना अभिसमर्थन प्रदान कर दिया। पोप पायस VI ने न केवल नागरिक संविधान बल्कि राष्ट्रीय सभा द्वारा पारित तमाम धार्मिक सुधारों को भी अस्वीकार कर दिया। *तीथ* का उन्मूलन, अनेट्स पर प्रतिबंध तथा क्रांति के सभी सिद्धांतों को अस्वीकार कर पोप ने नवीन फ्रांसीसी राष्ट्र को दो धार्मिक समूहों में विभाजित करने का मार्ग प्रशस्त कर दिया। राष्ट्रीय सभा एक राष्ट्रीय चर्च बनाना चाहती थी, लेकिन उसके स्थान पर फ्रांस में दो चर्च—क्रांतिकारी तथा प्रति-क्रांतिकारी—बन गए। पादरियों के नागरिक संविधान ने न केवल फ्रांस को दो चर्चों—संविधान विरोधी एवं संविधान समर्थक—में विभाजित कर दिया बल्कि क्रांति विरोधी पादरियों एवं उनके अनुयायियों को क्रांति के विरोध में लामबंद भी कर दिया।

प्रतिक्रांति

"जो राजा क़ैदी बन जाते हैं, वे मृत्यु से बहुत दूर नहीं होते।" 6 अक्तूबर 1789 की क्रांति के बाद पेरिस आने तथा *त्यूलरी* के महल में सपरिवार रखे जाने पर मॉरी अन्त्वानेत द्वारा की जाने वाली यह टिप्पणी राजपरिवार की वास्तविक स्थिति का पूरी तरह स्पष्टीकरण देती है। निःसंदेह, लुई XVI की स्थिति एक कैदी से बेहतर नहीं रह गई थी।

अक्तूबर 1789 की घटनाओं ने जहां एक तरफ़ लुई XVI एवं उसके परिवार को एक क़ैदी की स्थिति में ला दिया था, वहीं लॉफॉयैत्त और मिराबो की महत्वाकांक्षाएं आसमान छूने लगी थीं। पेरिस के राष्ट्रीय सुरक्षा बल के कमांडर के रूप में लॉफॉयैत्त अत्यंत शक्तिशाली हो गया था। उस पर राजा, राज्य और

पेरिस की कानून-व्यवस्था तीनों के रक्षा की ज़िम्मेदारी थी। लेकिन, वह मात्र इतने से ही संतुष्ट नहीं था। वह तो पूरे फ्रांस के रक्षा की ज़िम्मेदारी संभालना चाहता था। लॉफॉयैत्त की भांति मिराबो भी राजनैतिक सत्ता का आकांक्षी था। उसे मंत्रिमंडल में स्थान के साथ-साथ अपने कर्ज़दारों को चुकाने के लिए पैसे की भी आवश्यकता थी। यद्यपि, लॉफॉयैत्त और मिराबो दोनों एक दूसरे के प्रतिद्वंद्वी थे, परंतु राजा के कार्यकारी अधिकारों को शक्तिशाली बनाने के सवाल पर दोनों में कोई मतभेद नहीं था। राजा और रानी दोनों लॉफॉयैत्त और मिराबो से घृणा करते थे, परंतु अपने कार्यकारी अधिकारों को बढ़ाने के लिए उन्हें उन दोनों के सहयोग की आवश्यकता थी। मंत्री पद के साथ साथ लुई मिराबो को अत्यंत गुप्त रूप से 5000 लेव्रे मासिक देने के लिए भी तैयार था। लेकिन मिराबो की समस्त योग्यताओं का सम्मान करने वाली राष्ट्रीय सभा उसके विगत कृत्यों के कारण उस पर विश्वास नहीं करती थी। उसने 7 नवंबर 1789 को यह कानून पारित कर दिया कि राजा राष्ट्रीय सभा के निर्वाचित सदस्यों में से किसी को भी अपना मंत्री नहीं बना सकता था। सभी एक मत से इस बात पर सहमत थे कि निर्वाचित सदस्य को मंत्री बनाने से भ्रष्टाचार को बढ़ावा मिलेगा। परिणामस्वरूप, मिराबो की महत्वाकांक्षाओं पर पानी फिर गया।

उधर लॉफॉयैत्त की स्थिति भी धीरे-धीरे कमजोर होने लगी थी। राष्ट्रीय-सुरक्षा बल पर उसका नियंत्रण समाप्त होने लगा था। स्थायी सेनाओं में विद्रोह बढ़ता जा रहा था। अक्तूबर 1789 से ही उनमें अनुशासनहीनता बढ़ती जा रही थी, जिसका परिणाम ही नैंसी का विद्रोह था। हालांकि, इस प्रकार के सैन्य-विद्रोहों की संख्या निरंतर बढ़ती ही जा रही थी लेकिन राष्ट्रीय सभा ने इस पर विशेष ध्यान देने की आवश्यक्ता नहीं समझी। अनिश्चितता के इसी माहौल में राष्ट्रीय सभा ने एक राष्ट्रीय समारोह मनाने का निर्णय ले लिया। एक वर्ष पूर्व 14 जुलाई को बास्तीय का पतन हुआ था। उस ऐतिहासिक घटना की याद में ही, 14 जुलाई 1790 को, पेरिस में, बृहद् स्तर पर एक राष्ट्रीय समारोह का आयोजन किया जाना था। इस घोषणा से समस्त राजपरिवार में भय की लहर दौड़ गई। मॉरी अंत्वानेत के अनुसार वह उस भयानक मंजर को बिना कंपकंपी के याद नहीं कर पाती थी। "हम सभी के लिए यह एक क्रूरतम और दुःखदायी याद है।" वास्तव में, *फेत द ला फेदराशियो* के नाम से प्रस्तावित इस समारोह का उद्देश्य हिंसा को महिमामंडित करना नहीं था। बल्कि, नव निर्मित संविधान की रक्षा के लिए

'नागरिक शपथ' लेना मात्र था। इस प्रश्न पर अत्यधिक विचार किया गया कि केवल सभी प्रांतों के प्रतिनिधि एवं राष्ट्रीय सभा के सदस्य मात्र ही राजा के नाम पर शपथ लेंगे, कि राजा भी, एक सर्वोच्च कर्मचारी के रूप में, सभी के साथ शपथ लेगा? अंततोगत्वा, सभी ने एकमत से यही निर्णय लिया कि राजा भी सभी के साथ ही शपथ लेगा। निःसंदेह, यह राजा पर संविधान के विजय का द्योतक था। राजतंत्र के अस्तित्व के लिए आवश्यक जनता की ऐतिहासिक निष्ठा संविधान की तरफ़ स्थांतरित होने लगी थी। इसे स्वीकार कर राजा ने स्वमेव ही कानून बनाने के अपने पारंपरिक अधिकार को त्याग दिया था। फ्रांस की जनता के नागरिक बनने की प्रकिया में यह एक महत्त्वपूर्ण प्रस्थान बिंदु था।

इस मेले के आयोजन के लिए सैन्य विद्यालय तथा सेन नदी के मध्य खाली विशाल स्थल -*शॉ द मार्श* - को चुना गया। आयोजन स्थल का कार्य समय पर पूरा करने के लिए मज़दूरों के साथ-साथ पेरिस की समस्त जनता भी जुट गई थी। 14 जुलाई को सभी प्रांतों के प्रतिनिधि तथा अपने अपने सेनाधिकारियों के साथ उनकी सेनाएं भी आ गईं। एक ऊंचे मंच पर राजा और सभापति साथ-साथ बैठे थे। रानी, दरबारी, मंत्री तथा सभी प्रतिनिधि भी पास में ही बैठे थे। आयोजन स्थल पर चार लाख दर्शकों के साथ-साथ साठ हज़ार सैनिक तथा तीन सौ पादरी उपस्थित थे। प्रारंभ में मौसम अत्यंत ख़राब था, लेकिन लोगों एवं सैनिकों के उत्साह में कोई कमी नहीं थी। राजा ने लॉफॉयैत्त को शपथ की प्रतिलिपि प्रदान की तथा राजा के साथ-साथ सभी ने संविधान को मानने की शपथ ली। आयोजन के समापन पर चारों तरफ़ 'राजा ज़िंदाबाद', 'राजा ज़िंदाबाद' का नारा सुनाई दे रहा था। यद्यपि, सभी लोग 'राजा ज़िंदाबाद' के नारे लगा रहे थे, लेकिन वास्तव में, यह 'ज़िंदाबाद' राजा द्वारा संविधान को सावर्जनिक रूप से स्वीकार कर लेने के कारण लगाया जा रहा था। निःसंदेह, राजा के प्रति फ्रांसीसी जनता की निष्ठा अभी पूरी तरह समाप्त नहीं हुई थी लेकिन संविधान के प्रति उसकी निष्ठा भी असंदिग्ध होने लगी थी।

राजा और नागरिक दोनों में से किसी में भी एक दूसरे के प्रति अविश्वास शेष नहीं बचा था। लुई XVI ने अपनी पूरी ईमानदारी से संविधान की रक्षा करने की शपथ ली थी और फ्रांस की क्रांतिकारी जनता को उसकी ईमानदारी में कोई संदेह भी नहीं था। लेकिन, फ्रांस की तत्कालीन परिस्थितियों पर राजा या क्रांतिकारी किसी का भी नियंत्रण शेष नहीं बचा था। फ्रांसीसी क्रांति उस

दौर से गुज़र रही थी, जिसमें प्राचीन व्यवस्था के समापन की वैधानिक घोषणा की जा चुकी थी, लेकिन उसके स्थान पर नई व्यवस्था अभी पूरी तरह स्थापित नहीं की जा सकी थी। अनेक वर्गों में विभाजित फ्रांस के सभी वर्ग अपने-अपने वर्गीय हितों की सुरक्षा के प्रति घोर आग्रही बन चुके थे। एक तरफ़ वह अभिजात्य वर्ग था, जो किसी भी मूल्य पर अपने खोए स्वार्थों एवं हितों को पुनर्स्थापित करने के लिए कटिबद्ध था। उनकी सभी उम्मीदें क्रांति की असफलता में ही निहित थीं। परंतु, उसके लिए आवश्यक था कि राजा लुई XVI क्रांति को स्वीकार न करे। आश्चर्य नहीं कि 4 फ़रवरी 1790 को लुई XVI ने राष्ट्रीय सभा में स्वमेव पहुंच कर यह घोषणा कर दी थी कि उसके भाई कॉउंट ऑफ़ प्रावेंस के द्वारा किए जाने वाले क्रांति विरोधी षड्यंत्र[16] से उसका कोई लेना देना नहीं था। उसने नई व्यवस्था के प्रति अपनी निष्ठा की घोषणा करने के साथ-साथ सभी से यह अपील भी की थी कि वे उसके उदाहरण से सबक लें। परंतु, क्रांति विरोधी अभिजात्यवर्ग के लिए क्रांति के प्रति राजा की निष्ठा उतनी महत्त्वपूर्ण नहीं थी, जितनी क्रांति की सफलता से होने वाले उनके अपने हितों एवं स्वार्थों की हानि। यही कारण है कि वे राष्ट्रीय सभा में क्रांति-विरोधी पर्चे वितरित करते थे, जिसमें क्रांतिकारियों की कमियों पर ज़ोर दिया जाता था तथा उनके समर्थक समाचारपत्र राष्ट्रभक्तों एवं उनकी नीतियों का मजाक उड़वाते रहते थे। दूसरी तरफ़, क्रांतिकारी शक्तियां भी विभिन्न वर्गों में विभाजित थीं तथा अपने-अपने वर्गीय और व्यक्तिगत हितों के अनुरूप व्यवहार कर रही थीं; लेकिन प्रतिक्रांतिकारियों के व्यवहारों के कारण वे सभी नई व्यवस्था की निरंतरता के प्रति आश्वस्त भी नहीं थीं। उनके इसी भय के कारण राजा भी पूरी तरह आश्वस्त नहीं हो पा रहा था। वह नए संविधान के अंतर्गत ही अपने कार्यकारी अधिकारों की वैधानिक पुनर्स्थापना के प्रति भी चिंतित था।

इसी अनिश्चितता, अविश्वास तथा अराजकता के माहौल में फ्रांसीसी सेना का अनुशासन बिखरने लगा था। 14 जुलाई 1790 के संघीय मेले के बाद तो सैनिकों की क्रांतिकारी भावनाएं और अधिक उत्प्रेरित होने लगी थीं। वे क्रांतिकारी क्लबों तथा संस्थाओं के सदस्य तक बनने लगे थे। अधिकांश योग्य सेनाधिकारी विदेशों में पलायन कर चुके थे और शेष बचे अधिकारियों में सैनिकों पर नियंत्रण बनाए रखने की न योग्यता थी न इच्छाशक्ति । क्रांति के मूल्यों से प्रभावित सैनिक समानता तथा बेहतर सुविधाओं की मांग करने लगे थे। शीघ्र ही तूलो, ब्रेस्ट, स्ट्रासबर्ग तथा नैंसी में सैनिकों ने विद्रोह कर दिया। नैंसी के विद्रोह ने

राष्ट्रीय सभा को कड़े क़दम उठाने के लिए मज़बूर कर दिया। बारनेव के विरोध के बाद भी लॉफॉयैत्त की मांग मान ली गई तथा लॉफॉयैत्त के चचेरे भाई बुइय को सेना के साथ नैंसी प्रेषित कर दिया गया। बुइय ने सैनिकों के इस विद्रोह का क्रूरतापूर्वक दमन कर दिया। लगभग तीस विद्रोहियों को मृत्युदंड दे दिया गया, साथ ही वहां के तमाम क्रांतिकारी क्लबों को भी बंद कर दिया गया। राष्ट्रीय सभा ने नैंसी विद्रोह का सफलतापूर्वक दमन करने के लिए बुइय की सराहना भी की। लेकिन, यह स्थिति अधिक दिनों तक बनी न रह सकी। लॉफॉयैत्त की लोकप्रियता दिनोंदिन गिरती जा रही थी। नैंसी के जैकोबिन क्लब को भी पुनः खोल दिया गया था। इसी के साथ-साथ सैनिकों की अनुशासनहीनता भी धीरे-धीरे बढ़ने लगी थी।

इसी अवसर पर धार्मिक समस्या भी उठ खड़ी हुई। 12 जुलाई 1790 को पारित पादरियों के नागरिक संविधान के कारण पादरी वर्ग विभाजित हो चुका था। नागरिक संविधान ने प्रतिक्रांतिकारियों के प्रभाव को अधिक बढ़ा दिया। राजतंत्र तथा धार्मिक निष्ठा से प्रभावित लगभग बीस हज़ार राष्ट्रीय सुरक्षाकर्मियों ने मिदी की तरफ़ प्रस्थान कर दिया। अपने-अपने झंडों पर सूली का निशान लिए इन सैनिकों का नेतृत्व प्रतिक्रांतिकारी आप्रवासियों के प्रतिनिधि पादरी तथा सामंत कर रहे थे। वे सम्राट, पादरियों तथा सामंतों को उनके खोए अधिकार और सुविधाओं को पुनर्स्थापित करने के लिए कटिबद्ध थे। इन धार्मिक विद्रोहियों को पोप का भी समर्थन प्राप्त था। स्वयं लुई XVI इस प्रश्न पर राष्ट्रीय सभा के साथ नहीं था। मिदी के इस विद्रोह का दमन करने के साथ-साथ राष्ट्रीय सभा ने 27 नवंबर को पादरियों के शपथ संबंधी प्रस्ताव को भी पारित कर दिया, तथा राष्ट्रीय सभा के दबाव में 26 दिसंबर को अंततोगत्वा लुई को इसे अपना अभिसमर्थन प्रदान करना पड़ा। इसके साथ ही नए संविधान के अंतर्गत अपने कार्यकारी अधिकारों को वैधानिक रूप से प्राप्त करने की उसकी सारी उम्मीदें भी समाप्त हो गईं। अब मॉरी अन्त्वानेत की भांति उसकी भी एकमात्र उम्मीद आस्ट्रिया का सम्राट लियोपोल्ड II[17] ही रह गया था। वास्तव में, राजा और रानी में से कोई भी यह नहीं चाहता था कि आस्ट्रियाई सेना फ्रांस पर हमला कर दे। दोनों का एकमात्र उद्देश्य मात्र स्वतंत्रता प्राप्त करना था। दोनों अपने ही महल में एक क़ैदी होकर रह गए थे तथा प्रत्येक नया दिन उनकी स्वतंत्रता को थोड़ा और कम कर देता था।

यही वह समय था, जब राष्ट्रीय सभा के बाहर एक गणतांत्रिक और लोकतांत्रिक आंदोलन भी प्रारंभ हो गया था। इन आंदोलनकारियों की मुख्य मांग सर्व-सार्विक मताधिकार तथा सक्रिय एवं निष्क्रिय नागरिकता के भेद को समाप्त करना था। इस आंदोलन का मुख्य केंद्र कार्देलियर क्लब था। बोन्नविल तथा मॉरा ने अपने-अपने समाचारपत्रों में राजतंत्र के विरुद्ध गणतांत्रिक आंदोलन की वकालत प्रारंभ कर दी थी, जिसे ब्रिसो[18], दातां, रोबेसपियैर तथा कामील द मूलै आदि का भी परोक्ष समर्थन प्राप्त था। इस राजनैतिक आंदोलन के साथ-साथ 1791 के प्रारंभिक महीनों में पेरिस के मज़दूरों और शिल्पकारों ने भी बेरोज़गारी, मंहगाई तथा मुद्रास्फिति के विरुद्ध हड़तालें प्रारंभ कर दी थी। इन सभी विरोधों के निशाने पर लॉफॉयैत्त, दक्षिणपंथी प्रतिनिधि तथा पादरी वर्ग थे। ऐसे में उदारवादी मध्यमवर्गीय प्रतिनिधियों का व्यापक समर्थन मिराबो को मिलने लगा था। इनके आर्थिक सहायता के बल पर मिराबो की लोकप्रियता बढ़ने लगी थी। यहां तक कि मॉरी अन्त्वानेत को भी उसमें आशा की किरण दिखाई देने लगी थी कि तभी 2 अप्रैल 1791 को मिराबो की मृत्यु हो गई। अब राजा और रानी दोनों के पास फ्रांस के अंदर कोई सहारा नहीं बचा था। अब रानी के साथ-साथ राजा भी फ्रांस से पलायन करने का मन बनाने लगा था।

राजपरिवार का पलायन (21-25 जून 1791)

मिराबो की मृत्यु ने बारनेव और उसके दो सहायकों—द्यूपौर तथा अलेग्जांद्र द लमेथ के प्रभाव को अत्यधिक बढ़ा दिया था। इस त्रिगुट का मानना था कि क्रांति के समापन का अवसर आ चुका था। संविधान के निर्माण का कार्य लगभग पूरा हो चुका था, तथा प्रथम विधानसभा का चुनाव प्रारंभ ही होने वाला था। आगामी दो महीनों—मई और जून—में मध्यम वर्ग के प्रभाव को बढ़ाने वाले उपाय किए गए। नगरपालिका के कार्यशालाओं को बंद करा दिया गया, सामूहिक प्रतिवेदनों पर प्रतिबंध लगा दिया गया तथा 'निष्क्रिय' नागरिकों के राष्ट्रीय सेना में भर्ती पर रोक लगा दी गई। 14 जून को हड़तालों के साथ साथ मिलमालिकों एवं मजदूरों के संगठनों पर भी प्रतिबंध लगा दिया गया। हालांकि, इस प्रतिबंध से सौ वर्षों तक फ्रांसीसी मज़दूर वर्ग का हित प्रभावित होने वाला था, लेकिन 1791 में इसका किंचित भी विरोध नहीं हुआ था। इन कानूनों के निर्माण के दौरान रोबेसपियैर निर्धनों तथा बारनेव अमीरों के हित साधक के रूप में उभरे।

इसी समय राबेसपियैर के इस प्रस्ताव को सभी का समर्थन मिल गया था कि तत्कालीन सभा के सदस्य आगामी सभा के लिए निर्वाचित नहीं हो सकते थे।

अनिश्चितता के इसी वातावरण में लुई XVI ने पलायन कर जाने का निर्णय ले लिया। क्रांति के प्रारंभ के साथ ही लुई को पलायन के अनेक अवसर हाथ लगे थे, लेकिन अन्य सामंतों की भांति उसने फ्रांस को छोड़ना स्वीकार नहीं किया था। यद्यपि, उसके राजसी अधिकारों एवं सुविधाओं को जिस प्रकार संविधान के द्वारा स्थापन्न किया गया था, उसे उसने हृदय से स्वीकार नहीं किया था, लेकिन वह 23 जून 1789 के राजसी सुधारों को लागू करने के प्रति भी ईमानदारीपूर्वक प्रतिबद्ध था। अक्तूबर 1789 में स्पेन को प्रेषित उसके दो दस्तावेजों से उसकी मानसिक स्थिति पूरी तरह स्पष्ट हो जाती है। मिराबो के जीवित रहने तक वह इस दुविधा का शिकार बना रहा, और पलायन के प्रत्येक अवसर को टालता रहा। परंतु, अप्रैल में मिराबो की मृत्यु के साथ ही उसकी यह दुविधा भी समाप्त हो गई और 18 अप्रैल 1791 की घटना के बाद, जब उसे सेंट क्लाउड नहीं जाने दिया गया था, उसने पलायन का मन बना लिया था। सोमवार, 20 जून 1791 की रात्रि को पूरा राजपरिवार *त्यूलरी* के महल से बाहर निकल गया।[19] अगले दिन प्रातःकाल सात बजे जब राजा के परिचारक लिमॉए एवं इयूबैर राजा के शयनकक्ष में पहुंचे तो उन्होंने उसे खाली पाया। राजकुमार एवं रानी भी अपने-अपने शयनकक्षों में नहीं पाए गए। शीघ्र ही पूरे पेरिस में यह सूचना फैल गई कि "वे भाग गए! वे भाग गए!" 11 बजे तक महल के बाहर क्रोधित पेरिसवासियों की भारी भीड़ एकत्रित हो चुकी थी, जो पूरे राजपरिवार को अपशब्दों एवं गालियों से नवाज़ रही थी। राजा की एक तस्वीर पर ही उस भीड़ ने अपना सारा गुस्सा उतार दिया था।

लुई ने पलायन करते समय एक हस्ताक्षरयुक्त दस्तावेज़ रख छोड़ा था। इसमें उसने अपने उन सभी आदेशों को निरस्त घोषित कर दिया था, जिन्हें बिना उसकी मर्जी के जारी करने पर मज़बूर किया गया था। इस दस्तावेज ने पूरी तरह यह स्पष्ट कर दिया कि राजा वास्तव में संविधान के प्रति निष्ठावान नहीं था। लुई XVI ने अपने अनिश्चित मानस के कारण जनता का वह विश्वास पूरी तरह खो दिया था, जो राजसी संप्रभुता की वास्तविक शक्ति होती है। पलायन का निर्णय लेकर उसने जनता की वह निष्ठा भी खो दी थी, जो किसी भी राजतंत्र की निरंतरता के लिए एक आवश्यक शर्त होती है।

यद्यपि, अबतक राजा ने उन सभी आवश्यक राजसी तत्वों को खो दिया था, जिनकी उपस्थिति प्रत्येक राजा के मनोवैज्ञानिक अस्तित्व के लिए आवश्यक होती है, फिर भी राष्ट्रीय सभा यही घोषित कर रही थी कि राजा का अपहरण कर लिया गया था। वास्तव में, यह एक भयंकर संकट का अवसर था। राजा के पलायन को स्वीकार करने का अर्थ राजतंत्रवादियों को विद्रोह कर देने तथा विदेशी ताकतों को आक्रमण कर देने के लिए प्रेरित कर देना था। दूसरी तरफ़, इस पलायन को स्वीकार करने का अर्थ गणतंत्र के एकमात्र शेष बचे विकल्प को स्वीकार करना अथवा गणतंत्रवादियों के विद्रोह का सामना करना था। इन सभी संकटों को सामना करने के लिए राष्ट्रीय सभा ने सर्वाधिकार अपने हाथों में ले लिया तथा मंत्रियों को कार्यपालिका का समस्त अधिकार दे दिया। इस प्रकार व्यवहार में फ्रांस एक गणतंत्र बना दिया गया था, लेकिन सिद्धांत में अब भी वह एक राजतंत्र ही बना हुआ था।

वारेनैस में राजपरिवार को बंदी बना लिए जाने की सूचना पेरिस पहुंचते ही जनता में हर्ष की लहर दौड़ गई। राष्ट्रीय सभा ने तीन वामपंथी सदस्यों—एन्ताएन बारनेव, लातूर—मोबूर तथा ज़िरोम पेतिओ—को बंदी राजपरिवार को वापस पेरिस ले आने के लिए प्रेषित कर दिया। वारेनैस से पेरिस वापस आने में इस दल को चार दिन लग गए।[20] 25 जून की सायंकाल 8 बजे बंदी राजपरिवार वापस *त्यूलरी* के महल पहुंच गया था। राष्ट्रीय सभा के एक आदेश[21] के कारण पेरिस पहुंचने पर बंदी राजपरिवार का स्वागत न ज़िंदाबाद से किया गया न मुर्दाबाद से।

लुई के पलायन योजना की असफलता ने यूरोपियन शासकों को यह स्पष्ट करा दिया कि फ्रांस का राजा स्वतंत्र नहीं था। परिणामस्वरूप, 5 जुलाई को आस्ट्रिया के लियोपोल्ड ने यूरोप के सभी राजाओं से इस साझे घोषणापत्र पर हस्ताक्षर करने के लिए कहा, कि "लुई को तत्काल स्वतंत्र कर दिया जाए, तथा यदि उसके या उसके परिवार के विरुद्ध आगे कोई अपमानजनक कार्यवाही की जाती है तो उसका बदला लिया जाएगा।" यद्यपि, प्रत्यक्ष रूप से राष्ट्रीय सभा अपने सभी पूर्व आदेशों के प्रति प्रतिबद्ध रही, परंतु परोक्ष में त्रिगुट, लॉफॉयैत्त एवं मंत्रीगण यह विश्वास करने लगे थे कि उन सभी का हित इसी में था कि राजा के संवैधानिक अधिकारों को पुनर्स्थापित कर दिया जाए। बारनेव का तो मानना था कि यदि राजा को पुनर्स्थापित कर संविधान को इस प्रकार संशोधित कर दिया जाए कि

राजा तथा मध्यमवर्ग दोनों का हित-साधन हो जाए तो लियोपोल्ड को शांत किया जा सकता था। बारनेव के इस तर्क को राष्ट्रीय सभा ने स्वीकार कर लिया तथा रोबेसपियैर और उसके अल्पसंख्यक समर्थकों के विरोध के बाद भी 16 जुलाई को यह आदेश पारित कर दिया कि संविधान निर्माण के बाद राजा द्वारा इसे स्वीकार करते ही राजा को पुनर्स्थापित कर दिया जाए।

शॉ द मार्श हत्याकांड

राजा के पलायन की असफलता ने कार्देलियरों के गणतांत्रिक आंदोलन को अत्यधिक बढ़ा दिया था। 15 जुलाई को ही कार्देलियरों तथा तमाम जैकोबिनों ने राजा के स्थान पर संविधान को स्थापित करने का एक प्रतिवेदन दे दिया था। अतः 16 जुलाई के आदेश के विरुद्ध त्यागपत्र देकर जैकोबिनों ने एक *सोसायटी ऑफ़ द फ्रेंडस ऑफ़ कांस्टीट्यूशन* बना लिया जिसका नेतृत्व त्रिगुट कर रहा था। इनकी बैठकें *फैयान* के कांवेंट में होती थीं, अतः इन्हें *फैयान* कहा जाने लगा था। 17 जुलाई को शेष बचे जैकोबिनों ने कार्देलियरों के प्रतिवेदन से समर्थन वापस ले लिया, क्योंकि वह राष्ट्रीय सभा के आदेश के विरुद्ध था। इस प्रकार कई माह तक संविधान समर्थक क्लब की दो शाखाएं सक्रिय रहीं जो स्वयं को *फ्रेंडस ऑफ़ द कांस्टीट्यूशन* कहती थीं और अपनी अपनी बैठकों के स्थानों के नाम पर *फैयान* एवं जैकोबिन के नाम से पहचानी जाती थीं। उधर कार्देलियरों ने सभा के आदेश की वैधानिकता को ही इस आधार पर चुनौती दे दी थी कि वह सर्व-शक्तिशाली जन सामान्य की इच्छा के विरुद्ध था तथा यह मांग की कि राजा को सत्ताच्युत कर एक नई संविधानसभा के द्वारा कार्यपालिका के स्वरूप का निर्धारण किया जाना चाहिए।

14 जुलाई 1791 को बास्तीय के पतन की याद में दूसरी बार समारोह का आयोजन किया गया था। वहीं 17 जुलाई को 6000 लोगों ने उस उग्र प्रतिवेदन पर हस्ताक्षर किया। वहां लॉफॉयैत्त और बेली के नेतृत्व में राष्ट्रीय सुरक्षा बल भी उपस्थित था। लाल झंडा फहरा कर मार्शल लॉ घोषित किया जा चुका था। उस अवसर पर मंच के नीचे दो अज्ञात व्यक्ति छिपे हुए थे। वहां उपस्थित भीड़ ने उन दोनों को वहीं पर मार डाला। तत्काल सुरक्षा बल ने गोलीबारी प्रारंभ कर दी, जिसमें लगभग पचास लोग मारे गए। यद्यपि, बहुसंख्यक फैयान इन क्लबों के पूर्णरूपेण विनाश के पक्षधर नहीं थे, फिर भी अनेक उग्रवादियों को बंदी बनाने

के साथ साथ तमाम समाचारपत्रों को प्रतिबंधित कर दिया गया। कामील द मूलै, राबर्ट तथा मॉरा भूमिगत हो गए तथा दांता इंग्लैंड पलायन कर गया। यहां तक कि स्वयं रोबेसपियैर ने अपना निवास स्थान एक सुरक्षित स्थान पर बना लिया था। अब बारनेव और उसके सहयोगी निश्चिंत होकर बिना किसी चुनौती के संविधान को स्थायित्व प्रदान करने का कार्य कर सकते थे। हालांकि, अपने इस निरंकुशता के कारण उन्होंने पेरिस की आम जनता का विश्वास खो दिया था। *शॉ द मार्श* के इस हत्याकांड को लोग भूल नहीं पाए और आने वाले समय में उसी स्थान पर बेली को गिलोताईन किया गया और उसके आंखों के सामने ही लाल झंडे को जलाया गया।

फ्रांस के अधिकांश क्लब जैकोबिनों के प्रति निष्ठावान बने रहे तथा उनसे अलग हो चुके पेरिस के अन्य क्लब भी धीरे-धीरे वापस आने लगे। बारनेव, द्यूपौर तथा लमेथ ने मध्यम वर्गों के हित में संविधान को संशोधित करने के लिए दक्षिणपंथियों तथा लुई का सहयोग लेने का प्रयास प्रारंभ कर दिया। लुई के साथ विवाद समाप्त करने के लिए उन्होंने उसके साथ गुप्त वार्तालाप भी प्रारंभ कर दिया। इस दौर में अनेक सामंत और सेनाधिकारी राष्ट्रीय सभा के आदेशों की अवहेलना कर देश से पलायन करना प्रारंभ कर चुके थे। फलस्वरूप, फ्रांस की सेना और भी अधिक निर्बल होने लगी थी।

वारनैस में राजपरिवार के बंदी बनाए जाने के बाद से ही विदेशी आक्रमण का भय बढ़ता जा रहा था। राजा के मंत्रियों ने लियोपोल्ड II के साथ गुप्त वार्तालाप प्रारंभ कर दिया था। यद्यपि, राष्ट्रीय सभा का नया नेतृत्व वर्ग एवं फैयान सदस्य शांति बनाए रखने के लिए प्रयत्नशील थे, लेकिन मॉरी अन्त्वानेत को उनकी नीतियों में विश्वास नहीं था। 16 अगस्त को उसने आस्ट्रियाई राजदूत मर्सी-अरगेंतो को लिखा था कि, ''केवल विदेशी सेना ही हमें बचा सकती है।'' पुनः 26 अगस्त को उसने लिखा कि, ''किसी भी मूल्य पर शक्तियों को हमारी सहायता के लिए अवश्य आना चाहिए, लेकिन उनका नेतृत्व एवं नियंत्रण सम्राट के हाथों में होना चाहिए। परंतु रानी का भाई लियोपोल्ड II युद्ध के लिए तैयार नहीं था। उसके विचार से फ्रांस का नियंत्रण नरमपंथियों के हाथ में था। इसलिए उसने 27 अगस्त 1791 को प्रसा के फ्रेडरिक विलियम के साथ संयुक्त रूप से ''पिलनित्ज़ की घोषणा'' को प्रकाशित करा दिया, जिसमें दोनों शक्तियों ने यह विश्वास दिलाया था कि यदि यूरोप के अन्य शासक साथ देंगे तो वे संयुक्त रूप से कार्यवाही

करेंगे। लियोपोल्ड जानता था कि यह शर्त पूरी नहीं हो पाएगी और मॉरी अंत्वानेत ने भी यह समझ लिया कि उसके भाई ने धोखा दे दिया है। लेकिन, फ्रांस की जनता के लिए यह घोषणा एक वास्तविक खतरा और फ्रांसीसी स्वाभिमान को ठेस पहुंचाने वाली धमकी के समान थी। परिणामस्वरूप, नरमपंथियों द्वारा शांति बनाए रखने की नीति को भी फ्रांसीसी स्वाभिमान के विरुद्ध मान लिया गया। संविधान को पुनर्संशोधित कर राजा के अधिकारों को बढ़ाने का प्रयास भी असफल रहा। अंततोगत्वा, 13 सितंबर 1791 को लुई ने संविधान को स्वीकार कर लिया तथा इसके साथ ही उसका निलंबन भी समाप्त कर उसे पुनर्स्थापित कर दिया गया। लुई ने 30 सितंबर को संविधान के प्रति अपनी निष्ठा भी व्यक्त कर दी तथा इसके साथ ही उसके अंतिम अध्यक्ष *थोरेट* ने संविधानसभा को भंग घोषित कर दिया।

4

विधानसभा

(11 अक्तूबर 1791-21 सितंबर 1792)

11 अक्तूबर 1791 को विधानसभा की पहली बैठक मानेग में प्रारंभ हुई।[22] हालांकि, अधिकांश फ्रांसीसी जनता चर्च पर किए गए हमलों एवं अमीरों को प्राप्त सुविधाओं से प्रसन्न नहीं थी, फिर भी वह अभी भी संविधान तथा राजतंत्र के प्रति निष्ठावान बनी हुई थी। इस विधानसभा के अधिकांश नव-निर्वाचित सदस्य भी इस संविधान की सफलता के प्रति प्रतिबद्ध थे। इनमें बहुमत उन वकीलों का था जो स्थानीय न्यायालयों और सभाओं में सफलतापूर्वक कार्य कर चुके थे। राजा को अभी भी अपने मंत्रियों को नियुक्त तथा पदच्युत करने का अधिकार प्राप्त था। विधानसभा के आदेशों को अपने विशेषाधिकार द्वारा स्थगित करने का अधिकार भी पूरी तरह राजा के पास ही था, क्योंकि तीन उत्तरोत्तर संसदों के निर्णय के बाद ही राजा के विशेषाधिकार को अमान्य किया जा सकता था। परंतु, राजा और निर्वाचित प्रतिनिधियों के पूर्ण नियंत्रण के साथ-साथ पूरे फ्रांस तथा पेरिस के विभागों एवं नगरपालिका में राजनैतिक क्लबों—विशेषकर जैकोबिनों—का प्रभाव एक विरोधी राजनैतिक शक्ति के रूप में बढ़ने लगा था। इन क्लबों पर नियंत्रण रखने वाले क्रांतिकारी 1791 के संविधान से पूरी तरह असंतुष्ट थे। इनका मानना था कि क्रांति का मूल उद्देश्य एक सच्चा लोकतांत्रिक एवं धर्म-निरपेक्ष राष्ट्र निर्मित करना था, जिसमें सभी को समान अवसर उपलब्ध होता। क्रांतिकारियों का यह अल्पसंख्यक समूह राजा के विशेषाधिकार और दो प्रकार की नागरिकताओं—सक्रिय एवं निष्क्रिय—का घोर विरोधी था।'फैयान' सदस्य स्वयं आपस में विभाजित थे तथा विधानसभा में उनका कोई महत्त्वपूर्ण नेता नहीं था। विधानसभा के बाहर वे बारनेव, लमेथ तथा दूयूपौर के त्रिगुट अथवा लॉफॉयैत्त के मार्गदर्शन पर निर्भर थे। यद्यपि,

स्वयं को संविधानवादी कहने वाले रेमो, जिरोदैं, वाब्लां तथा दूयूमा जैसे प्रथम क्रांति के प्रबुद्ध इसमें शामिल थे, लेकिन इस सभा में वे दाहिनी तरफ़ बैठ रहे थे। वास्तव में, यह क्रांति प्राकृतिक रूप से इतनी प्रगतिशील थी कि पहली सभा में जो वामपंथी थे, वही दूसरी सभा में दक्षिणपंथी हो गए थे। विदेश नीति के प्रश्न पर त्रिगुट तथा लॉफॉयैत्त के मध्य भी मतभेद उभरने लगा था। विधानसभा के गठन के तत्काल बाद ही पेरिस के मेयर के चुनाव में वह जैकोबिनों के प्रत्याशी पेतिओ से पराजित हो गया था। त्रिगुट का प्रभाव भी पहले से अधिक प्रभुत्वहीन होता जा रहा था। लॉफॉयैत्त तथा त्रिगुट के प्रभुत्वहीन हो जाने के कारण विधानसभा के अंदर बहुसंख्यक होने के बाद भी फैयानों की भूमिका निर्णायक नहीं रह गई थी। फलस्वरूप, विधानसभा के दैनिक कार्यवाहियों एंवं महत्त्वपूर्ण निर्णयों को बहुसंख्यक फैयानों के स्थान पर अल्पसंख्यक उग्रवादी वामपंथी प्रभावित करने लगे थे।

फैयानों की भांति उग्रवादी वामपंथी भी संविधान के प्रति अपनी प्रतिबद्धता घोषित कर चुके थे। विधानसभा के अंदर ब्रिसो तथा बाहर रोबेसपियैर का नेतृत्व इन्हें प्राप्त था। ब्रिसो के नेतृत्व के कारण विधानसभा के अंदर इन्हें ब्रिसोतिन कहा जाने लगा था। बाद में, इन्हीं को जीरोंदैं के नाम से जाना गया, क्योंकि व वेरग़िन्ओ, जेनसन, गोदे मार्गरीत एली तथा दूयूको जैसे इनके अधिकांश महत्त्वपूर्ण सदस्य 'जी़रोंदैं' क्षेत्र (विभाग) का प्रतिनिधित्व कर रहे थे। विधानसभा में इस समूह को कोंदोरसे का भी मार्गदर्शन प्राप्त था, जो उस क्रांतिकारी युग का अंतिम दार्शनिक था। अपने विचारों के विस्तार के लिए प्रसिद्ध कोंदोरसे यदि इनका लेखक था तो वेरग़िन्ओ इनका वक्ता।

यद्यपि, राजा द्वारा संविधान को स्वीकार करते ही क्रांति के समापन की घोषणा कर दी गई थी, लेकिन क्रांति तो अभी पूरी तरह प्रारंभ भी नहीं हुई थी। सत्र के प्रारंभ होते ही इस विधानसभा को उन सवालों से जूझना था, जिन्हें संविधानसभा के अंतिम दौर ने उत्पन्न कर दिया था। सबसे पहली समस्या तो एविग्नॉन तथा कोम्ता वने सैं जैसे धर्म-प्रांतों की ही थी, जिनको अधिग्रहित करने का प्रस्ताव पिछली सभा ने पारित कर दिया था। पोप द्वारा क्रांति की भर्त्सना तथा पादरियों एवं अभिजात्यों के विद्रोहों ने इनके अधिग्रहणों के अतिरिक्त कोई अन्य विकल्प नहीं छोड़ा था। लेकिन, क्रांतिकारी फ्रांस द्वारा किए गए इन अधिग्रहणों को राजतंत्रवादी यूरोप ने एक चुनौती की भांति लिया था।

विधानसभा की बैठकें प्रारंभ होते ही सबसे पहले रॉइनलैंड के प्रवासी फ्रांसीसियों के विरुद्ध प्रस्तावों पर चर्चा प्रारंभ हो गई। क्रांति प्रारंभ होते ही फ्रांस से पलायन कर जाने वाले सामंतों, अधिकारियों तथा सेनाधिकारियों को क्रांति विरोधी घोषित करने के साथ ही उन्हें वापस फ्रांस लाने के उपायों के अंतर्गत प्रस्ताव पारित कर दिए गए। सर्वप्रथम, 31 अक्तूबर 1791 को विधानसभा ने प्रोवेंस के कॉउंट को वापस लौटने के लिए दो माह की समय सीमा निर्धारित कर दी, अन्यथा राज-सत्ता का उसका अधिकार समाप्त हो जाता। इसी प्रकार 9 नवंबर को पारित एक प्रस्ताव के द्वारा समस्त प्रवासी फ्रांसीसियों के लिए 1 जनवरी 1792 तक का समय निर्धारित कर दिया गया, अन्यथा उन्हें क्रांति विरोधी षड्यंत्र का अपराधी मानकर फ्रांस में उनकी समस्त संपत्ति अधिग्रहित कर ली जाती तथा पकड़े जाने पर मृत्युदंड दिया जाता। इसके साथ ही 29 नवंबर को लंबी, गर्म एवं कड़वी बहसों के बाद, उन पादरियों को, जिन्होंने अभी तक संविधान के प्रति निष्ठा की शपथ नहीं ली थी, एक सप्ताह का समय दे दिया गया कि वे नए संविधान के प्रति अपनी निष्ठा की घोषणा शपथपूर्वक कर दें। पादरियों को अपनी इस निष्ठा की शपथ नए संविधान के प्रति ही लेनी थी। उन्हें पादरियों के नागरिक संविधान के प्रति शपथ के लिए मजबूर नहीं किया गया था। फिर भी लुई ने 9 नवंबर तथा 29 नवंबर के दोनों प्रस्तावों पर अपने विशेषाधिकार का प्रयोग कर दिया। इसके लिए उसे लमेथ ने परामर्श दिया था। अपने भाई, प्रोवेंस के कॉउंट, को वापस बुलाने वाले प्रस्ताव पर लुई ने अपने विशेषाधिकार का प्रयोग नहीं किया था।

इसी मध्य विधानसभा ने लुई से यह अपील भी की थी कि वह ट्रायर के एलेक्टर तथा अन्य जर्मन राजाओं को इस आशय का एक पत्र लिखे कि वे अपनी सीमाओं के अंतर्गत फ्रांसीसी प्रवासियों की गतिविधियों पर प्रतिबंध लगाएँ। इसका सीधा उद्देश्य आस्ट्रिया के सम्राट को चुनौती देना था, क्योंकि, यह तय था कि ट्रायर का एलेक्टर आस्ट्रिया के सम्राट से सहायता मांगेगा। यद्यपि, 1756 से ही आस्ट्रिया एवं फ्रांस के मध्य मित्रता का संबंध स्थापित था लेकिन फ्रांसीसियों का मानना था कि आस्ट्रिया कभी भी फ्रांस का मित्र नहीं हो सकता। उस विधानसभा में रोबेसपियैर व दांता के अतिरिक्त अधिकांश जैकोबिन तथा ब्रिसो युद्ध के पक्षधर बन गए थे। ब्रिसो के अनुसार युद्ध में ही राष्ट्रीय-हित निहित था। ''उन लोगों के लिए, जिन्होंने दस सदियों की दासता के बाद मुक्ति पाया था, निरंकुशता के पाप को धोने के लिए युद्ध आवश्यक था, उन्हें स्वतंत्रता को

दूषित करने वाले लोगों से मुक्ति के लिए भी युद्ध आवश्यक था।" ब्रिसो ने यह भी घोषित किया था कि, "हमें बृहद् स्तर पर देशद्रोह चाहिए, इसी राह में हमारी मुक्ति है, क्योंकि, फ्रांस के शरीर में बहुत अधिक मात्रा में ज़हर शेष रह गया है, जिसे निकालने के लिए कड़े उपाय आवश्यक हैं।"

राजा स्वयं भी युद्ध चाहता था। उसका मानना था कि क्रांतिकारी फ्रांस युद्ध के लिए तैयार नहीं था। अतः युद्ध में उसकी पराजय निश्चित थी। इस पराजय से क्रांतिकारियों की शक्ति समाप्त हो जाती तथा फ्रांसीसियों के सम्मुख उसके आगे आत्मसमर्पण करने के अतिरिक्त कोई अन्य विकल्प नहीं होता। लुई ने 14 दिसंबर 1791 को विधानसभा में यह घोषणा कर दी कि उसने ट्रायर के एलेक्टर को एक माह की अवधि के अंदर प्रवासियों को निष्काषित करने की धमकी दे दी है। यदि एलेक्टर ने ऐसा नहीं किया तो उसे फ्रांस का शत्रु मान लिया जाएगा। इसके साथ ही उसने नारबोन को युद्ध मंत्री बना दिया। युद्ध का समर्थक होने के कारण नारबोन को ज़ीरोदैं का समर्थन भी प्राप्त था। नारबोन ने ल्यूकनेर, रोशांबो तथा लॉफॉयैत्त को सेना का जनरल नियुक्त कर युद्ध की तैयारी प्रारंभ कर दी।

आस्ट्रिया का सम्राट लियोपोल्ड II, वास्तव में, युद्ध का पक्षधर नहीं था। वह जानता था कि युद्ध से आस्ट्रिया को कोई लाभ नहीं होने वाला था। लेकिन, वह यह अवश्य चाहता था कि यूरोपियन ताकतों का एक ऐसा मोर्चा अवश्य बन जाए जिसके दबाव में आकर फ्रांसीसी क्रांतिकारी संविधान में सुधार कर राजा को कुछ अधिकार एवं सुविधाएं प्रदान कर दें। वह यह भी चाहता था कि एक सदन के स्थान पर दो सदनों की व्यवस्था प्रारंभ कर दी जाए। लेकिन, दो सदनों का तात्पर्य फ्रांसीसी सामंतों को पुनर्स्थापित करना होता, जिसे किसी भी मूल्य पर फ्रांसीसी क्रांतिकारी स्वीकार नहीं करने वाले थे। इसी मध्य ट्रॉयर के एलेक्टर ने राजा के दोनों भाइयों—कॉउंट ऑफ़ प्रावेंस तथा ऑरतुवा—के अतिरिक्त शेष सभी प्रवासियों को इस शर्त पर निष्काषित कर दिया कि सम्राट लियोपोल्ड II ने उसे सहायता एवं सुरक्षा का आश्वासन दे रखा था। इसके साथ ही लियोपोल्ड II ने फ्रांस को यह आधिकारिक जवाब प्रेषित कर दिया कि फ्रांसीसी शिकायत दूर कर दी गई है, अतः विवाद समाप्त हो गया है। इसके साथ ही साथ उसने जर्मन राजाओं को सहायता और सुरक्षा प्रदान करने का आश्वासन भी दे दिया।

लियोपोल्ड II के जवाब से विधानसभा संतुष्ट नहीं थी। उन्होंने 25 जनवरी को लुई XVI से कहा कि वह लियोपोल्ड से यह पूछे कि वह फ्रांस के विरुद्ध

किए गए सभी संधियों को निरस्त करने के लिए तैयार है कि नहीं? विधानसभा ने सम्राट लियोपोल्ड II को 1 मार्च तक यह भी घोषित करने का समय दिया कि वह 1756 के फ्रांस-आस्ट्रिया समझौते को अभी भी मान्यता दे रहा था कि नहीं? फ्रांसीसी विधानसभा के इस व्यवहार से आहत लियोपोल्ड II ने 7 फ़रवरी को प्रसिया के फ्रेडरिक विलियम के साथ एक सुरक्षात्मक संधि कर ली तथा फ्रांस के विरुद्ध साझा-अभियान करने की तैयारी भी प्रारंभ कर दी। फ्रांसीसी सवाल के जवाब में आस्ट्रिया की तरफ़ से कॉनित्ज़ ने 17 फ़रवरी को जो जवाब प्रेषित किया, उसमें उसने जैकोबिनों को एक 'विनाशक-संप्रदाय', घोषित करते हुए, उनके विरुद्ध कार्यवाही करने के लिए फ्रांसीसी जनता से अपील किया था।

1 मार्च 1792 को फ्रांसीसी विधानसभा में जब आस्ट्रिया का यह जवाब पढ़ा गया तब युद्ध समर्थकों ने इसे फ्रांसीसी स्वाभिमान पर आधात घोषित कर दिया। इसे केवल फ्रांसीसी स्वाभिमान पर ही नहीं, बल्कि क्रांति और संविधान पर भी आघात एवं संभावित खतरे के रूप में प्रचारित किया गया। राजा और उसके दब्बू मंत्रिमंडल को इसके लिए जिम्मेदार बताते हुए यह आरोप भी लगाया गया कि दरबार का 'आस्ट्रियाई गुट' इस क्रांति को पछाड़ने का षड्यंत्र कर रहा था। इनके निशाने पर परोक्ष रूप से, निःसंदेह, मॉरी अन्त्वानेत ही थी, लेकिन प्रत्यक्षतः विदेशमंत्री दलसार्त को ही इसके लिए ज़िम्मेदार घोषित किया जा रहा था। तभी, 9 मार्च को लुई XVI ने युद्ध-मंत्री नारबोन को बरखास्त कर दिया तथा दलसार्त पर महाभियोग चला दिया गया। शेष फैयान मंत्रियों ने त्यागपत्र दे दिया, तथा लुई XVI ने एक युद्ध समर्थक मंत्रिमंडल का गठन कर दिया।

इस नए मंत्रिमंडल का विदेश मंत्री द्यूमूरिए[23] घोर युद्ध समर्थक होने के साथ साथ एक घुटा हुआ कूटनीतिज्ञ भी था। सप्तवर्षीय युद्ध का यह अनुभवी योद्धा एक तरफ़ जैकोबिनों से सहयोग प्राप्त करने का प्रयास कर रहा था तो दूसरी तरफ़ वह राजा से भी गुप्त मंत्रणा करता रहता था। उसका अंतिम उद्देश्य एक अल्पकालिक छोटा युद्ध लड़कर राजा की असली ताकत बन जाना था। उसने वित्त मंत्री के रूप में स्विस बैंकर क्लावियेर तथा आंतरिक मंत्री के रूप में रोलैंड के साथ-साथ ज़ीरोदैं सहयोगियों का एक गुट बना लिया था। शीघ्र ही दूसरे ज़िरोदैं समर्थक सेरवान को युद्धमंत्री बना दिया गया।

युद्ध का वतावरण पूरी तरह तैयार था। ज़ीरोदैं मंत्रिमंडल में आ चुके थे तथा फ्रांसिस II के सत्तारोहण ने युद्ध को और अधिक निकट ला दिया था। अंततोगत्वा, 20 अप्रैल को लुई XVI के युद्ध प्रस्ताव को विधानसभा ने मंजूरी

दे दी तथा इसके साथ ही 'हंगरी एवं आस्ट्रिया के राजा के विरुद्ध' युद्ध की घोषणा कर दी गई; दूसरे शब्दों में युद्ध की यह घोषणा केवल आस्ट्रिया के विरुद्ध की गई थी न कि पूरे आस्ट्रियाई साम्राज्य के विरुद्ध। युद्ध के आंतक से पड़ोसियों को मुक्त रखने के लिए फ्रांसीसी संविधान की उस धारा का हवाला दिया गया था, जिसमें अधिग्रहण के लिए युद्ध त्याग को सम्मिलित किया गया था। आस्ट्रिया के विरुद्ध इस युद्ध को 'एक राजा के अनाधिकृत आक्रमण के विरुद्ध स्वतंत्र नागरिकों की न्यायपूर्ण आत्मरक्षा', के रूप में पारिभाषित किया गया था। द्यूमूरिए प्रसिया को आस्ट्रिया से अलग रखना चाहता था लेकिन समझौते से बंधा हुआ प्रसिया फ्रांसिस II के समर्थन में आ गया।

क्रांतिकारी फ्रांस एवं राजतांत्रिक यूरोप के मध्य युद्ध कभी न कभी तो होना ही था। मानव इतिहास में आधुनिक लोकतंत्र के इस नवीन मूल्य के आगमन के पश्चात् राजतंत्र का अवसान होना भी तय ही था। इस नवीन मूल्य रूपी नियति को पहचान सकने में असमर्थ यूरोप के राजतंत्र बिना युद्ध किए भला अपनी सत्ता कैसे त्याग सकते थे? 1792 में प्रारंभ होने वाला यह युद्ध बिना किसी गतिरोध के 1815 तक चलता रहा। यह युद्ध न केवल यूरोप बल्कि पूरे विश्व के इतिहास का नियंता बनने वाला था। अपने पहले दौर में इसने फ्रांसीसी क्रांति को एक नवीन दिशा प्रदान किया। फिर ज़िरोदैं के स्थान पर जैकोबिन सत्ता में आ गए तथा युद्धोन्माद की बेदी पर फ्रांसीसी राजतंत्र की बलि चढ़ गई। अब फ्रांस की राजनीति को अपनी आंतरिक परिस्थितियों से नहीं बल्कि युद्ध की घटनाओं के दवाब में निर्धारित होना था।

युद्ध प्रारंभ होते ही यह स्पष्ट हो गया कि फ्रांस युद्ध के लिए तैयार नहीं था। नारबोन के नेतृत्व में फ्रांसीसी सेना बुरी तरह अंसगठित हो चुकी थी। इसके आधे से अधिक अधिकारी तथा हज़ारों सैनिक पहले ही पलायन कर चुके थे। पूरी सेना अनुशासनहीनता तथा अराजकता से ग्रस्त थी। 1791 के स्वयंसेवकों में से आधे भी सीमाओं पर नहीं पहुंचे थे। सीमाओं पर पहुंचने वाले स्वयंसेवक भी न अस्त्र-शस्त्र से सुसज्जित थे न पूरी तरह सैन्य-प्रशिक्षित। स्थायी सेना और अनियमित टुकड़ियों के मध्य किसी प्रकार का सामंजस्य नहीं था, तथा उनका आपसी विद्वेष संगठित प्रयासों में सबसे बड़ी बाधा थी। स्थायी सेना की तुलना में स्वयंसेवकों का वेतन अधिक था। उन्हें अपना अधिकारी चुनने की स्वतंत्रता थी तथा प्रत्येक अभियान के बाद घर-वापसी का अधिकार भी। यह विसंगतियां उनके आपसी विद्वेष एवं असंतोष का कारण बन चुकी थीं।

29 अप्रैल को बूढ़े रोसैंबो की एक टुकड़ी, तूरने में, आस्ट्रियाई सेना के सामने पड़ते ही, गद्दारी-गद्दारी चिल्लाते हुए भाग खड़ी हुई। इस पलायन के दौरान ही निराशा एवं खीज की शिकार इस टुकड़ी ने अपने ही सेनापति दी लों की हत्या कर दी। अगले ही दिन बिरों के नेतृत्व वाली एक दूसरी टुकड़ी पहले मुकाबले के दौरान ही पलायन कर गई। एक माह के अंदर ही सैन्य मंत्री एवं रोसैंबो दोनों ने त्यागपत्र दे दिया।

सेनाधिकारियों की समिति ने तत्काल युद्ध बंद करने की सलाह राजा को दे दी, क्योकि, उनके विचार से उन परिस्थितियों में युद्ध को जारी रखना असंभव था। वास्तव में, इस समय प्रसिया एवं आस्ट्रिया के साम्राज्यवादी लालच ने ही फ्रांस को जीवनदान प्रदान कर दिया था। दोनों उस समय पोलैंड के विभाजन में हिस्सेदारी के लिए अधिक उत्सुक थे, तथा 18 मई 1792 को पोलैंड में घुसने वाली कैथरीन II (महान) की रूसी सेना पर ध्यान केंद्रित किए हुए थे। कैथरीन II, फ्रांसिस II तथा फ्रेडरिक विलियम के पोलैंड विभाजन संबंधी वार्तालापों में तीन माह का समय निकल गया। तत्पश्चात, जब तक फ्रांसिस II तथा फ्रेडरिक विलियम को फ्रांसीसी अभियान के लिए योजना बनाने का समय मिल सका तब तक बहुत विलंब हो चुका था। युद्ध में अपनी प्रारंभिक पराजयों से निराश फ्रांसीसी क्रांतिकारियों ने राजतंत्र के अस्तित्व पर ही हमला बोल दिया था।

सीमाओं पर फ्रांसीसी सेनाओं की पराजय तथा पलायन के समाचारों ने क्रांति विरोधियों की गद्दारी एवं देशद्रोह की संभावनाओं को विश्वसनीयता प्रदान कर दिया था। निःसंदेह, गद्दारी एवं देशद्रोह जैसी उन अफ़वाहों का एकमात्र निशाना रानी मॉरी अंत्वानेत ही होती थी, जिसे क्रांतिकारी घृणापूर्वक, 'आस्ट्रियाई औरत', के नाम से पुकारते थे।

मॉरी अन्त्वानेत ने युद्ध प्रारंभ होने के पूर्व मार्च में ही युद्ध की योजनाओं संबंधी कुछ सूचनाएं आस्ट्रिया प्रेषित कीं थीं, जिनका उद्देश्य आस्ट्रियाई सेना को युद्ध में सहायता पहुंचाना था। वास्तव में, मॉरी अन्त्वानेत राजा और राज परिवार की सुरक्षा के प्रति अत्यंत चिंतित थी। वह राजा एवं राज समर्थक उदारवादी क्रांतिकारी नेताओं के आश्वासनों के प्रति आश्वस्त नहीं थी। ऐसे में उसकी एकमात्र उम्मीद की किरण अपने मातृकुल में दिख रही थी। यद्यपि, वह राजा एवं राजपरिवार की सुरक्षा के लिए आस्ट्रियाई सेना के आगमन की प्रतीक्षा कर रही थी, लेकिन उसका किंचित भी उद्देश्य फ्रांसीसी राष्ट्र की कीमत पर आस्ट्रियाई जीत हासिल करना नहीं था। वैसे भी, उसके प्रिय भाई, आस्ट्रियाई सम्राट लियोपोल्ड II ने

समय पर अपनी बहन एवं उसके परिवार की रक्षा का प्रयास नहीं किया था। अब, लियोपोल्ड II की मृत्यु के पश्चात, उसका पुत्र फ्रांसिस II नया सम्राट बन चुका था, जिसने अपनी बुआ मॉरी अंत्वानेत को देखा तक नहीं था। उससे भला मॉरी अन्त्वानेत को क्या उम्मीद हो सकती थी।

फिर भी, उसके प्रति फ्रांसीसी क्रांतिकारियों की घृणा तदनुसार बरकरार थी, और पूरा क्रांतिकारी फ्रांस उसे ही उन प्रारंभिक पराजयों का कारण मान रहा था। ऐसे माहौल में, जब लॉफॉयैत्त ने युद्ध-विराम के लिए आस्ट्रियाई राजदूत से संपर्क किया तथा जैकोबिनों से संविधान को बचाने के लिए पेरिस के जैकोबिन क्लबों को बंद करने का प्रयास किया तो यह बात विश्वसनीय लगने लगी कि फ्रांसीसी सेना के विरुद्ध कोई बृहद् षड्यंत्र रचा गया था, जिसके परिणामस्वरूप ही फ्रांसीसी सेना की पराजय हुई थी। फ्रांसीसी सेना की पराजय तथा षड्यंत्र के संदेहों ने पूरे पेरिस को उस उत्तेजना से भर दिया, जो आगामी घटनाओं का कारण बन गई।

उस समय पूरा पेरिस दो स्पष्ट समूहों में बंट गया था। एक तरफ़ अत्यंत उत्तेजित एवं क्रोधित पेरिस का समाज था तो दूसरी तरफ़ पराजय-बोध से ग्रस्त विधानसभा थी। उस उत्तेजित पेरिस का नेतृत्व जैकोबिनों का नेता रोबेसपियैर कर रहा था, जो अपनी पत्रिका, *द डिफेंडर ऑफ़ द कांस्टीट्यूशंस* में लगातार ब्रिसोतिनों की बहुमत वाली राष्ट्रीय सभा पर अपनी आलोचनाओं की बौछार कर रहा था। रोबेसपियैर की भांति ही मॉरा, कामील द मूलै, बीलो वारेन्न, कोलो द एरब्बा [24], कूथो तथा अन्य उग्रवादी क्रांतिकारी भी ब्रिसातिनों के विरुद्ध आग उगल रहे थे।

ब्रिसातिनों की निरंतर गिरती लोकप्रियता को आर्थिक संकटों ने और अधिक त्वरित कर दिया था। बार-बार जारी की जा रही काग़ज़ की मुद्रा के कारण जून तक मुद्रा का अवमूल्यन 57 प्रतिशत तक पहुंच गया था। मंहगाई अपने चरम पर थी और बाज़ार में खाद्य पदार्थों के अभाव से जमाखोरों की बन आई थी। परिणामस्वरूप, अराजकता का माहौल व्याप्त हो चुका था। पेरिस से लगे ग्रामीण क्षेत्रों में कृषक विद्रोह होने लगे थे। स्वयं पेरिस में, वेस्टइंडीज में विद्रोह के कारण, शक्कर के अभाव ने जमाखोरों के गोदामों की लूट को प्रेरित कर दिया था। विधानसभा में इस तरह के सवाल उठने लगे थे कि अधिकारों की घोषणा के बाद आवश्यक वस्तुओं की जमाखोरी को किस प्रकार न्यायपूर्ण ठहराया जा सकता था। जमाखोरों के लिए मृत्युदंड की मांग उठने लगी थी।

अपनी निरंतर गिरती लोकप्रियता से आतंकित ब्रिसातिनो ने तत्काल नए-नए प्रस्ताव पारित करने प्रारंभ कर दिए। शपथ न लेने वाले पादरियों (नान-ज्यूरर पादरी) के निर्वासन का प्रस्ताव 27 मई को; राजा के 1200 संवैधानिक सुरक्षाकर्मियों को विघटित करने का प्रस्ताव 29 मई को; तथा पेरिस को बाह्य एवं आंतरिक शत्रुओं से बचाव के लिए पेरिस में 20,000 राष्ट्रीय सुरक्षाकर्मियों की एक सेना रखने का प्रस्ताव 8 जून को पारित कर दिया गया। राजा ने इन तीनों प्रस्तावों में से केवल एक प्रस्ताव को अपनी स्वीकृति प्रदान की। इसके जवाब में आंतरिक मंत्री रोलैंड ने राजा के नाम एक खुले पत्र में यह धमकी दे डाली कि सर्वसाधारण की सुरक्षा वाले आवश्यक उपायों का विरोध करने वाला राजा एक नई क्रांति को आमंत्रित कर रहा था।[25]

इस पत्र को सुनने के बाद राजा ने द्यूमूरिए से परामर्श कर रोलैंड, क्लावियेर तथा सेरवान को बर्खास्त कर द्यूमूरिए को युद्ध मंत्री बना दिया। इसे स्वीकार करने वाले द्यूमूरिए ने राजा को यह परामर्श दिया था कि वह 27 मई और 8 जून के शेष दोनों प्रस्तावों पर सहमति प्रदान कर दे अन्यथा वह विधानसभा का सामना नहीं कर सकता था। 13 जून को जब विधानसभा में तीनों मंत्रियों की बर्खास्तगी तथा उनके स्थान पर मूर्ग को आंतरिक मंत्री, बोलिअ को वित्त मंत्री तथा द्यूमूरिए को युद्ध मंत्री (वह इस समय विदेश मंत्री भी था) बनाने की घोषणा की गई तो वहां हंगामा मच गया। रोलैंड के अनुसार उन्हें उसके राजा के नाम खुला पत्र लिखने के कारण बर्खास्त किया गया था।

विधानसभा ने उस पत्र को छपवा कर सभी 83 विभागों में वितरित करने का आदेश दे दिया। लेकिन उस विपरीत माहौल में भी द्यूमूरिए ने साहसपूर्वक यह स्थापित कर दिया कि ज़ीरोंदें मंत्रियों को युद्ध में असफलता के कारण बर्खास्त किया गया था न कि उस पत्र के कारण। इसके पश्चात जब नए मंत्रिमंडल ने राजा से अनुरोध किया कि वह अपने वादे के अनुसार दोनों प्रस्तावों को अपनी स्वीकृति प्रदान कर दे तब राजा ने पादरियों के विरुद्ध प्रस्ताव को स्वीकार करने में अपनी असहमति दिखाई। राजा के इस व्यवहार से खिन्न द्यूमूरिए तथा अन्य ने त्यागपत्र दे दिया। राजा ने इसे स्वीकार कर उनके स्थान पर तीन गैर-महत्त्वपूर्ण एवं लॉफॉयैत्त समर्थक फैयान सदस्यों को मंत्री बना दिया।

त्यूलरी महल पर हमला (20 जून 1792)

राजा को विधानसभा के अंदर फैयानों तथा बाहर लॉफॉयैत्त का समर्थन प्राप्त था। लॉफॉयैत्त ने 18 जून को एक पत्र लिख कर जैकोबिन क्लबों को बंद कर

देने की मांग की क्योंकि वे क्लब 'राज्य के अंदर राज्य' बनते जा रहे थे। अगले ही दिन राजा ने उन प्रस्तावों के विरुद्ध अपने विशेषाधिकारों की घोषणा कर दी। राजा के इस घोषणा ने पेरिस की जनता को अत्यधिक क्रोधित एवं उग्र कर दिया।

अगला दिन 20 जून था। यह टेनिस हॉल शपथ की तीसरी वर्षगांठ थी। श्रीमती रोलैंड की बैठक में ज़ीरोंदें सदस्यों ने उस दिन को प्रदर्शन एवं विरोध दिवस के रूप में मनाने का निर्णय लिया था। उन्हें फॉबूर सैं आंतत्वान एवं सैं मार्सी के मजदूर वर्गों का समर्थन भी प्राप्त हो गया था। पूरे पेरिस में विरोध जुलूस निकाले गए तथा विधानसभा में घुसकर विद्रोहियों ने अपना विरोधपत्र प्रस्तुत किया। पेरिस के मेयर पेतिओ तथा नगरपालिका अधिकारी (प्रोक्यूरर) मानुएल ने उन्हें रोकने का कोई प्रयास नहीं किया। विधानसभा से लौटते समय वे विद्रोही प्रदर्शनकारी राजा के निवासस्थान *त्यूलरी* में प्रवेश कर गए। उन्होंने राजा तथा राजपरिवार को कई घंटों तक बंदी बनाए रखा। उनकी मांग थी कि राजा विशेषाधिकारों को वापस ले तथा बर्खास्त मंत्रिमंडल को पुनः बहाल करे। इन दोनों मांगों को मानना राजा ने अस्वीकार कर दिया। कई घंटों के बाद पेतिओ ने वहां पहुंच कर राजा का घेराव समाप्त कराया।

20 जून के इस हमले ने राजा के प्रति एक सहानुभूति की लहर पैदा कर दी, जिससे उसकी स्थिति थोड़ी मजबूत हो गई। मंत्रिमंडल ने भविष्य में *त्यूलरी* की सुरक्षा करने का निश्चय कर लिया। अकेले पेरिस से 20,000 लोगों ने हस्ताक्षर कर हमलावरों को सजा देने की मांग कर दी। पेतिओ एवं मानुएल को निलंबित कर दिया गया। परंतु 28 जून को जब अचानक लॉफॉयैत्त पेरिस आ गया तो राजा के समर्थन में बन चुका माहौल फिर बिगड़ने लगा। क्रांति का समर्थक वर्ग आशंकित हो गया तथा प्रतिक्रांति अवश्यंभावी लगने लगी। इसी आशंका के कारण विधानसभा ने युद्ध के मोर्चे को छोड़कर आने के अपराध के बाद भी लॉफॉयैत्त से जवाबतलब नहीं किया लेकिन उसे जैकोबिनों के विरुद्ध कार्यवाही करने की अनुमति भी नहीं दी। वास्तव में, लॉफॉयैत्त को अब किसी का भी समर्थन नहीं प्राप्त था। यहां तक कि स्वयं रानी मॅारी अंत्वानेत भी उस पर विश्वास नहीं कर पा रही थी। यही कारण है कि 29 जून को जब लॉफॉयैत्त ने जैकोबिनों के विरुद्ध सैन्य अभियान प्रारंभ किया तो उसे पर्याप्त सेनाधिकारियों का समर्थन भी नहीं मिला, तथा उसे निराश होकर वापस चले जाना पड़ा। निःसंदेह, लॉफॉयैत्त जैसे दक्षिणपंथियों का समय अब समाप्त हो चुका था।

इसी समय यह सूचना प्राप्त हुई कि यूरोप की सर्वशक्तिशाली सैन्य शक्ति से सुसज्जित प्रसिया की सेनाएं फ्रांस पर आक्रमण करने ही वाली थीं। इस सूचना ने राजा के प्रति बने सहानुभूति के माहौल को समाप्त कर दिया। भय एवं आशंका के इस माहौल में ज़ीरोदें और जैकोबिनों दोनों के मध्य निकटता भी बढ़ गई तथा दोनों ने लॉफॉयैत्त पर मुक़दमा चलाने और फैयान मंत्रिमंडल को बर्खास्त करने की मांग प्रारंभ कर दी। इसी समय 2 जुलाई को मारसैय के 516 स्वयंसेवकों ने पेरिस की तरफ़ प्रस्थान दिया। अपनी बहादुरी, साहस एवं देशभक्ति के लिए विख्यात मारसैयवासियों के पेरिस अभियान से प्रेरित अन्य प्रांतों के सैनिक भी पेरिस आने लगे। इसी बीच बवास्तीय के पतन की तीसरी वर्षगांठ 14 जुलाई को पड़ने वाली थी। उस आयोजन को दृष्टि में रखते हुए राजा के विशेषाधिकार को किनारे रख प्रांतों से 20,000 प्रांतीय सैनिकों को पेरिस में रखने का प्रस्ताव पारित कर दिया गया। 10 जुलाई को नए मंत्रिमंडल ने त्यागपत्र दे दिया तथा पेतिओ एवं मानुएल दोनों का निलंबन भी समाप्त कर दिया गया। 11 जुलाई को विधानसभा ने यह घोषणा कर दी कि 'पेरिस खतरे' में था। इस घोषणा ने पूरे फ्रांस को देशभक्ति के एक अभूतपूर्व भावना से भर दिया। सभी प्रांतों से स्वयंसेवक पेरिस आने लगे। सभी ओर से राजा को अपदस्थ करने एवं तत्कालीन संविधान को बदलने की मांग उठने लगी। ऐसे ही उत्तेजित माहौल में 14 जुलाई का आयोजन संपन्न हुआ। राजा स्वयं भी इस आयोजन में सम्मिलित हुआ और उसने तत्कालीन संविधान की रक्षा करने का शपथ भी लिया। हालांकि, अपने भयभीत परामर्शदाताओं के परामर्श के अनुसार उसने अपने जैकेट के अंदर एक रक्षा कवच पहन रखा था, लेकिन 14 जुलाई का मेला बिना किसी घटना के संपन्न हो गया।

हालांकि, ज़ीरोदें सदस्यों ने जैकोबिनों से सहयोग कर उस उग्र एवं उत्तेजित माहौल को जन्म तो दे दिया था, लेकिन राजा को अपदस्थ करने की सीमा तक जाने में वे अब हिचकने लगे थे। वैसे भी, फैयान मंत्रिमंडल के त्यागपत्र दे देने के कारण अपना मंत्रिमंडल बनाने का अवसर एकबार फिर उनके सामने आ गया था। स्वयं राजा के लिए भी वे ही उम्मीद के अंतिम किरण बचे थे। राजा और रानी दोनों ने लॉफॉयैत्त के इस परामर्श को सिरे से खारिज़ कर दिया था कि वे पेरिस से पलायन कर अपनी जान बचा लें। राजा और संविधान दोनों को बचाने के लिए कटिबद्ध ज़िरोदें के नेता ब्रिसो ने 25 जुलाई को यह धमकी तक

दे डाली कि यदि संविधान की कीमत पर गणतंत्र स्थापित करने का प्रयास किया गया तो उसे कानून का सामना करना पड़ेगा।

परंतु, संवैधानिक राजतंत्र विरोधी गणतान्त्रिक आंदोलन ने इतनी प्रगति कर ली थी कि उसकी गति को पीछे मोड़ना अब असंभव हो चुका था। रोबेसपियैर एवं जैकोबिनों के नेतृत्व में इस आंदोलन को पेरिस के मजदूर वर्गों एवं प्रांतीय सुरक्षाकर्मियों का भी समर्थन प्राप्त था। राजतंत्र को समाप्त करने तथा नया राष्ट्रीय सम्मेलन बनाने की मांग तीव्रता से उठने लगी थी। 'पेरिस खतरे में', तथा आपातूकाल जैसी घोषणाओं के कारण पेरिस के हज़ारों नागरिक स्वयंसेवक बनकर *शॉ द मार्श* के कैंप में एकत्रित होने लगे थे। पेरिस के विभिन्न वार्डों के प्रतिनिधि *होटल द विले* में नगरपालिका के साथ साथ सभा करने लगे थे। उन्होंने निष्क्रिय एवं सक्रिय नागरिकों के अंतर को समाप्त घोषित कर उन्हें राष्ट्रीय सुरक्षा दल का सदस्य बनाने का प्रस्ताव भी पारित कर दिया था। उन्होंने पेरिस के सभी नागरिकों को सशस्त्र करने का प्रस्ताव भी पारित कर दिया। इन गणतंत्रवादियों के लिए राजा और संविधान दोनों का कोई अर्थ शेष नहीं रह गया था। रोबेसपियैर ने तो यहां तक घोषित कर दिया था कि, ''राज्य की रक्षा अवश्य होनी चाहिए। संविधान को नष्ट करने के अतिरिक्त कुछ भी असंवैधानिक नहीं है।''

इसी बीच 30 जुलाई को मारसैय के सॉ क्यूलौत्त[26] भी पेरिस पहुंच गए। पेरिस पर 1789 से स्थापित मध्यमवर्ग का नेतृत्व अब पूरी तरह समाप्त हो चुका था। नगर अब पूरी तरह सॉ क्यूलौत्तो एवं सशस्त्र जनता के नियत्रंण में आ चुका था। 31 जुलाई को मोकोसैय के वार्ड ने यह प्रस्ताव पारित कर दिया कि वे लुई XVI को फ्रांस का राजा नहीं मानते थे। इसके साथ ही उन्होंने दूसरे वार्डों को भी यही प्रस्ताव पारित करने का परामर्श दे दिया। इसकी सूचना विधानसभा को भी दे दी गई। आस्ट्रिया एवं प्रसिया के सम्मिलित सेनाओं के आक्रमण के भय तथा राजपरिवार, सामंतों, अभिजात्यों तथा शपथ न लेने वाले पादरियों की तरफ़ से गद्दारी एवं देशद्रोह की आशंका ने शेष सभी नागरिकों को एक ऐसे अविभाज्य सूत्र में पिरो दिया था जो रूसो की सामान्य इच्छा का द्योतक बन गई थी। इसी सामान्य इच्छा ने फ्रांस को उस विपुल उत्साह एवं दुःसाहस से भर दिया था, जिसके प्रवाह में पूरे आशियां युग का डूबना तय हो चुका था।

भय, आतंक, उत्साह एवं उत्तेजना के ऐसे माहौल में जब 3 अगस्त को प्रसिया ने युद्ध की घोषणा कर दी तथा मित्र सेनाओं के कमांडर दूयूक ऑफ़ ब्रुंसविक की घोषणा प्रकाशित हुई तब जनाक्रोश पर किसी प्रकार का नियंत्रण

संभव नहीं रह गया। वास्तव में, ब्रुंसविक ने यह घोषणा लुई XVI व मॉरी अन्त्वानेत के उस अपील के जवाब में की थी, जिसमें राजा और रानी ने जैकोबिनों से अपनी रक्षा के लिए यूरोपियन देशों से याचना की थी। परंतु, लुई XVI ने साथ ही साथ यह मांग भी की थी कि प्रवासी फ्रांसीसियों को कोई सहायता न दी जाए तथा यह भी स्पष्ट कर दिया था कि यूरोपियन हस्तक्षेप के पश्चात आशियां युग की पुनर्स्थापना नहीं की जाएगी। यद्यपि, इस घोषणा में लुई के निर्देशों को सम्मिलित किया गया था, लेकिन उसकी भाषा ऐसी कर दी गई थी कि वह न केवल जैकोबिनों बल्कि पूरे फ्रांसीसी देशभक्तों के स्वाभिमान और सम्मान पर कुठाराघात के समान हो गई थी।

वास्तव में, इस घोषणा को ब्रुंसविक ने लिखा ही नहीं था, उसने तो केवल उसपर हस्ताक्षर किया था। इसको लिखने वाला एक प्रवासी फ्रांसीसी था। हालांकि, उसमें फ्रांस के आंतरिक मामलों में हस्तक्षेप करने से मना किया गया था, लेकिन साथ ही साथ फ्रांसीसियों को यह आदेश दिया गया था कि वे लुई XVI के समस्त राजसी अधिकारों एवं शक्तियों को उसे वापस कर दे, यूरोपियन आक्रमणकारी सेना की आज्ञाओं का पालन करें तथा लुई XVI अथवा आक्रमणकारी सेना का प्रतिरोध न करें। उसमें लुई से यह भी कहा गया था कि वह एक ऐसे नगर का नाम सुझाए, जिसे पेरिस के स्थान पर नए फ्रांस की राजधानी बनाया जा सके तथा यह भी घोषणा करे कि सशस्त्र राष्ट्रीय सुरक्षा बल को विद्रोही घोषित किया जाएगा और आक्रमणकारी सेनाओं का विरोध करने वाले नागरिकों एवं अधिकारियों को कानून के अनुसार सजा दी जाएगी। यदि पेरिस और इसके नागरिक राजसी परिवार को कोई हानि या उनके सम्मान को ठेस पहुंचाएंगे या *त्यूलरी* महल पर हमला करेंगे तो मित्र राष्ट्रों के सम्राट पूरे पेरिस नगर को नेस्तनाबूद कर देंगे।

लुई XVI ने तत्काल इस घोषणा के विरुद्ध अपना वक्तव्य जारी कर दिया था लेकिन उसकी बातों में गणतंत्रवादियों को कोई विश्वास नहीं बचा था। ब्रुंसविक की घोषणा ने उसके देशद्रोही होने के संदेह को पक्का कर दिया था। लेकिन गणतंत्रविरोधी ब्रिसोतिनवादी राजा और संविधान को बचाने के लिए कटिबद्ध हो चुके थे। उनके और जैकोबिनों के मध्य अस्थायी रूप से स्थापित समझौता अबतक पूरी तरह समाप्त हो चुका था।

यद्यपि, विधानसभा में ब्रिसो के नेतृत्व वाले ज़ीरोंदें बहुमत में थे, और लॉफॉयैत्त के परामर्श पर चलने वाले फैयान तथा रोबेसपियैर के नेतृत्व वाले गणतंत्रवादी जैकोबिन अल्पमत में थे, परंतु तत्कालीन माहौल में विधानसभा के

बाहर उग्र क्रांतिकारी जैकोबिनों को अपार समर्थन मिलने लगा था। ऐसे में ब्रिसोटिनवादी ज़ीरोदैं को अपनी क्रांतिकारी छवि बनाए रखना कठिन हो रहा था। अब उनके पास अपनी छवि को बनाए रखने के लिए दो ही अवसर शेष बचे थे। एक, लॉफॉयैत्त पर महाभियोग चलाना, जिसका आश्वासन ब्रिसो ने जून में ही दिया था, तथा जिसके लिए रोबेसपियैर ने 20 जुलाई को ही यह घोषित कर दिया था कि ''लॉफॉयैत्त को सजा न देने का तात्पर्य है कि हमारे पास कोई संविधान नहीं है।'' अभी भी इसकी उम्मीद शेष थी क्योंकि लॉफॉयैत्त के महाभियोग पर 8 अगस्त को विचार होना था। दूसरा अवसर, तीन अगस्त को तब उत्पन्न हो गया जब ब्रुंसविक की फ्रांस विरोधी घोषणा के परिणामस्वरूप, एक को छोड़कर सभी वार्डों ने विधानसभा से यह अपील कर दी कि वह 9 अगस्त तक राजा को अपदस्थ कर दे, अन्यथा क्रांति अवश्यंभावी थी।

इन दोनों परीक्षाओं में विधानसभा असफल रही। 8 अगस्त को लॉफॉयैत्त पर महाभियोग का प्रस्ताव 224 के मुकाबले 406 मतों से गिर गया। उस रात जैकोबिनों ने घोषित कर दिया कि, ''विधानसभा पर और अधिक विश्वास करना पागलपन होगा। जनता को यह बताना ही होगा कि उनकी रक्षा विधानसभा नहीं, क्रांति ही कर सकती है।'' अगले दिन 9 अगस्त को कोंदोरसे के प्रस्ताव पर विधानसभा ने राजा को अपदस्थ करने वाली याचिका पर विचार करना स्थगित कर दिया। उस रात को जो क्रांति प्रारंभ हुई उसने विधानसभा एवं राजा दोनों को अपदस्थ कर दिया।

10 अगस्त का विद्रोह

त्यूलरी राजमहल के रक्षा की जिम्मेदारी 900 स्विस सुरक्षाकर्मियों, 200-300 निष्ठावान स्वयंसेवी सामंतों तथा मंदात नामक एक वृद्ध परंतु दृढ़निश्चयी कमांडर के नेतृत्व में 2000 राष्ट्रीय सुरक्षाबलों पर थी। यद्यपि, संभावित विद्रोहियों से मुकाबले के लिए यह कोई अपर्याप्त व्यवस्था नहीं थी, लेकिन एक अविवेकी, हठी लेकिन सरल हृदय का मूर्ख राजा इनका सार्थक उपयोग करने में असमर्थ था। यद्यपि, स्वयंसेवी सामंत बहादुर थे लेकिन उनमें से अधिकांश के हथियार प्राचीन क़िस्म के थे। राष्ट्रीय सुरक्षा बलों पर भी पूरा विश्वास नहीं किया जा सकता था क्योंकि उनमें से अधिकांश ''राजा नहीं'' के नारे लगा रहे थे। इस प्रकार ले देकर राजपरिवार के रक्षा की पूरी जिम्मेदारी स्विस सुरक्षाकर्मियों पर टिक गई थी।

पंद्रहवीं सदी के उत्तरार्ध से ही फ्रांसीसी राजाओं ने स्विट्ज़रलैंड के बहादुर स्वयंसेवी सैनिकों को महल की सुरक्षा के लिए नियुक्त करना प्रारंभ कर दिया था। वे फ्रांसीसी जनता से अलग-थलग अपनी परंपराओं, प्रथाओं एवं भाषाओं का संरक्षण करते हुए अपने बैरकों तक सीमित रहते थे। वे अभी भी विशेष अवसरों पर अपनी आज़ादी की प्राचीन वर्दी ही पहनते थे, लेकिन सामान्यतः उनकी वर्दी लाल ब्रीच वाली नीली वर्दी होती थी। उनका नेतृत्व फ्रांसीसी कर्नल इन चीफ़ द्यूक द ब्रिसॉक् कर रहा था। सभी ने यह निश्चय कर रखा था कि वे "अपने जीवन के साथ ही अपने हथियारों का समर्पण करेंगे।"

9 अगस्त की मध्य रात्रि को कार्देलियर मठ का घंटा बजने के साथ ही विद्रोह का बिगुल बज गया। उन विद्रोहियों में प्रांतों के सशस्त्र सैनिक, राष्ट्रीय सुरक्षा बल तथा फॉबूर सैं आन्त्वान के कैंज वैं वार्ड के उग्र नागरिक सम्मिलित थे। उस रात 28 वार्डों ने अपने अपने प्रतिनिधियों को *होटल द विले* प्रेषित किया जहां कम्यून की बैठकें चल रही थीं। वार्ड प्रतिनिधियों ने पहले अपनी बैठक कम्यून से लगे कमरे में प्रारंभ की परंतु रात्रि में ही उन्होंने कम्यून को बाहर निकाल स्वयं को ही नया कम्यून घोषित कर दिया। इस प्रकार उन्होंने विद्रोह को एक वैधानिक जामा पहना दिया। सबसे पहले उन्होंने मांदा को *होटल द विले* बुलाकर बंदी बना लिया तथा उसे बर्खास्त कर सॉतैर को राष्ट्रीय सुरक्षा बलों का कमांडर नियुक्त कर दिया। *होटल द विले* से बाहर निकलते समय मांदा की हत्या भी कर दी गई। उसकी हत्या ने महल में नियुक्त राष्ट्रीय सुरक्षा बलों का मनोबल तोड़ दिया। मेयर पेतिओ इसी मध्य *त्यूलरी* से चुपचाप निकल आया था। 10 अगस्त को सुबह की पहली किरण के साथ ही यह स्पष्ट हो चुका था कि राष्ट्रीय सुरक्षा बलों पर विश्वास नहीं किया जा सकता था। अंततोगत्वा, लुई ने रोदरैर से परामर्श कर संभावित हत्याकांड से बचने के लिए *त्यूलरी* का महल त्याग कर विधानसभा में शरण लेना स्वीकार कर लिया। सुबह के दस बज चुके थे। सदस्यों ने राजपरिवार को ससम्मान शरण दिया तथा उन्हें अध्यक्ष के आसन के पीछे एक बाक्स में छुपा दिया गया। 10 वर्ग फीट के उस संकरे से स्थान में राजा लुई XVI, महारानी मॉरी अन्त्वानेत, राजकुमार डॉफीन, राजकुमारी थेरेसी, राजा की बहन एलिज़ाबेथ, रानी की प्रिय सहेली एवं परिचारिका लांबाल तथा बच्चों की परिचारिका मार्किस द तूरज़ेल ने गर्म और उमस भरा वह पूरा दिन राजमहल में जारी बर्बर हिंसा की छाया में भय एवं आतंक के साथ व्यतीत किया। वे फिर कभी वापस महल में नहीं पहुंच सके।

राजपरिवार द्वारा महल त्यागने के डेढ़ घंटे के अंदर ही महल पर हमला हो गया। इसके बाद महल में होने वाले हत्याकांड की जिम्मेदारी पर आज भी बहस जारी है। इस बात की संभावना अधिक लगती है कि राजमहल त्यागने की अफरा-तफरी में राजा युद्ध-विराम का आदेश नहीं दे सका था। जिस समय यह आदेश स्विस सुरक्षाकर्मियों तक पहुंचा संघर्ष प्रारंभ हो चुका था। संभवतया पहली गोली स्विस सुरक्षाकर्मियों ने ही चलाई थी। हमलावर गणतंत्रवादियों को यही लगा था कि राजा ने उनके विनाश के लिए आदेश दिया था। निःसंदेह, स्विस सुरक्षाकर्मियों ने अपेक्षित बहादुरी का परिचय देते हुए ही अपनी जाने दी थीं।

हमलावर गणतंत्रवादियों की संख्या बीस हज़ार से कम नहीं थी। लेकिन संधर्ष प्रारंभ होते ही स्विस सैनिक महल से विद्रोहियों को निकाल बाहर करने में सफल हो गए थे। जिस समय यह संघर्ष अपने चरम पर था तभी राजा का लिखित आदेश स्विस सैनिकों के पास आ गया कि वे अपने हथियार रख दें व अपने बैरकों में वापस चले जाएं। स्विस सैनिक पीछे हटने लगे और महल पर विद्रोहियों का अधिकार हो गया। स्विस सैनिकों एवं अन्य कर्मचारियों का बर्बर कत्लेआम प्रारंभ हो गया। पूरा महल खून, लाशों एवं क्षत-विक्षत मानव अंगों से भर चुका था। मरने वालों में छः सौ स्विस सैनिक एवं दो सौ राजकर्मचारी थे, जबकि मरने वाले चार सौ विद्रोहियों में तीन सौ पेरिस के आम नागरिक एवं शेष प्रांतीय सैनिक थे।

10 अगस्त के इस रक्तरंजित विद्रोह ने राजा और विधानसभा दोनों के अस्तित्व को धूल-धूसरित कर दिया। इनके स्थान पर एक नई क्रांतिकारी कम्यून ने वैधानिक मान्यता प्राप्त कर लिया। इसी शर्त पर पेरिस की इस क्रांतिकारी कम्यून ने विधानसभा को समाप्त करने के स्थान पर उसे राष्ट्रीय सम्मेलन के चुनाव तक बनाए रखने का निर्णय लिया था। वैसे भी विधानसभा में फैयान विघटित हो चुके थे और उनके नेता लॉफॉयैत्त का प्रभाव समाप्त हो चुका था।[27] विधानसभा में उसके समर्थकों ने ब्रिसोतिनो का नेतृत्व स्वीकार कर लिया था। ज़ीरोंदें ने लुई XVI पर मुक़दमा चलाना स्वीकार कर लिया परंतु उसे अपदस्थ करने के स्थान पर राष्ट्रीय सम्मेलन के चुनाव होने तक निलंबित रखने का प्रस्ताव पारित कर दिया। राजपरिवार को ससम्मान शरण देने के प्रस्ताव को कम्यून ने स्वीकार नहीं किया और पूरे राजपरिवार को अपने संरक्षण में बंदी बनाकर टेंपल के मीनार

में रख दिया गया। कम्यून के इस प्रस्ताव को भी स्वीकार कर लिया गया कि संविधान का संशोधन किया जाएगा।

राजा की अनुपस्थिति में संविधान संशोधन तक फ्रांस में तीन समानांतर शक्ति केंद्र बन गए। कम्यून और विधानसभा के अतिरिक्त एक छः सदस्यी मंत्रिमंडल ने कार्यपालिका का कार्यभार संभाल लिया। ज़ीरोदैं के इस नए मंत्रिमंडल में रोलैंड, क्लावियेर और सेरवान को उनके पुराने मंत्रालय सौंप दिए गए जबकि मोंज़ को नौसेना, लेब्रुन को विदेश एवं दातां को न्याय मंत्रालय सौंपा गया था।

इस समय पेरिस के जैकोबिन तथा कम्यून कन्धे से कन्धा मिलाकर खड़े थे। यद्यपि, रोबेसपियैर एवं दातां दोनों में से किसी ने भी हमले का नेतृत्व नहीं किया था, लेकिन विद्रोह की सफलता में उनकी सीधी भागीदारी थी। यही कारण है कि इस क्रांति के अवसर पर दोनों सर्वाधिक महत्त्वपूर्ण भूमिका निभाने वालों की पंक्ति में आ चुके थे। दातां न्यायमंत्री के रूप में मंत्रिमंडल में आ चुका था तो रोबेसपियैर भी 11 अगस्त को कम्यून का सदस्य निर्वाचित हो चुका था।

इस प्रकार 10 अगस्त के विद्रोह ने यूरोप के सर्वाधिक शक्तिशाली और प्रमुख राष्ट्र में गणतंत्र की नींव रख दी। राष्ट्रीय सम्मेलन के चुनाव की तैयारियां प्रारंभ हो गईं। सक्रिय एवं निष्क्रिय नागरिकों के मध्य अंतर को समाप्त कर सभी को मताधिकार प्रदान कर दिया गया। संवैधानिक राजतंत्र के समापन के साथ ही प्राचीन फ्रांस के खंडहरों पर एक आधुनिक क्रांतिकारी फ्रांसीसी गणतंत्र का आविर्भाव प्रारंभ हो गया। फ्रांसीसी जनता अब वास्तविक अर्थों में समस्त कानूनों का स्रोत बन चुकी थी।

संवैधानिक राजतंत्र के पतन तथा राजपरिवार की गिरफ्तारी ने कई आशंकाओं को जन्म दे दिया था। राज समर्थक प्रतिक्रांतिकारी शक्तियां नवीन गणतंत्र को गृहयुद्ध में भी ढकेल सकती थीं। ब्रितानी एवं वांदे में इस तरह के छिटपुट विद्रोह प्रारंभ भी हो गए थे। सीमाओं पर डटी फ्रांसीसी सेना का रुख भी स्पष्ट नहीं था। आशंकित विधानसभा ने एक सुरक्षा समिति तथा एक 21 सदस्यी समिति बनाकर चारों सेनाओं के सेनाधिकारियों पर नियन्त्रण के लिए अपने बारह सदस्यों–प्रत्येक के लिए तीन–को प्रेषित कर दिया। उन्हें उन सेनाधिकारियों की गतिविधियों पर नज़र रखनी थी तथा आवश्यकता पड़ने पर उन्हें हटाने अथवा बंदी बनाने का भी अधिकार था। सरकारी कर्मचारियों के लिए एक नया शपथपत्र तैयार किया गया, जिसमें राष्ट्र के प्रति निष्ठावान रहने तथा समानता एवं स्वतंत्रता बनाए रखने के लिए जान तक दे देने की बात थी। प्रवासियों के संबंधियों तथा

संदेहास्पद नागरिकों को बंदी बनाने का आदेश भी पारित कर दिया गया। स्थानीय स्तर पर देशभक्तों ने सतर्कता समितियां बना कर अपने-अपने ज़िलों के संदेहास्पद लोगों पर निगाह रखना प्रारंभ कर दिया। शपथ न लेने वाले नान-ज्यूरर पादरियों के साथ सर्वाधिक कठोरता बरती गई। 18 अगस्त को एक आदेश के द्वारा सभी धार्मिक मठों का राष्ट्रीयकरण कर दिया गया तथा उनकी संपत्ति की बिक्री प्रारंभ कर दी गई। 26 अगस्त के एक आदेश के द्वारा शपथ न लेने वाले सभी नान-ज्यूरर पादरियों को पंद्रह दिन के अंदर फ्रांस छोड़ देने का आदेश दे दिया गया अन्यथा उन्हें गियाना के उपनिवेश में निर्वासित कर दिया जाता।

उपरोक्त सभी निर्णयों में कम्यून की मर्जी ही सभी पर हावी रही थी। अब कम्यून ने 10 अगस्त के षड्यंत्रकारियों को सजा देने की मांग प्रारंभ कर दी थी। षड्यंत्रकारियों से उनका तात्पर्य फैयान सदस्य, 20 जून के विरुद्ध प्रस्ताव पर हस्ताक्षर करने वाले तथा 10 अगस्त को ज़िंदा बच जाने वाले स्विस सैनिकों से था। एक बार फिर कम्यून के दबाव में विधानसभा ने 17 अगस्त को एक न्यायाधिकरण की स्थापना कर दी, जिसने तूरनॉय के न्याय भवन में 21 अगस्त से कार्य करना प्रारंभ कर दिया। पहले ही दिन इस न्यायाधिकरण ने लुई कोनोलो द आंग्रमो को राजा के पक्ष में अनियमित सेना खड़ी करने के अपराध में मृत्युदंड सुना दिया। उसी रात को कैरोसुल के चौराहे पर उसे गिलोतिन[28] नामक यंत्र पर मृत्युदंड दे दिया गया। गिलोतिन पर मरने वाला वह पहला राजनैतिक अपराधी था।

उग्रता एवं उत्तेजना का यह माहौल उस समय अपने चरम पर पहुंच गया जब पेरिसवासियों को यह सूचना मिली कि प्रसिया ने फ्रांस पर आक्रमण कर दिया था और एक सीमांत चौकी, 'लांगवे' पर अधिकार भी कर लिया था। 26 अगस्त को निकाली गई 10 अगस्त के शहीद क्रांतिकारियों की शवयात्रा ने माहौल को और अधिक गरमा दिया था। पेरिस की रक्षा के लिए जगह-जगह खाइयां खोदी जाने लगीं। कम्यून के दबाव में विधानसभा ने 28 अगस्त को हथियारों एवं देशद्रोहियों की खोज के लिए सभी घरों की तलाशी का आदेश पारित कर दिया। अगले दो दिनों तक प्रत्येक वार्ड के प्रतिनिधियों ने अपने-अपने मोहल्लों के घरों की तलाशी ली और 3000 लोगों को बंदी बना लिया गया, जिसमें पादरी भी सम्मिलित थे। इस तलाशी में थोड़े हथियार भी प्राप्त हुए।

विधानसभा एवं कम्यून के मध्य मतभेद उस समय अपने चरम पर पहुंच गया जब ब्रिसो की पत्रिका *लॉ पाथ्रिऔत फ्रांसे* के प्रबंध संपादक को बंदी बना

लिया गया। तत्काल ज़ीरोंदैं सदस्यों ने कम्यून के हस्तक्षेपों पर प्रतिबंध लगाने की मांग प्रारंभ कर दी। 30 अगस्त को विधानसभा ने कम्यून को भंग घोषित कर दिया। रोबेसपियैर के परामर्श पर कम्यून ने भंग होना अस्वीकार कर दिया। रोबेसपियैर ने सार्वजनिक रूप से यह घोषणा कर दी कि विधानसभा के ब्रिसातिनवादी ज़ीरोंदैं तथा 21 सदस्यी समिति देश के शत्रु थे और उन्होंने फ्रांस को ब्रुंसविक के नाम बेच दिया था। इसके साथ ही कम्यून की सुरक्षा समिति ने ब्रिसो, रोलैंड तथा आठ अन्य ज़ीरोंदैं सदस्यों को बंदी बनाने का आदेश पारित कर दिया। दातां के हस्तक्षेप के बाद ही यह विवाद समाप्त हो पाया और कम्यून को भंग करने के स्थान पर उसके सदस्यों की संख्या दोगुनी कर दी गई।

सितंबर हत्याकांड

2 सितंबर को जैसे ही यह सूचना प्राप्त हुई कि प्रसिया की सेनाओं ने वर्दुन की घेराबंदी प्रारंभ कर दी है, पेरिस में आतंक की लहर व्याप्त हो गई। यह तय था कि अगले कुछ दिनों में ही वर्दुन पर प्रसिया का अधिकार हो जाएगा और उस स्थिति में प्रसिया के लिए सीधे पेरिस पर हमला कर देना सुगम हो जाता। तत्काल चर्च के घंटे बजने लगे और खतरे का गोला तोप से छोड़ दिया गया। स्वयंसेवकों की सेना बनाकर सीमाओं पर भेजने के लिए सभी योग्य नागरिकों को *शॉ द मार्श* के मैदान में एकत्रित होने का आह्वान कम्यून ने कर दिया। खतरे के इस अवसर पर कम्यून एवं विधानसभा ने अपने समस्त मतभेदों को भुलाकर हाथ मिला लिया।

स्वयंसेवक सेना मोर्चे पर जाने के लिए तैयार थी लेकिन सैनिक आशंकित थे कि उनके सीमाओं पर चले जाने के बाद जेलों में बंद शत्रुओं से उनके परिवारों, पत्नियों एवं बच्चों की रक्षा कौन करेगा? वे बंदी बनाए गए सामंतों एवं पादरियों को अपना सबसे बड़ा शत्रु मानते थे। पिछले कुछ दिनों से निकल रही शहीदों की शोक-यात्राओं में 10 अगस्त के अपराधियों को मृत्युदंड देने की मांग ने भी इस आशंका एवं भय को अपने चरम पर पहुंचा दिया था। परिणामस्वरूप, मोर्चे पर जाने के पूर्व ही स्वयंसेवक सैनिकों ने 2 सितंबर को जेलों में बंद क़ैदियों की बर्बर हत्या करनी प्रारंभ कर दी। सबसे पहले अबाए कारावास के सुरक्षाकर्मियों ने ही बंदी बनाए गए पादरियों के एक समूह की हत्या कर दी। आगामी चार दिनों तक पेरिस के विभिन्न जेलों में बंद क़ैदियों की लाशों के अंबार लग चुके थे। कुल नौ जेलों में 1100 से 1300 क़ैदियों को वहशियाना तरीके से, बिना

किसी औपचारिकता के अथवा मुक़दमा चलाए, मृत्युदंड दे दिया गया। इसी मध्य कम्यून ने अन्य नगरपालिकाओं को भी इसी उदाहरण का पालन करने वाला आदेश जारी कर दिया।

इस हत्याकांड के दौरान ही राजपरिवार के उन परिचारकों एवं परिचारिकाओं की भी हत्या कर दी गई थी, जिनको राजपरिवार के साथ, टेंपल के मीनार में बंदी बनाकर रखा गया था, तथा 19 अगस्त को पेरिस के लॉफोर्स जेल में स्थांतरित कर दिया गया था। यद्यपि, उनमें से *तूरज़ेल* किसी प्रकार बच गई थी, लेकिन रानी की परिचारिका, राजकुमारी लांबाल को अपनी राजनिष्ठा के लिए भारी कीमत चुकानी पड़ी। "मुझे जवाब में कुछ नहीं कहना है," जांच के दौरान यह घोषित करते हुए, लांबाल ने यह कहा था कि, "थोड़ा पहले या बाद में मरने से मुझे कोई अंतर नहीं पड़ता है। मैं अपने जीवन का बलिदान करने के लिए तैयार हूं।" इसके पश्चात उसको अबाए के कारावास में भेजने का आदेश दे दिया गया था, जिसका कूट अर्थ मृत्युदंड था। एक प्रत्यक्षदर्शी के अनुसार लॉफोर्स कारावास के प्रांगण में आते ही उसके सिर पर हथौड़े से अनेक वार किए गए तथा उसके गिरने के बाद सब उस पर पिल पड़े। लांबाल के अंत के बारे में अनेक कहानियां प्रचलित हैं। उनके अनुसार जीवित लांबाल और फिर उसके शव के साथ बलात्कार भी किया गया था। उसके मृत शरीर से गुप्तांगों को काट कर अलग कर दिया गया तथा उसके क्षत-विक्षत शरीर के विभिन्न अंगों को भालों से बींध कर परेड किया गया था। बाद में, एक नाई की दुकान पर उसके सिर का मेकअप कर, केश सँवारने तथा लिपस्टिक लगाने के बाद भाले में पिरोकर टेंपल के मीनार में क़ैद उसकी प्रियतमा सहेली रानी अंत्वानेत से मिलवाने ले जाया गया। मीनार के अधीक्षक का आदेश न मिलने के कारण, भाले में पिरोए उसके कटे सिर को रानी की खिड़की के आगे इस नारे के साथ बार-बार उछाला गया कि रानी अपनी सहेली को अंतिम चुम्बन प्रदान कर सके। इस हृदयविदारक दृश्य से आतंकित रानी मूर्छित हो गई थी। मीनार के रक्षकों ने किसी प्रकार उस दिन रानी और राजपरिवार की रक्षा की थी।

भयभीत विधानसभा इसमें हस्तक्षेप करने का साहस नहीं जुटा पा रही थी। इस हत्याकांड को रोकने के लिए राष्ट्रीय सुरक्षा बलों की सहायता लेने का कोई औचित्य नहीं था क्योंकि सभी यह भली-भांति जानते थे कि वे उनके आदेशों का पालन नहीं करेंगे। पेरिस के सभी नागरिक या तो आतंकित थे या आशंकित। अतीव आशंका के परिणाम से निकले इस बर्बर एवं वीभत्स हत्याकांडों ने सभी को आतंकित कर दिया था।

2 सितंबर के इस हत्याकांड को यद्यपि किसी पेरिसवासी ने उचित नहीं माना था, लेकिन उनके विचार से यह आवश्यक था। उनका मानना था कि ,"शैतान आपको मारे इससे अच्छा था कि शैतान को आप ही मार दें।" यद्यपि, इतिहासकारों के मध्य यह हत्याकांड विवादों से घिरा है परंतु , निःसंदेह, यह पेरिस के उन्मादी नागरिकों का कृत्य नहीं था। यह तो उन थोड़े से सॉ क्यूलौत्त एवं प्रांतीय सैनिकों का काम था, जिनके विचार से उन्होंने सींकचों के पीछे बंद पादरियों, अभिजात्यों, वेश्याओं एवं बेईमानों जैसे शत्रुओं से पेरिस को मुक्ति दिलाई थी। उनके विचार से 10 अगस्त की ही भांति यह भी देशभक्ति का ही एक प्रदर्शन था। इस प्रकार की छोटी-छोटी घटनाएं 2 सितंबर के पहले और बाद में पेरिस के बाहर भी हो रही थीं। इसी प्रकार के एक हत्याकांड में 10 सितंबर को आरलियां से पेरिस लाए जा रहे तिरपन राजनैतिक बंदियों की हत्या वर्साय में कर दी गई थी। दालसार की हत्या भी इसी समूह के साथ हुई थी। वास्तव में, पेरिस जैसी इस मानसिकता से उस समय पूरा फ्रांस ही ग्रस्त हो चुका था। आशंका, आतंक एवं सामंतों तथा पादरियों को दिएं गए मृत्युदंडों की छाया में ही राष्ट्रीय सम्मेलन के चुनाव संपन्न हुए। यही कारण था कि इन चुनावों में फ्रांस के केवल दस प्रतिशत नागरिकों ने मतदान किया था।

एक तरफ़ पूरे फ्रांस में राष्ट्रीय सम्मेलन के गठन हेतु चुनाव संपन्न हो रहे थे तो दूसरी तरफ़ सीमाओं पर हताश फ्रांसीसी सेनाएं प्रसिया की सेनाओं से मुक़ाबला कर रही थीं। 2 सितंबर को वर्दुन ने प्रसिया के सम्मुख समर्पण कर दिया। वर्दुन पर अधिकार करने के बाद ब्रुंसविक पूरी तरह आश्वस्त हो चुका था कि अब उसे पेरिस पर अधिकार करने से कोई रोक नहीं सकता था। उसे पूरा विश्वास था कि अक्तूबर के मध्य तक उसकी सेनाएं पेरिस पर अधिकार कर लेंगी। लेकिन ऐसा नहीं हो सका। फ्रांस में राजतंत्र समाप्त हो चुका था तथा पेरिस में क्रांतिकारी गणतंत्रवादियों का वर्चस्व स्थापित हो चुका था। पूरा फ्रांसीसी राष्ट्र एक अभूतपूर्व क्रांतिकारी लहर से आवेशित था।

ल्यूकनेर व लॉफॉयैत्त के स्थान पर फ्रांसीसी सेनाओं का नेतृत्व अब केलरमान एवं द्‌यूमूरिए कर रहे थे। उन्हें उनकी क्रांतिकारी सरकार का आदेश था कि वे किसी भी मूल्य पर पेरिस के मार्ग को अवरुद्ध करें। इसके साथ ही साथ अगस्त के अंत से ही जारी भारी बरसात ने सभी मार्गों को दलदली और अगम्य बना दिया था तथा पूरी तरह आश्वस्त ब्रुंसविक की युद्ध नीति भी धीरे-धीरे आरामतलबी के साथ आगे बढ़ना शुरू हो चुकी थी। द्‌यूमूरिए की टुकड़ी ने मैदानी इलाकों

छोड़कर आरगोन की घाटी में रक्षात्मक डेरा जमा रखा था। 20 सितंबर को जब ब्रुंसविक की सेनाओं ने उस पर आक्रमण किया तो उन्हें आश्चर्यजनक रूप से पराजय का सामना करना पड़ा। वाल्मी का यह युद्ध निर्णायक न हो सका। भारी बरसात के कारण युद्ध रोकना पड़ा और ब्रुंसविक की सेनाओं को वापस लौटना पड़ा। यह अविश्वसनीय था, लेकिन पेरिस बच चुका था। वाल्मी के युद्ध ने फ्रांस एवं इसके क्रांतिकारी नागरिकों को असीम उत्साह एवं आत्मविश्वास से भर दिया था। 21 सितंबर को जिस दिन ब्रुंसविक की अपराजेय सेनाओं को वाल्मी में फ्रांसीसी सेनाओं ने रोकने में सफलता पाई थी, उसी दिन पेरिस में नव-निर्वाचित राष्ट्रीय सम्मेलन का गठन हो रहा था।

5

राष्ट्रीय सम्मेलन

(21 सितंबर 1792 - 2 जून 1793)

21 सितंबर 1792 को राष्ट्रीय सम्मेलन के नव-निर्वाचित प्रतिनिधियों का प्रथम नियमित सत्र प्रारंभ हुआ। बालिग पुरुषों के मताधिकार से निर्वाचित 750 प्रतिनिधियों वाला यह सदन एक दिन पूर्व ही गठित हो चुका था। इस नए सदन में संविधानसभा के केवल 96 तथा विधानसभा के 190 सदस्य पुनर्निवाचित हो सके थे।

राजनैतिक रूप से इस सदन में तीन प्रमुख समूह थे। सबसे बड़ा समूह स्वतंत्र प्रतिनिधियों का था, जो किसी भी समूह के प्रति प्रतिबद्ध नहीं था। इन्हें 'मार्श' या 'प्लेन' के नाम से जाना गया, क्योंकि उनके समर्थन के बिना कोई भी समूह राष्ट्रीय सम्मेलन को नियंत्रण में नहीं ले सकता था। इस सदन में अध्यक्ष के आसन की दाहिनी ओर बैठने वाले 165 प्रतिनिधियों को समकालीनों ने ब्रिसोतिनवादी (ब्रिसो के समर्थक) का नाम दिया था लेकिन इतिहासकार उन्हें ज़ीरोंदैं के नाम से जानते हैं। ब्रिसो, वेरग़िन्ञों, जेसोंनेत तथा गोदे के नेतृत्व में ज़ीरोंदैं बहुमत में न होते हुए भी मत-विभाजन में आगे निकल जाते थे तथा मंत्रियों में भी इनकी संख्या सर्वाधिक रहती थी। हालांकि, अधिकांश ज़ीरोंदैं प्रतिनिधि दार्शनिकों एवं अर्थशास्त्रियों के आदर्श अनुयायी प्रकार के वकील थे परंतु उन्हें किसानों एवं नगरों के शिल्पकारों और मजदूरों की समस्याओं की समझ नहीं थी और इसीलिए वे उनके प्रति संवेदनशील भी नहीं थे। अपनी नासमझी तथा वर्गीय स्वार्थों के कारण ही वे भूमिधरों, जमींदारों, अमीरों व संपत्तिधारकों की समस्याओं के प्रति अधिक आग्रही हो जाते थे। इनके विरोधी समूह जैकोबिन अथवा 'माउंटेन' (सदन में ऊंचे स्थान पर बैठने के कारण) अध्यक्ष के आसन के बाईं ओर बैठते

थे। रोबेसपियैर, मॉरा, तथा दातां का नेतृत्व प्राप्त जैकोबिनों के इन प्रतिनिधियों में पेरिस के कुल 24 प्रतिनिधियों में से 23 इसी समूह में सम्मिलित थे। जैकोबिनों के इस समूह में रोबेसपियैर का छोटा भाई ऑगस्तीन, गर्म मिजाज एवं उर्जावान सेंट जॅस्ट तथा कामील द मूलै आदि भी सम्मिलित थे। जीरोदौं की भांति जैकोबिन भी निजी संपत्ति तथा प्रतिस्पर्धात्मक आर्थिक व्यवस्था के समर्थक थे, लेकिन उनमें से अधिकांश अपने अध्ययन एवं अनुभवों के कारण निर्धन शिल्पकारों, मजदूरों तथा छोटे व्यापारियों एवं दुकानदारों की समस्याओं के प्रति बेहद संवेदनशील थे। उनका मानना था कि सरकार को संवैधानिक एवं असंवैधानिक दोनों प्रकारों से उन सार्वजनिक मामलों में हस्तक्षेप करने का अधिकार था, जिससे निर्धनों सहित सभी नागरिकों को लाभ मिल सके। ज़ीरोदैं इसे स्वीकार नहीं कर सकते थे। यह सिद्धांत, वास्तव में, "नागरिक सुरक्षा अधिनियम", का मूलाधार था, जिसे उन्होंने रूसो के सुप्रसिद्ध सिद्धांत "सामान्य इच्छा" के अनुसार 1793-1794 में निर्मित किया था।

ज़ीरोदौं और जैकोबिनों में व्यक्तिगत तथा नीतिगत दोनों कारणों से प्रखर मतभेद था। पारस्परिक ईर्ष्या एवं प्रतिस्पर्धा के कारण ही रोबेसपियैर और ब्रिसो 1792 के प्रारंभ से ही एक दूसरे के शत्रु बन चुके थे। आस्ट्रिया के साथ युद्ध के सवाल से प्रारंभ इस शत्रुता ने स्थायी रूप ले लिया था। दातां और रोलैंड एक दूसरे से घृणा करते थे। श्रीमती रोलैंड सार्वजनिक रूप से यह घोषित करती रहती थीं कि "दातां के चेचक से भरे भयानक चेहरे को देखकर वह कांप जाती हैं।" दातां ने राष्ट्रीय सम्मेलन की सदस्यता ग्रहण करने के लिए न्यायमंत्री के पद से त्यागपत्र दे दिया था, जबकि रोलैंड ने गृहमंत्री बने रहने के लिए राष्ट्रीय सम्मेलन की सदस्यता त्याग दी थी। न्यायमंत्री के रूप में दातां अपने मंत्रालय को आवंटित धनराशि का हिसाब नहीं दे सका था, जिसके लिए उसपर ज़िरोदैं द्वारा लगाए जाने वाले आरोपों ने उन मतभेदों को और अधिक गहरा कर दिया था।

मॉरा को न उसके अपने गुट के जैकोबिन समर्थक पसंद करते थे न विरोधी जैकोबिन। रोबेसपियैर, दातां व मॉरा तीनों को ज़ीरोदैं संभावित तानाशाही के खतरे के रूप में देखते थे। मॉरा ने तो सार्वजनिक रूप से यह स्वीकार भी किया था कि किसी न किसी रूप में तानाशाही आवश्यक हो चुकी थी, हालांकि, वह इसे अपनी व्यक्तिगत राय मानता था। मॉरा ने सदन में पिस्टल लहराते हुए यह धमकी दी थी कि यदि अभिव्यक्ति की स्वतंत्रता नहीं दी गई तो वह उसी समय अपने सर को उड़ा लेगा।

21 सितंबर को राष्ट्रीय सम्मेलन के पहले ही दिन राजतंत्र के समापन की घोषणा कर दी गई। वैसे तो व्यावहारिक रूप से राजतंत्र 10 अगस्त को ही समाप्त हो गया था, लेकिन उस दिन उसे सैद्धांतिक एवं वैधानिक रूप भी प्रदान कर दिया गया। हालांकि, राजतंत्र को समाप्त करने का उत्साह पेरिस से बाहर के प्रतिनिधियों में अनुपस्थित था, लेकिन सभी ने एकमत से, चाहे मज़बूरी के तौर पर ही, इसे समाप्त घोषित कर दिया था। अगले दिन 22 सितंबर को इसे फ्रांसीसी गणतंत्र का पहला साल घोषित कर दिया गया। इस प्रकार फ्रांसीसी राजतंत्र का प्राचीन युग पूरी तरह अपनी वैधानिकता खो बैठा। यूरोप के निरंकुश राजतंत्र के रूप में ख़्याति प्राप्त फ्रांसीसी राज्य अब एक गणतंत्र बन चुका था। 25 सितंबर को ही इस नवीन गणतंत्र की 'एकता एवं अखंडता' को स्वीकृति प्रदान करते हुए फ्रांसीसी नागरिकों के जीवन एवं संपत्ति की रक्षा की जिम्मेदारी नई सरकार की ज़िम्मेदारी बना दी गई।

फ्रांसीसी गणतंत्र के इस संघात्मक स्वरूप का निर्माण दातां के उस प्रस्ताव का परिणाम था, जिसमें उसने 'तानाशाही एवं परिसंघ', को त्यागने की बात की थी। इस राष्ट्रीय सम्मेलन में जैकोबिन एवं पेरिसवासी प्रतिनिधियों ने संसदीय लोकतंत्र और परिसंघात्मक संविधान के विरुद्ध, एक संघात्मक संविधान के समर्थन में, ज़ीरोदैं एवं फ्रांस के प्रांतीय प्रतिनिधियों के विरुद्ध हाथ मिला लिया था। प्रांतों एवं पेरिस तथा जीरोंदैं एवं जैकोबिनों के मध्य इसी संघर्ष के दौरान जब ज़ीरोंदैं प्रतिनिधियों ने जैकोबिनों के विरुद्ध आक्रामक रुख अपना रखा था, तभी नवंबर के पहले सप्ताह में जैकोबिनों ने राजा पर मुक़दमा चलाने का मुद्दा उठा दिया था।

राजा पर मुक़दमा

राजा पर मुक़दमा चलाने का मुद्दा जैकोबिनों ने इसलिए भी उठाया था, क्योंकि सीमाओं पर चल रहे युद्ध में मिल रही निरंतर विजयों के कारण ज़ीरोंदैं का सम्मान दिन प्रति दिन बढ़ रहा था। राजा पर मुक़दमा चलाने का मुद्दा एक ऐसा मुद्दा था जिस पर ज़ीरोंदैं रक्षात्मक रुख अपनाने के लिए मजबूर थे। जैकोबिन राजा को मृत्युदंड देने के लिए कटिबद्ध थे, जबकि ज़ीरोंदैं उसे बचाना चाहते थे। ऐसे में, ज़ीरोंदैं को राजसमर्थक, गणतंत्र विरोधी एवं क्रांति विरोधी सिद्ध करना आसान हो जाता।

वाल्मी में ब्रुंसविक की पराजय के बाद से ही प्रसिया की सेनाएं पीछे हटने पर मजबूर हो गई थीं। दातां के प्रस्ताव पर मंत्रिमंडल ने द्यूमूरिए को प्रसिया

के साथ वार्तालाप करने के लिए पूरी तरह अधिकृत कर दिया था। शीघ्र ही प्रसिया की सेनाएं फ्रांसीसी सीमाओं से निष्काषित कर दी गईं तथा द्यूमूरिए नीदरलैंड पर आक्रमण की तैयारी करने लगा था। इसी मध्य कस्ताइन ने आस्ट्रिया के विरुद्ध राइनलैंड तथा जनरल मान्तेस्क्यू ने साव्वा में तथा अंसल्मे ने नीस का अभियान प्रारंभ कर दिया। सितंबर माह में ही मान्तेस्क्यू ने साव्वा में तथा अंसल्मे ने नीस में प्रवेश कर लिया था। इन दोनों स्थानों के नागरिकों ने फ्रांसीसी सेनाओं का ज़ोरदार स्वागत किया था। कुछ ही दिनों में साव्वा की राष्ट्रीय सभा ने फ्रांस के साथ सम्मेलन की घोषणा कर दी। राइन प्रांतों का उत्साह भी कम नहीं था। इन सभी स्थानों पर फ्रांसीसी क्रांति के आदर्शों के प्रति जनता का उत्साह राजतंत्र में समाप्त हो चुकी उनकी आस्था का ही प्रतीक था। शीघ्र ही कस्ताएं ने स्पीयर, वर्म्स, मेंज तथा फ्रैंकफर्ट पर भी अधिकार कर लिया। जहां-जहां फ्रांसीसी सेना पहुंचती थी, स्थानीय सामंत एवं सुविधा प्राप्त वर्ग पलायन कर जाता था तथा सुविधाहीन वर्ग अति उत्साहपूर्वक फ्रांसीसी सेनाओं का स्वागत करने लगता था। उधर उत्तर में प्रसिया के पीछे हटने के बाद द्यूमूरिए ने आस्ट्रियाई नीदरलैंड का अभियान प्रारंभ कर दिया। फ्रांसीसी सेनाओं को पहली महत्त्वपूर्ण विजय 6 नवंबर को मिली, जब उसने जिमैप्स की पहाड़ियों पर अधिकार कर लिया। इसके पश्चात तीन सप्ताह के अंदर ही फ्रांसीसी सेनाओं ने पूरे आस्ट्रियाई नीदरलैंड पर अधिकार कर लिया। यहां भी उन्हें स्थानीय किसानों तथा सुविधाहीन मध्यम वर्गों का उत्साहपूर्ण समर्थन प्राप्त हो रहा था।

क्रांतिकारी फ्रांस की इन त्वरित विजयों ने साव्वा, नीस तथा रॉइनलैंड में स्थानीय प्रशासन की समस्या भी खड़ी कर दी थी। क्रांतिकारी संविधान के अनुसार फ्रांस न भूमि के अधिग्रहण हेतु युद्ध कर सकता था न किसी राष्ट्र के आंतरिक मामलों में हस्तक्षेप। ऐसे में फ्रांसीसी राष्ट्रीय सम्मेलन में अबतक अतिरिक्त सम्मान अर्जित कर लेने वाले ज़ीरोंदें ने 19 नवंबर को प्रथम प्रचार आदेश (प्रोपेगैंडा डिग्री) पारित कर दिया। इसके अनुसार फ्रांस उन सभी लोगों को भाईचारा तथा सहयोग प्रदान करने के लिए प्रतिबद्ध था, जो अपनी स्वतंत्रता पाने के लिए कटिबद्ध थे। इस प्रचार आदेश ने ज़ीरोंदें की क्रांति के प्रति समर्पण को मान्यता प्रदान कर दिया था। यही वह समय था जब जैकोबिनों ने राजा पर मुक़दमा चलाने का मुद्दा उठा दिया था।

राजा पर मुक़दमा चलाए जाने के मुद्दे ने शेष सभी मुद्दों को पृष्ठभूमि में डाल दिया था। ज़ीरोंदें द्वारा लगातार जैकोबिनों पर किए जा रहे वैचारिक हमलों

की प्रतिक्रिया में असंबद्ध एवं मध्यममार्गी प्लेन प्रतिनिधियों का बहुमत जैकोबिनों के पक्ष में होता जा रहा था। इस अवसर का लाभ उठाते हुए जैकोबिनों ने प्लेन प्रतिनिधि ग्रेग्वार को अध्यक्ष निर्वाचित करा लिया था। इसी प्रकार सेरवॉन के स्थान पर पॉश नामक एक जैकोबिन को युद्धमंत्री निर्वाचित करा लिया गया था।

इसी अवसर पर जैकोबिनों ने राजा पर मुक़दमा चलाने का मुद्दा उठाकर यह सिद्ध करने का प्रयास किया था कि उनके विरोधी न केवल राज समर्थक थे बल्कि प्रतिक्रियावादी एवं प्रतिक्रांतिकारी भी थे। पेरिस की मध्यममार्गी जनता इस मानसिकता से ग्रस्त हो चुकी थी कि यदि राजा ज़िंदा रहा तो प्रतिक्रांतिकारी कभी भी सर उठा सकते थे। मारसैय से आए सॉ क्यूलौत्त के अनुसार भी प्रतिनिधियों की क्रांतिकारिता के प्रति ईमानदारी की मात्र यही पहचान थी कि वे राजा के अस्तित्व के प्रति क्या दृष्टिकोण रखते थे। उनके अनुसार ज़ीरोदें एवं ब्रिसोतिन क्रांतिविरोधी थे क्योंकि वे राजा पर मुक़दमा चलाने के रास्ते में रोड़े अटका रहे थे।

राजा पर मुक़दमा चलाने की बहस 13 नवंबर को प्रारंभ हुई। दो माह तक चलने वाली यह बहस प्रारंभ में अनिर्णित रही। परंतु 20 नवंबर को जब अचानक *त्यूलरी* राजमहल के एक गुप्त स्थान से लुई के निजी काग़ज़ातों का एक पुलिंदा बरामद हुआ और इससे यह साबित हो गया कि मिराबो तथा लॉफॉयैत्त दोनों राजतंत्र को बचाने के लिए राजा की सहायता कर रहे थे, तब यह मुक़दमा चलाना आवश्यक हो गया।

10 अगस्त 1792 को *त्यूलरी* महल पर हुए हमले तथा राजा के निलंबन के बाद, 13 अगस्त की शाम से ही, राजा अपने परिवार के साथ टेंपल के मीनार में बंदी था। टेंपल का यह मीनार बास्तीय से थोड़ी दूरी पर ही एक ऐसे प्राचीन ज़िले में स्थित था, जिसकी जानकारी अधिकांश नागरिकों को नहीं थी। दो जुड़े हुए मीनारों वाला यह भवन एक मध्यकालीन निर्माण था, जिसे टेंपलर (चर्च की रक्षा करने वाले सामंत) अपने सुदृढ़ आवास के रूप में प्रयोग करते थे। इसी के छोटे मीनार वाले हिस्से में पांच सदस्यी राजपरिवार (राजा, रानी, राजकुमार, राजकुमारी एवं राजा की बहन) तथा राजपरिवार के आठ सदस्य परिचारकों एवं परिचारिकाओं को बंदी बनाकर रखा गया था।

इस छोटे मीनार के तीसरे तल पर एक कमरे में राजा का शयनकक्ष बनाया गया था। रानी तथा राजपरिवार के अन्य सदस्य दूसरे तल के फर्श पर सोते थे, जबकि राजा की बहन एलिज़ाबेथ तथा परिचारिकाएं रसोईघर की फर्श पर

सोती थीं। इसके पहले तल पर 1500 पुस्तकों वाला एक पुस्तकालय भी था। नियमित रूप से इन पुस्तकों को पढ़ने के दौरान ही वॉल्तेयर एवं रूसो के लेखन पर क्रोधित राजा ने यह टिप्पणी की थी कि उन दोनों ने, "फ्रांस को नष्ट कर दिया था।"

19 अगस्त को जिस दिन ब्रुंसविक की सेना ने फ्रांस की सीमाओं में प्रवेश किया था, उसी दिन कम्यून के आदेश पर राजपरिवार के परिचारकों तथा परिचारिकाओं को अन्यत्र जेलों में स्थांतरित कर दिया गया था। 10 अगस्त के ऐतिहासिक घटना में राजसमर्थकों की भूमिका की जांच करने तथा उनपर मुक़दमा चलाने के लिए कम्यून ने एक नए आदेश के द्वारा एक विशेष न्यायाधिकरण की स्थापना की थी। उन परिचारकों को उसी विशेष न्यायाधिकरण के समक्ष पूछताछ के लिए उपस्थित होना था। उनमें रानी की विशेष परिचारिका राजकुमारी लांबाल, राजसी बच्चों की परिचारिकाएं मार्किस द तूरज़ेल, पोलीन, शैमिली, ह्यू तथा अन्य सम्मिलित थे। बाद में, पूछताक्ष के बाद ह्यू को वापस मीनार भेज दिया गया था, लेकिन अन्यों को लॉफोर्स के कारावास में स्थांतरित कर दिया गया। 2 सितंबर के हत्याकांड के दौरान, लांबाल सहित, उनमें से अधिकांश की हत्या कर दी गई थी।

राजा लुई XVI, जिसे अब लुई कापे के आनुवंशिक नाम से पुकारा जाता था, दो बार राष्ट्रीय सम्मेलन के सम्मुख उपस्थित हुआ। पहली बार 11 दिसंबर 1792 को, जब उसे आरोपपत्र पढ़कर सुनाया गया और दूसरी बार 26 दिसंबर को जब उसके तीन वकीलों में से एक दसेज़ ने उसके पक्ष में दलीलें दीं। इन दोनों अवसरों पर लुई ने एक गरिमामय एवं बहादुर व्यक्ति की भांति व्यवहार किया। जब उसके वकील क्रिस्तियान माल्ज़ेर्ब से राष्ट्रीय सम्मेलन में यह पूछा गया कि वह कैसे इतना बहादुर हो गया था तब उसने जवाब दिया था, "आपके तथा मृत्यु के प्रति अवमानना," के कारण। इस पूरे मुक़दमे के बहसों के दौरान ज़ीरोदैं ने राजा को बचाने के लिए अनेक प्रयास किया। परंतु, रोबेसपियैर की दलील थी कि लुई कापे ने अपने कार्यों के द्वारा स्वयं ही मृत्युदंड को स्वीकार कर लिया था। युवा क्रांतिकारी सेंट जॅस्ट ने भी उद्घोषित किया था कि, "लुई का न्याय नहीं हो सकता, उसका न्याय पहले ही हो चुका है। वह दोषी है, और यदि नहीं है, तो गणतंत्र का सर्वाधिकार सर्वांग नहीं है। उसने जो किया है, उसके लिए नहीं, बल्कि वह जो है, उसके लिए, उसे मारा जाना चाहिए।"

राष्ट्रीय सम्मेलन के सदस्यों को अपने विचारों को प्रचारित एवं प्रसारित करने के लिए एक सप्ताह का समय दिया गया। इसके पश्चात 14 जनवरी 1793 को अंतिम मतदान प्रारंभ हुआ। आगामी पांच दिनों तक प्रत्येक सदस्य ने अपने निर्णय को सार्वजनिक रूप से घोषित किया, जिसे अधिकारिक रूप से कलमबंद कर लिया गया। सभी उपस्थित सदस्यों से चार सवाल पूछे गए थे। प्रथम; क्या लुई सार्वजनिक स्वतंत्रता तथा राज्य की सामान्य सुरक्षा के विरुद्ध षड्यंत्र करने का दोषी था? सभी 707 सदस्यों का उत्तर सकारात्मक था। दूसरा; क्या राष्ट्रीय सम्मेलन के निर्णय को जनता के समक्ष जनमत संग्रह के लिए ले जाना चाहिए? 424 सदस्यों ने इसे अस्वीकार कर दिया, जबकि 287 ने स्वीकार किया था। तीसरा सवाल था कि लुई को कौन सी सजा दी जाए? इसके लिए प्रत्येक सदस्य को मंच पर आकर अपने मत को सार्वजनिक रूप से रिकार्ड कराना था। पूरे चौबीस घंटों के इस कार्यवाही के पश्चात राजा को 334 मतों के विरुद्ध 387 मतों के बहुमत से मृत्युदंड सुना दिया गया। इस मृत्युदंड को स्थगित करने के चौथे सवाल के उत्तर में 310 सदस्यों ने सकारात्मक तथा 380 सदस्यों ने नकारात्मक जवाब दिया था।

उन भयानक दिनों में व्याप्त आशंका एवं संदेह के माहौल का अन्दाज़ उन कहानियों से लगाया जा सकता है जिनके अनुसार समस्त सदस्य गुप्त रूप से हथियारबंद होकर सम्मेलन में जाते थे। पूरा मतदान लगातार सौ घंटों–15 जनवरी की शाम से 20 जनवरी की सुबह–तक चला। मृत्युदंड की पूर्वसंध्या पर 7 बजे राजा को अपने परिवार से मिलने की अनुमति किसी प्रकार मिल गई थी। इस पूरे मुक़दमें के दौरान छः सप्ताह तक लुई को अपने परिवार से अलग रखा गया था। मृत्युदंड के दिन प्रातःकाल पुनः अपने परिवार से मिलने आने के अपने वादे को लुई नहीं निभा सका था और रविवार, 21 जनवरी 1793 की सुबह राजा को गिलोतिन पर चढ़ा दिया गया।

प्रथम फ्रांस विरोधी मोर्चा

लुई की मृत्यु के बाद यूरोपियन युद्ध अवश्यंभावी हो गया। इस समय तक पूरे यूरोप में राजतंत्र स्थापित था। फ्रांसीसी गणतंत्र के क्रांतिकारी आदर्श यूरोप के सभी स्थापित व्यवस्थाओं के लिए खतरा बनते जा रहे थे। उसके 'प्रचारात्मक आदेश' तथा क्रांति के विस्तारवादी नीति ने फ्रांसीसी क्रांति को यूरोपियन क्रांति बनने की तरफ़ अग्रसारित कर दिया था। बेल्जियम, रॉइन और साव्वा का उदाहरण

सामने था। सुविधाप्राप्त वर्गों के विरुद्ध फ्रांसीसी क्रांति का सशस्त्र दर्शन पूरे यूरोप में राजतंत्रवादियों के लिए जीवन और मृत्यु का सवाल बन गया था। आश्चर्य नहीं कि लुई की मृत्यु के 72 घंटों के अंदर ही इंग्लैंड ने फ्रांसीसी कूटनीतिक प्रतिनिधि को लंदन से निष्काषित कर दिया। उसके फ्रांस पहुंचते ही राष्ट्रीय सम्मेलन ने 1 फ़रवरी 1793 को इंग्लैंड तथा उसके डच सहयोगी राष्ट्र यूनाइटेड प्राविंसेज़ (हालैंड) के विरुद्ध युद्ध की घोषणा कर दी। इसके साथ ही साथ 20 फ़रवरी को राष्ट्रीय सम्मेलन ने फ्रांस के शत्रुओं से लड़ने के लिए 3,00,000 नागरिकों को सेना में भर्ती करने का एक आदेश पारित कर दिया। अठारह से चालीस वर्ष के प्रत्येक स्वस्थ एवं अविवाहित नागरिक इसमें भर्ती किए जा सकते थे। भर्ती की यह प्रक्रिया उसी स्थिति में आवश्यक थी, जिसमें स्थानीय स्तर पर आवश्यक संख्या में स्वयंसेवक भर्ती न हो सके थे। सेना में भर्ती के पंजीयन का संचालन करने के लिए राष्ट्रीय सम्मेलन के सदस्यों को अधिकार संपन्न आयुक्त बनाकर विभिन्न विभागों (प्रांतों) में प्रेषित कर दिया गया। यद्यपि, सैन्य भर्ती का यह प्रयास काफ़ी कुछ सफल रहा था, परंतु ला वांदे शोलेत में इसके कारण विद्रोह हो गया था। वांदे का यह विद्रोह मुख्यतया कैथोलिक किसानों ने किया था। उन्होंने स्थानीय स्तर पर सैन्य टुकड़ियां बनाकर एक बड़ी 'रॉयल कैथोलिक सेना' बना ली थी। इसी प्रकार का विद्रोह मई में ब्रितानी में भी हो गया था। विद्रोहियों ने लुई XVII के प्रति निष्ठा की घोषणा भी कर दी थी।[29] आगामी कई माह तक विद्रोही पेरिस की क्रांतिकारी सरकार के लिए सिरदर्द बने रहे थे।

शीघ्र ही अधिकांश राजतंत्रवादी यूरोप गणतंत्रवादी फ्रांस के विरुद्ध खड़ा हो चुका था। स्पेन, सार्डिनिया तथा नेपल्स से मार्च में युद्ध प्रारंभ हो गया था। इस प्रकार रूस, स्विट्ज़रलैंड, डेनमार्क, स्वीडन तथा तुर्की को छोड़कर पूरे यूरोप—इंग्लैंड, आस्ट्रिया, प्रसिया, हालैंड, स्पेन, पुर्तगाल, दोनों सिसली, रोमन राज्य, सार्डिनिया तथा पिडमांट ने 'प्रथम फ्रांस विरोधी मोर्चा' बनाकर क्रांतिकारी फ्रांस के विरुद्ध युद्ध प्रारंभ कर दिया था।

कमेटी ऑफ़ पब्लिक सेफ्टी

अपने सभी सीमाओं पर कुल लगभग 3,50,000 यूरोपियन सैनिकों से युद्धरत फ्रांस में न राजनैतिक स्थिरता थी न आर्थिक सुरक्षा। राजा को गिलोतिन तक पहुंचाने वाले जैकोबिन अभी भी राष्ट्रीय सम्मेलन में अल्पमत में ही थे और उसकी दैनिक कार्यवाहियों में बाधा पहुंचाने के अतिरिक्त वे कुछ और कर पाने की स्थिति

में नहीं थे। लेकिन राष्ट्रीय सम्मेलन के बाहर पेरिस के कम्यून में जैकोबिनों का अपेक्षाकृत अधिक प्रभाव होने के कारण राष्ट्रीय सुरक्षा बलों पर इनका नियंत्रण होने की संभावना भी अधिक थी। इसके साथ ही साथ पेरिस के 48 वार्डों में भी जैकोबिनों का समर्थन अधिक था। पेरिस में टिके हुए सॉ क्यूलौत्त भी जैकोबिनों का ही समर्थन करते थे। दूसरी तरफ़, राष्ट्रीय सम्मेलन में बहुमत प्राप्त होने के बाद भी ज़ीरोंदें प्रभावशाली ढंग से शासन करने में असमर्थ सिद्ध हो रहे थे। उन पर राजसमर्थक, क्रांतिविरोधी तथा मध्यममार्गी होने का आरोप भी लगने लगा था। इन्हीं आरोपों के कारण रोलैंड को 22 जनवरी को ही त्यागपत्र देना पड़ गया था। जहां तक राष्ट्रीय सम्मेलन के बाहर का प्रश्न था यद्यपि ज़ीरोंदें सदस्यों को पेरिस में समर्थन नहीं प्राप्त था लेकिन पेरिस के बाहर विभिन्न प्रांतों में उनके समर्थकों की संख्या पर्याप्त थी।

पेरिस में खाद्य-पदार्थों के दुकानों की लूट फ़रवरी 1793 के अंत से ही प्रारंभ हो गई थी। ऐसे में 'ऐनरेज़ेज़' (पागलों) के सुधार-योजनाओं को लागू करने के अतिरिक्त और कोई मार्ग नहीं सूझ रहा था। कुछ अति-उग्रवादियों के छोटे-छोटे समूहों को ही लोग 'ऐनरेज़ेज़' के नाम से पुकारने लगे थे। इन समूहों का नेतृत्व पेरिस में वारले तथा संवैधानिक पादरी ज़ाक रु, लियो में शैलिए तथा लेक्लियर तथा आरलियां में ताबूरो आदि कर रहे थे। उनकी मुख्य मांग संदेहास्पद ज़ीरोंदें सदस्यों को निलंबित करने तथा जैकोबिनों को समस्त सत्ता सौंपने की थी। इसके साथ-साथ वे अमीर नागरिकों पर कर लगाकर युद्ध का खर्च निकालने, खाद्य-पदार्थों के मूल्य पर नियंत्रण करने, निर्धनों को सहायता देने, बेरोजगारों के लिए क्रांतिकारी सेना बनाने जैसी मांग भी कर रहे थे।

उन विकट परिस्थितियों को और अधिक टालना संभव नहीं रह गया था। परिणामस्वरूप, राष्ट्रीय सम्मेलन ने मार्च-अप्रैल 1793 में अनेक आपातकालीन कानून पारित करना प्रारंभ कर दिया। उन्हें पारित कराने में दातां तथा जैकोबिनों ने प्रमुख भूमिका निभाई थी। 9 मार्च को सम्मेलन ने अपने प्रतिनिधियों को विशेषाधिकार संपन्न आयुक्त बनाकर प्रांतों, नगरों तथा सेनाओं को प्रस्थान करा दिया। 10-11 मार्च को एक नवीन क्रांतिकारी न्यायाधिकरण बना दिया गया, जिसे प्रतिक्रांतिकारियों पर मुक़दमा चलाकर दंडित करने की ज़िम्मेदारी सौंपी गई थी। विदेशी नागरिकों पर नज़र रखने के लिए 12 मार्च को पेरिस सहित सभी बड़े नगरों में सतर्कता समितियां बना दी गईं। गैर-संवैधानिक पादरियों पर भारी जुर्माने लगा दिए गए। विद्रोही लेखों पर प्रतिबंध लगा दिया गया। विद्रोही प्रवासियों

को मृत्युदंड देने तथा उनकी संपत्तियों को ज़ब्त करने का प्रावधान पारित कर दिया गया। इन सबके अतिरिक्त केंद्रीय सरकार को शक्तिसंपन्न करने के लिए सर्वाधिक महत्त्वपूर्ण '*कमेटी ऑफ़ पब्लिक सेफ्टी,* की स्थापना 6 अप्रैल 1793 को क़र दी गई। इस समिति को मंत्रिमंडल पर नियंत्रण रखने के साथ साथ युद्ध का संचालन भी करना था। इस समिति में दातां सहित नौ सदस्य रखे गए थे, जिन्हें मासिक आधार पर निर्वाचित होना था। इस समिति की स्थापना में दातां ने महत्त्वपूर्ण भूमिका निभाई थी। इसकी बैठकें गोपनीय आधार पर होती थी।

राष्ट्रीय सम्मेलन में एकता की अनुपस्थिति के साथ-साथ सीमाओं से प्राप्त होने वाली पराजय की सूचनाओं ने गणतंत्र के संकट को और अधिक बढ़ा दिया था। इन पराजयों का मूल कारण द्‌यूमूरिए का अतिरिक्त उत्साह था, जिसके वशीभूत होकर उसने हालैंड पर आक्रमण कर दिया था। फलस्वरूप, उसकी अनुपस्थिति का लाभ उठाकर आस्ट्रिया ने नीदरलैंड पर डेरा जमाए फ्रांसीसी सेनाओं पर आक्रमण कर दिया। ए-ला-शॉपेल तथा लीग से फ्रांसीसी सेनाओं ने निष्क्रमण कर जब बेल्जियम के ग्रामीण क्षेत्रों की तरफ़ पीछे हटना प्रारंभ किया तब जैकोबिन नीतियों से प्रताड़ित बेल्जियनों ने भी फ्रांसीसी सेना के विरुद्ध विद्रोह कर देने की धमकी दे डाली। इन समाचारों से चिंतित राष्ट्रीय सम्मेलन ने तत्काल द्‌यूमूरिए को हालैंड का अभियान छोड़कर पीछे लौटने का आदेश दे दिया। पीछे लौटने पर मज़बूर द्‌यूमूरिए ने युद्ध विभाग की नासमझी तथा बेल्जियमवासियों के प्रति फ्रांसीसी नीति की आलोचना करते हुए एक पत्र राष्ट्रीय सम्मेलन को प्रेषित किया था, जिसे सार्वजनिक नहीं किया गया। निराश द्‌यूमूरिए ने आस्ट्रियाई सेना से मार्च में लगातार दो बार पराजित होने के बाद आस्ट्रिया से समझौता कर लिया। उसने पेरिस का अभियान कर राजतंत्र को पुनर्स्थापित करने का आश्वासन भी आस्ट्रिया को दे दिया था। लेकिन पेरिस अभियान के लिए उसकी सेना राजी नहीं हुई और उसने भी लॉफॉयैत्त की ही भांति आस्ट्रिया में शरण ले लिया। राष्ट्रीय सम्मेलन ने तत्काल उसे अपराधी घोषित कर दिया। इसी मध्य रॉइनलैंड पर प्रसिया ने पुनः अधिकार कर लिया।

सीमाओं से निरंतर मिल रही पराजयों के समाचारों तथा द्‌यूमूरिए की गद्दारी से उपजे आक्रोश को खाद्‌यानों की अभूतपूर्व कमी, बढ़ती बेरोज़गारी और मंहगाई ने अपने चरम पर पहुंचा दिया था। पेरिस, आरलियां तथा लियो में कृषक विद्रोह प्रारंभ हो गए थे। यद्यपि, उन बाह्य तथा आंतरिक संकटों से निबटने के लिए आपातकालीन उपाय कर लिए गए थे, लेकिन उपायों को जब व्यवहार में लागू

करना प्रारंभ किया गया तो राष्ट्रीय सम्मेलन का संघर्ष दिन प्रतिदिन तीव्र होने लगा। सीमा पर हो रही पराजयों तथा द्यूमूरिए की गद्दारी के लिए ज़ीरोंदें एवं जैकोबिन एक दूसरे को उत्तरदायी बताने लगे। इसके प्रत्येक सत्र में दोनों पक्षों के मध्य गर्मागर्म बहसें, अशोभनीय टिप्पणियां, गरिमारहित आरोप-प्रत्यारोप तथा एक दूसरे के विरुद्ध प्रस्ताव पारित करना नित्य कर्म बन गया। दोनों पक्षों ने समस्त संसदीय मर्यादाओं को ताक पर रख दिया था। द्यूमूरिए प्रकरण के लिए जब ज़ीरोंदें सदस्यों ने दातां को दोषी करार देने की प्रक्रिया तेज़ कर दी तब जैकोबिन क्लब के सदस्यों ने इसमें हस्तक्षेप करना प्रारंभ कर दिया।

5 अप्रैल को रोबेसपियैर के भाई आगस्तीन ने पेरिस के सभी वार्डों का आह्वान कर दिया कि वे राष्ट्रीय सम्मेलन में आकर संदेहास्पद प्रतिनिधियों को बंदी बनाने के लिए दबाव बनाएं। उसी दिन पेरिस के जैकोबिनों ने उन ज़ीरोंदें प्रतिनिधियों के विरुद्ध एक प्रस्ताव जारी कर दिया, जिन्होंने राजा के मृत्युदंड की राजा को प्राथमिक सभाओं में पुष्टीकरण कराने के लिए मतदान किया था। इस प्रस्ताव पर जैकोबिनों के पीठासीन अधिकारी मॉरा ने हस्ताक्षर किया था। राष्ट्रीय सम्मेलन में अपनी संख्या का लाभ उठाते हुए ज़ीरोंदें सदस्यों ने मॉरा को बंदी बनाकर उस पर महाभियोग प्रारंभ करने का प्रस्ताव 93 के विरुद्ध 226 मतों से पारित कर दिया। 24 अप्रैल को जबतक उसका मामला क्रांतिकारी न्यायाधिकरण के सामने प्रस्तुत नहीं हुआ, मॉरा फरार रहा। क्रांतिकारी न्यायाधिकरण ने मॉरा को राजद्रोह तथा अपमानजनक लेखन के समस्त आरोपों से बरी कर दिया। आरोपों से बरी होकर मॉरा अपने समर्थकों के साथ विजयोल्लास के साथ न्यायाधिकरण से राष्ट्रीय सम्मेलन आया था।

31 मई - 2 जून 1793 की क्रांति

इसके पश्चात ज़ीरोंदें सदस्यों एवं जैकोबिनों के मध्य समझौते के समस्त रास्ते बंद हो गए थे। 10 अप्रैल से ही पेरिस के एक वार्ड ने ज़ीरोंदें के बाईस प्रमुख सदस्यों को निष्काषित करने की मांग प्रारंभ कर दी थी। 15 अप्रैल तक पेरिस के कुल 48 वार्डों में से 35 वार्ड इस मांग का समर्थन करने लगे थे। जैकोबिन तथा कम्यून भी इस मांग के समर्थन में आ गए थे। वे 'एनरेज़ेज़' के आर्थिक मांगों का समर्थन भी कर रहे थे। जैकोबिनों के समर्थन में पेरिस के कम्यून तथा वार्डों ने स्वतंत्र निर्णय लेते हुए स्थानीय स्तर पर अनाजों के दाम बांध दिए तथा राष्ट्रीय सुरक्षा बल का नेतृत्व अपने एक समर्थक हेनरियात को सौंप दिया। ज़ीरोंदें

भी चुप नहीं बैठे थे। 6 मई को ज़ीरोंदें के समर्थकों ने एक प्रदर्शन किया, जिसमें, ''अराजकतावादी मुर्दाबाद'', ''मॉरा को गिलोटाइन'', तथा ''शैतान रोबेसपियैर, मॉरा और दांता'', जैसे नारे लगाए गए। उन्होंने राजधानी पेरिस के साथ-साथ प्रांतों को भी आंदोलित कर दिया।

लियो, बोर्डिया, मारसैय तथा नांतस् के स्थानीय जैकोबिनों के विरुद्ध विद्रोह प्रारंभ हो गया। वे कम्यून को भंग करने तथा राजधानी को पेरिस के स्थान पर अन्यत्र ले जाने की योजनाएं बनाने लगे। ज़ीरोदौं ने 18 मई को आक्रामक रुख अपनाते हुए बारह सदस्यों का एक आयोग बनाकर कम्यून तथा वार्डों के निर्णयों की जांच प्रारंभ कर दी। इस आयोग ने वार्डों की मध्य-रात्रि बैठकों पर प्रतिबंध लगाने के साथ-साथ उनके सर्वाधिक लोकप्रिय नेताओं एबेर[30] एवं वारले को गिरफ़्तार कर लिया। इसके जवाब में क्रोधित कम्यून के एक प्रतिनिधिमंडल ने 25 मई को राष्ट्रीय सम्मेलन में एक विरोध पत्र प्रस्तुत किया, जिसने ज़ीरोदौं एवं जैकोबिनों को युद्धरत खेमों में बांट दिया। जैकोबिनों ने 27 मई को उपाध्यक्ष एरोल द सेशेल्स्[31] को अध्यक्ष बना दिया तथा बारह-सदस्यी आयोग को भंगकर एबेर और वारले को मुक्त करा लिया। अगले ही दिन ज़ीरोदें ने उस आयोग को तो पुनर्स्थापित कर दिया, परंतु एबेर एवं अन्य बंदियों की मुक्ति को स्वीकार कर लिया। सीशेल्स् ने इस अवसर पर यह घोषित किया था कि, ''विवेक की शक्ति और जनता की शक्ति में कोई अंतर नहीं होता, दोनों एक ही हैं।'' 29 मई को दातां ने यद्यपि, दोनों पक्षों में समझौता कराने की एक अपील की, परंतु तब तक बहुत देर हो चुकी थी। उसी दिन उग्रवादी वार्डों ने एक क्रांतिकारी सभा का निर्माण कर पेरिस के विद्रोह की घोषणा कर दी।

31 मई को क्रांतिकारी सभा ने एक नौ सदस्यी केंद्रीय क्रांतिकारी समिति का निर्माण कर दिया। इसमें सम्मिलित वारले आदि ने तत्काल कम्यून को पुनर्गठित कर उसे सैन्य रूप से भी सुसज्जित कर दिया। राष्ट्रीय सुरक्षा बलों का नेतृत्व उनके निष्ठावान साथी हेनरियात के हाथों में सुरक्षित था, तथा प्रांतों के विभिन्न ज़िलों में भी 30000 क्रांतिकारी सशस्त्र रूप से तैयार हो चुके थे। इस समिति ने चर्च के घंटों को बजाने तथा खतरे का गोला तोप से छोड़ने का आदेश दे दिया। राष्ट्रीय सम्मेलन स्थल का घेराव प्रारंभ हो गया। उग्र क्रांतिकारियों की भीड़ ज़ीरोंदें प्रतिनिधियों की गिरफ़्तारी तथा आर्थिक सुधारों की मांग कर रही थी। सम्मेलन ने बारह सदस्यी आयोग को तो समाप्त घोषित कर दिया लेकिन अन्य मांगों को *कमेटी ऑफ़ पब्लिक सेफ्टी* के पास विचारार्थ प्रेषित कर दिया।

वह दिन किसी प्रकार शांतिपूर्वक व्यतीत हो गया, लेकिन अगले दिन 1 जून को जब बाईस ज़ीरोंदें सदस्यों की गिरफ़्तारी की मांग को पुनः विचारार्थ *कमेटी ऑफ़ पब्लिक सेफ्टी* के पास अग्रसारित कर दिया गया तब 'केंद्रीय क्रांतिकारी समिति' ने प्रस्तावों के स्थान पर सेना प्रेषित करने का निर्णय ले लिया।

उस दिन पूरी रात तैयारी चलती रही तथा अगली सुबह, रविवार, 2 जून को हेनरियात के राष्ट्रीय सुरक्षाबलों, सॉ क्यूलौत्तों तथा पेरिस के उग्र नागरिकों ने *त्यूलरी* के महल में चल रहे राष्ट्रीय सम्मेलन को घेर लिया। 80,000 क्रांतिकारियों तथा साठ तोपों से घिरे प्रतिनिधियों को तब तक बाहर निकलने से मना कर दिया गया जब तक कि बाईस ज़ीरोंदें प्रतिनिधियों को उन्हें सौंप नहीं दिया जाता। अंततोगत्वा, दो मंत्रियों तथा बारह सदस्यी आयोग के दस सदस्यों सहित उन्नीस प्रतिनिधियों की गिरफ्तारी के बाद ही घेराबंदी समाप्त हो सकी। उस दिन गिरफ्तार ज़ीरोंदें प्रतिनिधियों में वेरग्निञों, ब्रिसॉ, जेनसन, बूज़ो, गोदे, इसनार्ड, बारबारु तथा दो मंत्री ल ब्रैं एवं क्लावियेर सम्मिलित थे। रोलैंड पलायन करने में सफल हो गया था लेकिन श्रीमती रोलैंड गिरफ्तार कर ली गई थीं।

2 जून 1793 के इस क्रांतिकारी घटना ने ज़ीरोंदौं की सत्ता को समाप्त कर दिया। अब राष्ट्रीय सम्मेलन जैकोबिनों के तथा जैकोबिन कम्यून के नियंत्रण में आ चुके थे। यद्यपि, पेरिस में शांति स्थापित हो चुकी थी, तथा सम्मेलन में व्यवधान रहित चर्चाएं होने लगी थीं, लेकिन समस्याएं अभी भी हल होने के कगार पर नहीं थीं। न क्रांतिकारियों में एकता आ पाई थी, न जनता की तात्कालिक समस्याओं का ही कोई हल निकल सका था।

2 जून की क्रांति में पराजित ज़ीरोंदें हार मानने को तैयार नहीं थे। नज़रबंद ज़ीरोंदौं में से अनेक सुरक्षाकर्मियों को चकमा देकर पेरिस से पलायन कर गए। उन्होंने नारमैंडी में एक सेना निर्मित कर पेरिस अभियान की तैयारी प्रारंभ कर दी। ब्रितानि के राजतंत्रवादी भी राष्ट्रीय सम्मेलन के विरुद्ध इस प्रांतीय विद्रोह में उनके सहायतार्थ आ गए। जून के अंत तक अनेक महत्त्वपूर्ण नगरों सहित लगभग साठ प्रांतों ने पेरिस एवं सम्मेलन के विरुद्ध अस्त्र उठा लिया था। पेरिस के निकटस्थ प्रांतों के साथ-साथ कुछ मध्य व पूर्वी प्रांत अभी भी पेरिस और सम्मेलन के प्रति निष्ठावान बने रहे थे। ज़ीरोंदौं के इन प्रांतीय विद्रोहों ने राजतंत्रवादियों के उत्साह को अत्यंत बढ़ा दिया। नारमैंडी व ब्रितानी के विद्रोहों ने लियो, तूलो तथा मिदी में भी राजतंत्रवादियों के वर्चस्व को स्थापित करा दिया। वांदे मार्च से ही राजतंत्रवादियों के नियंत्रण में आ चुका था। वांदे के विद्रोहियों

ने प्वायतू, अंजू तथा ब्रितानि को भी अपने अधिकार में ले लिया। विद्रोहियों की ''रॉयल कैथोलिक सेना'' का आकार 80,000 के लगभग पहुंच चुका था। जून और जुलाई के उन युद्धों में दोनों पक्षों को अपार जन-हानि हुई। यद्यपि, अपनी विशाल सेना के कारण राजतंत्रवादियों का पलड़ा भारी रहा था, लेकिन अभी भी वे क्रांतिकारी पेरिस एवं गणतंत्र के विरुद्ध अभियान प्रारंभ करने का साहस नहीं जुटा पा रहे थे। राजतंत्रवादियों एवं ज़ीरोदौं के विद्रोहों के कारण फ्रांसीसी गणतंत्र अपने सभी सीमाओं पर पराजित होने लगा था। मेंज में प्रसिया की सेनाएं प्रवेश कर गई थीं, स्पेन की सेनाओं ने पायरनीज़ को पार कर लिया था, सार्डिनिया की सेनाएं आल्पस् की पहाड़ियों से आगे आने लगी थीं, ब्रिटेन ने तूलो सहित सभी फ्रांसीसी बंदरगाहों के नाकेबंदी की घोषणा कर दी थी।

उन विदेशी हमलों तथा घरेलू विद्रोहों के जुड़वा संकटों के साथ-साथ फ्रांस की शोचनीय आर्थिक स्थिति ने क्रांतिकारी गणतंत्र के अस्तित्व को ही खतरे में डाल रखा था। 4 मई को पारित ''अधिकतम मूल्य के कानून'' (लॉ ऑफ़ मैक्सिमम) के बाद भी मंहगाई आसमान छू रही थी। मुद्रा अवमूल्यन निम्नतम स्तर तक पहुंच गई थी, तथा खाद्यानों के बाज़ार खाली हो चुके थे। सीमाओं पर सैनिक कपड़ों, खाद्य-पदार्थों तथा युद्ध-सामग्री की अभूतपूर्व कमी के बिना ही डटे हुए थे। पेरिस के नवीन क्रांतिकारी सरकार ने इन संकटों का मुकाबला करने के लिए विभिन्न उपायों को आजमाना प्रारंभ कर दिया। इन्हीं में से एक उपाय 1791 के राजतंत्रवादी संविधान के स्थान पर एक नया संविधान बनाना भी था।

6

आतंक का गणतंत्र
(2 जून 1793–28 जुलाई 1794)

21 सितंबर 1792 को स्थापित राष्ट्रीय सम्मेलन का मूल उद्देश्य फ्रांसीसी गणतंत्र के लिए एक नया संविधान बनाना ही था। लेकिन गणतंत्र की स्थापना से 2 जून 1793 की क्रांति तक के घटनाक्रमों ने इस आवश्यक कार्य को स्थगित कर रखा था। यद्यपि, सुप्रसिद्ध दार्शनिक कोंदोरसे के नेतृत्व में नए संविधान का एक प्रारूप तैयार किया गया था, लेकिन वह जैकोबिनों को स्वीकार नहीं था। अब राष्ट्रीय सम्मेलन में ज़ीरोंदौं का प्रभाव समाप्त होने के बाद जैकोबिनों ने अत्यधिक राजनैतिक स्वतंत्रता पर आधारित एक नया संविधान बना लिया, जिसे भावी फ्रांस में एक आदर्श राजनैतिक लोकतंत्र का वाहक संविधान माना गया। इस संविधान ने सभी को बिना किसी संपत्ति का प्रतिबंध लगाए बालिग मताधिकार प्रदान कर दिया। प्रतिनिधियों का निर्वाचन प्राथमिक सभाओं के मतदाताओं द्वारा प्रत्यक्ष चुनाव के आधार पर किया जाना था। विधायिका में केवल एक सदन होना था, जिसके प्रति मंत्रिमंडल को उत्तरदायी बनाया गया था। प्रांतीय स्वायत्तता को केंद्रीय तानाशाही से बचाने के लिए प्रांतों द्वारा चयनित एक 24 सदस्यी समिति को कार्यपालिका के अधिकार सौंप दिए गए थे।

निःसंदेह, 1793 का यह संविधान फ्रांसीसी जनता को राजनैतिक दृष्टि से एक आदर्श लोकतंत्र का आश्वासन प्रदान करने में सक्षम था, लेकिन इसमें सामाजिक लोकतंत्र की तमाम संभावनाएं अनुपस्थित थी। यद्यपि, यह संविधान अन्यायी सरकार के विरुद्ध विद्रोह करने के सामाजिक अधिकार को मान्यता प्रदान करता था, लेकिन इसमें कहीं भी निर्धन नागरिकों के सामाजिक अधिकारों को सुरक्षा नहीं प्रदान की गई थी।

इसमें सार्वजनिक राहत, श्रमिकों के निर्वाह एवं भरण-पोषण आदि की धाराएं तो थीं, लेकिन इसमें संपत्तिधारकों के अधिकारों को बढ़ा-चढ़ाकर भी रखा गया था। रोबेसपियैर के उन चार प्रावधानों को भी स्थान नहीं दिया गया था, जिसके अनुसार निर्धन नागरिकों को करों से मुक्त रखने तथा उन्हें अमीरों के पैसों से सहायता पहुंचाने की बात की गई थी। संविधान की इस कमी के बाद भी सार्वजनिक लोकप्रियता प्राप्त करने के लिए ही प्रवासियों की जब्त भू-संपत्ति को छोटे-छोटे टुकड़ों में विभाजित कर बेचने तथा सार्वजनिक भूमि को ग्रामीणों के हित में प्रयोग करने का निर्णय ले लिया गया था। साथ ही बचे-खुचे सामंती अधिकारों को बिना किसी मुआवजे के समाप्त कर सामंतवाद के अंतिम अवशेषों को भी समाप्त कर दिया गया था। इस संविधान को जनता के द्वारा अनुसमर्थित कराने के लिए एक जनमत संग्रह भी कराया गया, जिसमें 20,00,000 मतदाताओं ने इस संविधान के पक्ष में मतदान किया था।

10 जुलाई 1793 को ही तत्कालीन *कमेटी ऑफ़ पब्लिक सेफ्टी*, को पुनर्संगठित कर एक नई नौ सदस्यों वाली कमेटी बना दी गई, जिसमें दातां को नहीं रखा गया था। जैकोबिनों के बहुमत वाली यह नई कमेटी युद्ध समर्थक होने के साथ-साथ दातां के समझौतापरस्त नीतियों की धुर-विरोधी भी थी। इसका निर्माण ही प्रांतीय विद्रोहियों के प्रति दातां के समझौतावादी नीतियों के कटु आलोचकों एबेर तथा उसके समर्थक जैकोबिनों के विरोधों के कारण किया गया था।

नई *कमेटी ऑफ़ पब्लिक सेफ्टी* के निर्माण के तीन दिन के अंदर ही, 13 जुलाई को, शार्लोत्त कोरदेइ नामक एक ज़ीरोंदैं समर्थक महिला क्रांतिकारी ने ज्यां पॉल मॉरा को खंजर से घायल कर मार दिया। शार्लोत्त कोरदेइ के अनुसार मॉरा ही जिसे जैकोबिन 'जनता का मित्र' कहते थे, फ्रांस के समस्त संकटों का जिम्मेदार था। मॉरा की हत्या ने ज़ीरोंदौं के राष्ट्र-प्रेम को और अधिक संदेहास्पद बना दिया था। 13 जुलाई की यह लोमहर्षक घटना फ्रांसीसी गणतंत्र के भावी इतिहास को गहराई से प्रभावित करने वाली सिद्ध हुई, क्योंकि इसके बाद मॉरा के स्थान पर, 27 जुलाई को, *कमेटी ऑफ़ पब्लिक सेफ्टी*', में रोबेसपियैर को सदस्य बना दिया गया, जो आगामी आतंक के युग का जन्मदाता बन गया था।

दातां और मॉरा के बाद रोबेसपियैर ही अब जैकोबिनों का एकमात्र नेता बचा था, जिसके बारे में यह कहावत प्रचलित थी कि उसे भ्रष्ट नहीं किया जा सकता था। रोबेसपियैर को जिस दिन कमेटी का सदस्य नामांकित किया गया

था, उसके तीन दिन पूर्व 23 जुलाई को ही आस्ट्रिया ने मेंज़ पर पुनः अधिकार कर लिया था, तथा एक दिन पूर्व ही वालॅसिएन्न भी उनके अधिकार में चला गया था, जिसके कारण पेरिस पर स्वयं खतरा मंडराने लगा था। आस्ट्रियाई खतरे की इसी छाया में 1 अगस्त को राष्ट्रीय सम्मेलन के अध्यक्ष तथा कमेटी के सदस्य वारेरे डी विसज़ाक ने चेतावनी देते हुए यह कहा था कि, "क्या हम आस्ट्रियाई महिला के अपराधों को भूल चुके हैं...कैपे परिवार, जिसने राष्ट्र के शत्रुओं को इसकी निर्बलताओं का झूठा आभास दिया, के प्रति हमारी यह कैसी आश्चर्यजनक उदासीनता है? यदि ऐसा है तो इसका तत्काल समाधान होना चाहिए।" इसका एक ही अर्थ था, मॉरी अन्त्वानेत पर मुक़दमा चलाना। तत्काल पूर्व महारानी मॉरी अन्त्वानेत को मीनार से कोंसिएर्ज़री के कारावास में स्थांतरित कर दिया गया।

उधर नई कमेटी ने तत्काल सभी मोर्चों पर गंभीर प्रयास प्रारंभ कर दिया। इसके परिणाम भी शीघ्र ही आने लगे। जुलाई में ही प्रांतीय विद्रोही बिखरने लगे थे। यद्यपि, सरकार का विरोध अनेक प्रांतों में हो रहा था, लेकिन उनके उद्देश्यों व नेतृत्व में एकता का अभाव था। नए संविधान में प्रांतों को प्रदत्त अधिकारों एवं महत्त्व ने भी प्रांतीय विद्रोहों को कमज़ोर करने में महत्त्वपूर्ण भूमिका का निर्वाह किया था। स्थानीय जैकोबिनों के प्रयासों के कारण भी प्रांतीय किसानों एवं मजदूरों ने विद्रोहियों का साथ छोड़ना प्रारंभ कर दिया था। सितंबर आते-आते वांदे, तूलो तथा लियों के अतिरिक्त अन्य सभी प्रांतीय विद्रोहों पर गणतंत्र का नियंत्रण स्थापित हो चुका था। अगस्त में जैकोबिनों ने लियों की घेराबंदी प्रारंभ कर दी थी, लेकिन तूलो ब्रिटिश एडमिरल हुड के कब्ज़े में आ चुका था।

अगस्त के पहले सप्ताह में ही प्राथमिक सभाओं के प्रतिनिधि नवीन संविधान पर कराए गए जनमत संग्रह के परिणामों को लेकर राष्ट्रीय सम्मेलन में पहुंचने लगे थे। पेरिस में उनके स्वागत के लिए राजतंत्र के पतन की पहली वर्षगांठ पर, 10 अगस्त को एक मेले का आयोजन किया गया। यह एक अत्यंत सफल आयोजन सिद्ध हुआ, लेकिन संविधान को लागू नहीं किया गया। युद्ध और आर्थिक संकट के उन त्रासद दिनों में राष्ट्रीय सम्मेलन को भंग कर चुनाव कराना उचित नहीं माना गया। फलस्वरूप, युद्ध के समापन तक राष्ट्रीय सम्मेलन की अवधि को बढ़ा दिया गया तथा संविधान को लागू करना अनिश्चितकाल तक के लिए स्थगित कर दिया गया।

अगस्त 1793 ने फ्रांस में एक अभूतपूर्व उग्र राष्ट्रवाद का विस्फोट कर दिया था। चारों तरफ़ से संदेहास्पद लोगों की गिरफ़्तारी, तथा सभी नागरिकों

के सीमाओं पर चलने की आवाज़ें उठने लगी थीं। उग्र राष्ट्रवाद के इसी दबाव में राष्ट्रीय सम्मेलन ने सभी विदेशी नागरिकों की गिरफ़्तारी, राजधानी के द्वारों की तालेबंदी, थोक में सैन्य-भर्ती तथा युद्धकालीन राष्ट्रीय संगठन के लिए आदेशों को पारित कर दिया था। कमेटी के प्रस्ताव पर बारेरे ने घोषित किया कि, ''सभी फ्रांसीसी नागरिक स्वतंत्रता के कर्ज़ को अवश्य चुकाएं। कुछ अपना श्रम, अन्य संपत्ति, कुछ अपना परामर्श, दूसरे अपनी शक्ति देंगे; सभी अपनी शिराओं में बहते रक्त का त्याग करेंगे। देशभक्त सभी फ्रांसीसियों, सभी यौनों तथा सभी उम्र के लोगों से स्वतंत्रता के रक्षा की अपील करते हैं।'' इसके सभी नागरिकों से किसी न किसी रूप में सैन्य-कार्यों में सहायता की उम्मीद की गई थी। अठारह से पच्चीस वर्ष के सभी नवयुवकों को सेना में भर्ती होने तथा अन्यों से क्षमतानुसार युद्ध कार्यों को करने का आह्वान किया गया था। पूरा फ्रांस ही एक सैन्य-शिविर बन गया था। फ्रांसीसी स्वतंत्रता की रक्षा के साथ-साथ आर्थिक संकटों का मुकाबला करने के लिए भी अनेक उपाय किए गए।

4 सितंबर को इस तथ्य की आधिकारिक पुष्टि हो गई कि तूलो ने अंग्रेज़ों के समक्ष आत्मसमर्पण कर दिया था। देशद्रोह के इस समाचार से उत्तेजित पेरिसवासियों ने 5 सितंबर को राष्ट्रीय सम्मेलन में प्रवेश कर क्रांतिकारी सेना और रोटी की मांग करनी प्रारंभ कर दी। उनके साथ कम्यून और जैकोबिन सदस्यों के साथ-साथ एबेर एवं बिलो भी सम्मिलित थे। विद्रोहियों के दबाव में कमेटी ने ''आतंक का दौर'', स्थापित करना स्वीकार कर लिया, तथा उग्र आतंकवादी गणतंत्रवादियों—बीलो वारेन्न तथा कोलो द एरब्बा को कमेटी का सदस्य निर्वाचित कर लिया।

वैसे तो आतंक का दौर पहले से ही जारी था, लेकिन उसमें कोई स्थायित्व नहीं था। तमाम संदेहास्पद लोग बंदी बनाए जाते थे, लेकिन साक्ष्यों के अभाव में छूट जाते थे। लेकिन अब आतंक के दौर ने एक स्थायी एवं प्रभावी रूप ग्रहण कर लिया था। एक कट्टर एबेरवादी के नेतृत्व में क्रांतिकारी सेना के गठन की प्रक्रिया प्रारंभ कर दी गई। ''क्रांतिकारी न्यायाधिकरण'' का पुनर्गठन कर चार समूहों में विभाजित कर दिया गया। दो सदस्यों वाले दो-दो समूह वैकल्पिक आधार पर कार्य करने लगे। न्यायाधीशों की संख्या दस से सोलह तथा जूरी की साठ कर दी गई। सरकारी वकील को पांच-पांच सहायक दे दिए गए। इन सभी को *कमेटी ऑफ़ पब्लिक सेफ्टी* के नियंत्रण में काम करना था जो अब एक सर्वोच्च शासक संस्था बन चुकी थी। आतंक के इस व्यवस्था को एक नवीनता ने और

अधिक सक्षमता प्रदान कर दी थी। जैकोबिनों को शासन-व्यवस्था से जोड़ दिया गया तथा उन्हें यह उत्तरदायित्व दे दिया गया कि वे संदेहास्पद और भ्रष्ट अधिकारियों की पहचान कर उन्हें चिह्नित करें। सार्विक प्रभुसत्ता संपन्न जनता की आवाज़ के रूप में जैकोबिनों को मान्यता प्रदान कर संदेहास्पद और भ्रष्ट अधिकारियों का दमन करने वाले आतंक की व्यवस्था ने एक प्रभावी स्वरूप ग्रहण कर लिया था।

आतंक की यह व्यवस्था 17 सितंबर 1793 को पारित ''संदिग्धों के अधिनियम'', के द्वारा संचालित होने वाली थी। सुप्रसिद्ध विधिवेत्ता मेर लैं द द्रूए द्वारा निर्मित इस अधिनियम के अनुसार, अपने कार्यों, संबंधों, टिप्पणियों, लेखों के द्वारा निरंकुशता एवं राजतंत्र का समर्थन करने वाले; मार्च 21 के आदेश के अनुसार अपने भरण-पोषण एवं कर्तव्यों का स्पष्टीकरण न करने वाले; नागरिकता की प्रामाणिकता न पाने वाले; अगस्त 14 के आदेशानुसार राष्ट्रीय सम्मेलन अथवा इसके आधिकारिक प्रतिनिधियों द्वारा संदिग्ध घोषित या हटाए गए सरकारी अधिकारी; पूर्व सामंतों के वे पति, पत्नी, पिता, माता, पुत्र, पुत्री, भाई, बहन एवं प्रवासियों के एजेंट, जिन्होंने क्रांति के प्रति अपनी पक्षधरता घोषित न की हो; 1 जुलाई 1789 से; तथा 30 मार्च से 8 अप्रैल 1792 के मध्य फ्रांस से पलायन कर गए प्रवासी (निर्धारित अवधि में लौट आने वाले सहित) इस अधिनियम के अंतर्गत दोषी माने गए थे। इसके प्रकाशित होते ही इन सभी को बंदी बना लिया जाना था। सर्तकता समितियों को 21 मार्च के आदेशानुसार अपने-अपने जिलों के सभी संदिग्धों की सूची बनाकर बंदी बनाने के लिए वारंट निकाल देना था।

सितंबर के अंतिम सप्ताह तक पेरिस का माहौल पूरी तरह आवेशित और विस्फोटक हो चुका था। सेना को प्राचीन व्यवस्था से मुक्त कर नवीनीकृत करने की प्रक्रिया में जब विभिन्न टुकड़ियों के सेनाधिकारियों को बंदी बनाने का कार्य प्रारंभ हुआ तो कमेटी के विरुद्ध आलोचनाओं की बाढ़ आ गई। मॉरी अन्त्वानेत तथा ज़ीरोंदौं पर मुक़दमा चलाने की मांग करने वाले पेरिस के सड़कों पर निकल पड़े। प्रदर्शनकारी मूल्यों पर सरकारी नियंत्रण लागू करने की मांग भी कर रहे थे। 5 सितंबर को जिस प्रकार राजनैतिक आतंक की नींव पड़ी थी, उसी प्रकार 29 सितंबर को आर्थिक आतंक का श्रीगणेश हो गया। एक आदेश के द्वारा न केवल सभी आवश्यक वस्तुओं को बल्कि पूरे देश में श्रमिकों की मजदूरी दर भी निर्धारित कर दी गई।

आतंक का नया दौर बीमार दातां द्वारा सक्रिय राजनीति से संन्यास लेकर पेरिस के निकट अपने गांव चले जाने के साथ प्रारंभ हुआ। 3 अक्तूबर को *कमेटी ऑफ़ पब्लिक सेफ्टी* ने स्थानीय समितियों के संस्तुति को स्वीकार कर 41 जीरोदैं पर "क्रांतिकारी न्यायाधिकरण" में मुक़दमा चलाने की स्वीकृति दे दी। इस रिपोर्ट ने 75 उन जीरोदैं पर भी मुक़दमा चलाने की संस्तुति दी थी, जिन्होंने 2 जून की घटना का विरोध किया था। लेकिन रोबेसपियैर के हस्तक्षेप के कारण इन पर मुक़दमा चलाना स्वीकार नहीं किया गया। उसी दिन राष्ट्रीय सम्मेलन ने मॉरी अन्त्वानेत पर भी मुक़दमा चलाने की संस्तुति कर दी थी। आतंक के इस राज पर टिप्पणी करते हुए सेंट जॅस्ट ने कहा था कि, "फ्रांस की यह अस्थायी सरकार शांति स्थापित होने तक क्रांतिकारी सरकार रहेगी।"

क्रांतिकारी आतंक का दौर

सितंबर के अंत तक यद्यपि कोई विशेष सैन्य उपलब्धि नहीं मिल सकी थी, लेकिन अगस्त से ही फ्रांसीसी सेना का मनोबल दृढ़ होने लगा था। इसका एक कारण लाज़ार तथा प्रीअर जैसे योग्य इंजीनियरों की नियुक्ति तथा सैन्य-भर्ती में की जाने वाली तत्परता थी। साथ ही अगस्त तक लगभग 6,50,000 सैनिकों की भर्ती हो चुकी थी, तथा उनके प्रशिक्षण का कार्य भी तेज़ी से प्रारंभ हो गया था। *कमेटी ऑफ़ पब्लिक सेफ्टी* द्वारा पुराने सेनाधिकारियों के स्थान पर नए उर्जावान एवं उत्साही सेनाधिकारियों की भर्ती तथा अयोग्य, क्षमताहीन एवं दुःसाहसरहित सेनाधिकारियों को तत्काल सजा देना प्रारंभ कर देने के कारण भी गणतांत्रिक फ्रांस की सेना में आशावादिता का प्रसार और विस्तार होने लगा था। 6 और 8 सितंबर को उशाढ़ (हूचर्ड) ने औंदशूत में ब्रिटेन की सेनाओं को घेरा उठाने के लिए मजबूर कर दिया था। लेकिन, उशाढ़ के अनिर्णय के कारण द्यूक ऑफ़ यार्क के नेतृत्व वाली ब्रिटिश सेना पलायन करने में सफल हो गई। इस भूल के लिए *कमेटी ऑफ़ पब्लिक सेफ्टी*' ने उशाढ़ पर देशद्रोह का मुक़दमा चलाकर मृत्युदंड दे दिया। हालांकि, औंदशूत में उसकी जीत ने फ्रांसीसी सेना का अत्यंत उत्साहवर्धन कर दिया था। फ्रांस को पहली महत्त्वपूर्ण विजय 16 अक्तूबर को मिली जब कारनो तथा जार्डन ने कोबर्ग के नेतृत्व वाली प्रसिया की सेना को वातीन्ञ में पराजित कर दिया। इसी प्रकार 26 दिसंबर को फ्रांसीसी सेना ने प्रसिया को लांदो की घेराबंदी उठाने पर मजबूर कर दिया। इस समय तक लगभग सभी

सीमाओं पर आक्रमणकारी सेनाओं को रोकने में फ्रांसीसी सेना सफल हो चुकी थी।

जिस समय फ्रांसीसी सेना अपनी सभी सीमाओं—उत्तरी, पूर्वी और दक्षिणी—पर रक्षात्मक के स्थान पर आक्रामक हो रही थी, उसी समय फ्रांस के अंदर गणतंत्र विरोधी विद्रोहों की तीव्रता भी कम होने लगी थी। 8 अक्तूबर को लियों के राजतंत्रवादी विद्रोहियों पर किसानों ने हमला कर दिया तथा उन्हें आत्मसमर्पण करने पर मजबूर कर दिया। लियों के पश्चात ब्रिटिश नियंत्रण में आ चुके तूलो को भी मुक्त करा लिया गया। तूलो की मुक्ति अभियान के दौरान ही नेपोलियन बोनापार्ट नामक पैदल सेना के एक अद्भुत प्रतिभाशाली युवा कप्तान ने पहली बार सबका ध्यान अपनी तरफ़ खींचा था। सितंबर में ही वांदे में भी फ्रांसीसी सेना को प्रारंभिक बढ़त मिल चुकी थी। 17 अक्तूबर को कोले तथा दिसंबर में वांदे के विद्रोहियों पर निर्णायक जीत हासिल हो गई। जहां-जहां गणतांत्रिक सेना को विजय हासिल होती थी, वहां-वहां राजतंत्रवादियों को बर्बरतापूर्वक कत्लेआम कर उनके हौसले को सदा के लिए पस्त कर दिया जाता था।

हालांकि, सीमाओं के साथ-साथ फ्रांस के अंदर भी राजतंत्रवादियों के विरुद्ध गणतंत्रवादी फ्रांस को एक के बाद एक जीत हासिल होती जा रही थी, लेकिन अभी भी पूरे फ्रांस पर उनका प्रशासनिक नियंत्रण नहीं स्थापित हो सका था। राष्ट्रीय सम्मेलन द्वारा सभी विभागों और ज़िलों में जिन प्रतिनिधियों को नागरिक एवं सैन्य मामलों के लिए आयुक्त बनाकर प्रेषित किया गया था, उनके अधिकार असीमित थे, परंतु उनपर *कमेटी ऑफ़ पब्लिक सेफ्टी* का पूर्ण नियंत्रण संभव नहीं था। उन प्रतिनिधि आयुक्तों को स्थानीय निर्वाचित प्रतिनिधियों की सहायता से सैन्य-भर्ती, प्रतिक्रांतिकारियों की तलाश एवं उन्हें सजा दिलाना था। 1793 के अंत तक वही फ्रांस के वास्तविक शासक बन गए थे। परिणामस्वरूप, प्रत्येक प्रतिनिधि आयुक्त मनमाने तरीके से कमेटी के निर्णयों एवं उद्देश्यों को लागू करने लगा था। अंततोगत्वा, कमेटी ने नवंबर में उनमें से अधिकांश को वापस बुला लिया था।

फ्रांस को आर्थिक-संकटों से मुक्ति दिलाने के लिए भी कमेटी ने प्रतिबद्ध प्रयास प्रारंभ कर दिया था। 29 सितंबर को ही सभी आवश्यक वस्तुओं के दामों को पूरे फ्रांस में निर्धारित कर दिया गया था। किसानों और व्यापारियों को अपने-अपने उत्पादों एवं वस्तुओं की कुल मात्रा घोषित करनी थी। प्रत्येक प्रकार के जमाखोरों को दंड मिलने लगा था। इससे भी जब समस्या का समाधान नहीं

हुआ तब 22 अक्तूबर को एक तीन सदस्यीय 'खाद्य-आयोग' बनाकर उसे समस्त प्रकार के निर्यात-आयात, यातायात एवं उत्पादन आदि संबंधी अधिकार सौंप दिए गए। इसके साथ ही साथ अप्रैल से अब तक पारित सभी आपातकालीन आदेशों का संहिताकरण 4 दिसंबर 1793 को कर दिया गया, जिसे 'आतंक युग का संविधान', कहा गया।

वास्तव में, यह एक आपातकालीन सैन्य सरकार थी, जो संवैधानिक के स्थान पर, 'शांति स्थापना तक क्रांतिकारी,' अवधारणा से युक्त थी। यह एक सर्वांग केंद्रीकृत और निरंकुश सरकार थी, जिसका उद्देश्य फ्रांसीसी गणतंत्र को बाह्य एवं आंतरिक शत्रुओं से मुक्ति दिलाना था। 4 दिसंबर का अधिनियम ही इसका संविधान था, तथा कमेटी के सदस्य ही इसके वैधानिक और कार्यकारी नियंता थे। इसका उद्देश्य सभी प्रकार के मानवीय आवेगों एवं उन्मादों पर नियंत्रण स्थापित कर एक समतामूलक समाज का निर्माण करना था। इस क्रांतिकारी सरकार ने सभी भले नागरिकों को सुरक्षा एवं दुष्ट नागरिकों को मौत प्रदान करने का आश्वासन दे रखा था। रोबेसपियैर के अनुसार, "क्रांति के दौरान एक लोकप्रिय सरकार की नींव नैतिकता और आतंक के जुड़वा आदर्शों पर टिकी होती है, क्योंकि बिना नैतिकता के आतंक दुःखदाई होता है और बिना आतंक के नैतिकता शक्तिहीन हो जाती है।" उस क्रांतिकारी नैतिकता का तात्पर्य व्यक्तिगत नैतिकता से नहीं था। इसका अर्थ देशभक्ति, राज्य के हित में व्यक्तिगत हितों की तिलांजलि तथा 'सामान्य इच्छा' और 'व्यक्तिगत इच्छा' का वह रहस्यवादी सम्मिश्रण था, जिसे क्रांतिद्रष्टा रूसो ने पारिभाषित किया था।

4 दिसंबर के अधिनियम के अनुसार सरकार की प्रेरक शक्ति राष्ट्रीय सम्मेलन थी, जिसका तात्पर्य यह था कि वह एक लोकतांत्रिक सरकार थी, लेकिन साथ ही इस क्रांतिकारी सरकार की सारी शक्तियां, 'कमेटी ऑफ़ पब्लिक सेफ्टी' में निहित कर दी गई थीं, जिसने जुलाई से दिसंबर 1793 तक सभी संकटों का सफलतापूर्वक सामना किया था। अप्रैल में निर्मित इस कमेटी का नेतृत्व 10 जुलाई तक दातां के हाथों में था और इसके बाद राबेसपियैर के हाथ में। सितंबर 1793 से इसके सदस्य प्रत्येक माह पुनर्निवाचित होकर स्थायी हो गए थे। इसकी प्रशासनिक नीतियों का संचालन सेंट जॅस्ट, कूथो, कोलो तथा बीलो वारेन्न कर रहे थे। सेना का संचालन कारनो व प्रियर द ला कोत के हाथों में था और नौसेना का प्रियर द ला मार्न के। बारिरे का उत्तरदायित्व कूटनीति का संचालन तथा राबर्ट लिंदे का खाद्य-पदार्थों की आपूर्ति बनाए रखना था। रोबेसपियैर के पास कोई

निर्धारित उत्तरदायित्व नहीं था, बल्कि वह सभी का संचालन तथा कमेटी को नैतिक नेतृत्व प्रदान करने का कार्य करता था।

इस क्रांतिकारी कमेटी के 'दिसंबरवादी', सदस्य समस्त फ्रांस का प्रतिनिधित्व करते थे। सभी पर्याप्त शिक्षित, अनुभवी एवं योग्य थे। अपने उद्देश्यों के प्रति उनकी प्रतिबद्धता और समर्पण में न किसी को संदेह था न कोई उनका प्रतिद्वंद्वी ही था। भ्रष्टाचार के अनेकानेक अवसर उपलब्ध होने के बाद भी सभी बिना किसी संदेह के अपवादरहित रूप से ईमानदार थे। अपने-अपने व्यक्तिगत हितों में कुछ न करने के कारण ही सभी निर्विवाद रूप से निर्धन एवं ग़रीब रहे। कमेटी के इन सदस्यों की सहायता के लिए बहुत बड़ी संख्या में अधीनस्थ अधिकारी एवं लिपिक नियुक्त थे, लेकिन व्यवहार में सभी बराबर थे और कोई किसी से बड़ा या छोटा नहीं था।

कमेटी ऑफ़ पब्लिक सेफ्टी के अतिरिक्त एक *कमेटी ऑफ़ जनरल सेक्यूरिटी* भी थी, जिसके सदस्यों की नियुक्ति *कमेटी ऑफ़ पब्लिक सेफ्टी* द्वारा राष्ट्रीय-सम्मेलन के निर्वाचित प्रतिनिधियों में से की जाती थी। यद्यपि, इन दोनों कमेटियों के मध्य कोई स्पष्ट विभाजन रेखा नहीं थी, परंतु *कमेटी ऑफ़ जनरल सेक्यूरिटी* पर कानून और व्यवस्था को बनाए रखने की स्पष्ट जिम्मेदारी थी। इसे संदेहास्पद चरित्रों को बंदी बनाकर क्रांतिकारी न्यायाधिकरण के सम्मुख प्रस्तुत करना होता था। इस प्रकार की जिम्मेदारी के कारण इसके सदस्यों के पास असीमित अधिकार आ गए थे। वादिए और आमार आंद्रे इसके दो महत्त्वपूर्ण सदस्य थे।

उपरोक्त दोनों कमेटियों के अतिरिक्त क्रांतिकारी न्यायाधिकरण (*रिवोल्यूशनरी ट्रिब्यूनल*) भी एक अत्यंत महत्त्वपूर्ण संस्था थी, जिसका निर्माण 10 मार्च 1793 को एक असाधारण दंड न्यायालय के रूप में किया गया था। इसके न्यायाधीशों, सरकारी वकीलों तथा जूरी के सदस्यों की नियुक्ति राष्ट्रीय सम्मेलन के द्वारा की जाती थी। इसके निर्णय अंतिम होते थे तथा तत्काल प्रभाव से लागू कर दिए जाते थे। इसके द्वारा दोषी करार दिए गए लोगों की संपत्ति जब्त कर ली जाती थी। इसका सर्वाधिक महत्त्वपूर्ण सदस्य फूकिए तैंवील था।

स्थानीय प्रशासन के मामले में प्रांतों के अधिकार न्यूनतम थे, जबकि ज़िलों और नगरपालिकाओं के अधिकार न केवल अत्यधिक थे बल्कि वे सीधे केंद्रीय प्रशासन के संपर्क में रहते थे। प्रत्येक कम्यून एवं ज़िले में एक राष्ट्रीय प्रतिनिधि रहता था, जिसे कार्यकारी अधिकार प्राप्त थे। इनके अधिकतर प्रतिनिधि आयुक्तों के समान ही थे, लेकिन कमेटी के प्रति इनका उत्तरदायित्व पर्याप्त रूप से अधिक

थे। इनके अतिरिक्त स्थानीय सतर्कता समितियां तथा स्थानीय जैकोबिन क्लब के सदस्य भी महत्त्वपूर्ण भूमिकाओं का निर्वाह करते थे।

"क्रांतिकारी न्यायाधिकरण" के आतंकवादी न्याय का प्रारंभ अक्तूबर 1793 में हुआ। इसके न्याय की बेदी पर पहली बलि मॉरी अंत्वानेत की दी गई, जिसे एक अल्पकालिक मुक़दमे के बाद 16 अक्तूबर को गिलोतिन पर चढ़ा दिया गया। इसके पश्चात 31 अक्तूबर को इक्कीस ज़ीरोंदों को प्रांतों में विद्रोह भड़काने के आरोप में गिलोतिन पर मृत्युदंड प्रदान कर दिया गया। 6 नवंबर को राजपरिवार से जुड़े होने के कारण आरलियां के द्यूक को तथा जुलाई 1791 में *शॉ द मार्श* हत्याकांड के लिए उत्तरदाई पेरिस के पूर्व मेयर बेली को 11 नवंबर के दिन गिलोतिन पर चढ़ा दिया गया। ज़ीरोदें की प्रेरणास्रोत श्रीमती रोलैंड, संविधानसभा के नेता बारनेव, अनेक पूर्व सेनाधिकारियों तथा तमाम नागरिकों को इस क्रांतिकारी न्यायाधिकरण के आतंकी न्याय का शिकार होना पड़ा। दोषी करार दिए जाने के बाद पेरिस से पलायन कर जाने वाले तमाम ज़ीरोंदों को अन्य स्थानों पर मृत्युदंड का सामना करना पड़ा। रोलैंड तथा कोंदोरसे ने आत्महत्या कर लिया था, जबकि बारबारु को बोर्दिया में गिलोतिन पर चढ़ा दिया गया था। बूज़ो तथा पेतिओ फरारी की हालत में भूख से तड़प-तडप कर मर गए थे।

प्रांतों में, आतंक का यह राज भयंकरतम रूप से लोमहर्षक रहा, जहां औपचारिक रूप से मुक़दमा चलाकर लगभग 12,000 लोगों को तथा बिना मुक़दमा चलाए 20,000 लोगों को मृत्यु के घाट उतार दिया गया था। स्वतंत्र कराए जा चुके नगर लियो में फूशे तथा कोलो के नेतृत्ववाली क्रांतिकारी सेना ने ऐसा कत्लेआम मचाया था, जिसकी मिसाल नहीं मिलती। इसी प्रकार मारसैय तथा तूलो में फ्रेरो तथा बारास ने बर्बरतापूर्वक राजतंत्रवादियों की हत्या कराई थी। वांदे में दोनों पक्षों ने अपने-अपने अवसरों पर बर्बरता की समस्त सीमाओं को पार कर लिया था। नांत में प्रतिनिधि आयुक्त कारिए ज़ॉ बाप्तिस्त ने जैकोबिनों की संतुष्टि के लिए वह खूनी खेल खेला था, जिसने लियो के कत्लेआम को भी पीछे छोड़ दिया था।

कमेटी ऑफ़ पब्लिक सेफ्टी को अपनी स्थापना के समय से ही आलोचनाओं का सामना करना पड़ रहा था। कमेटी द्वारा फ्रांस के तत्कालीन संकटों का सफलतापूर्वक निवारण करने के बाद भी एबेर के नेतृत्व वाले उग्रवादियों का समूह तथा दातां के नेतृत्व वाले उदारवादियों का समूह इसकी आलोचना करता रहता था। पेरिस कम्यून, कार्देलियरों तथा युद्ध-मंत्रालय पर एबेर, मोमोरो, वैंसॉ, रोजैं

तथा बूशोत्त के नेतृत्व वाले एबेरवादियों के समूह का नियंत्रण था। क्रांतिकारी सेना के तमाम अधिकारी, तथा कारिए, फूशे जैसे अनेक बदनाम प्रतिनिधि आयुक्त तथा कुछ विदेशी शरणार्थियों और बैंकरों का भी समर्थन उन्हें प्राप्त था। संदेहास्पद चरित्रों से क्रूरतापूर्वक निबटने के अतिरिक्त उनकी कोई स्पष्ट राजनैतिक योजना भी नहीं थी। उनके घोर कैथोलिक विरोधी होने का ही परिणाम 1793 का कैथोलिक विरोधी आंदोलन था।

कमेटी विरोधियों का दूसरा समूह दातांवादियों का था, जो क्रांति की गति पर नियंत्रण लगाने के साथ-साथ व्यक्तिगत महत्वाकांक्षाओं से भी संचालित थे। इनमें वे असंतुष्ट प्रतिनिधि सम्मिलित थे जो कमेटी की असफलताओं की कटु आलोचना करते थे तथा वे भी जो निवेशकों, प्रवासियों तथा राजतंत्रवादियों के संपर्क में रहने के कारण कमेटी तथा क्रांतिकारी न्यायाधिकरण के असंवैधानिक शासन को समाप्त करने में रुचि रखते थे। यह दातांवादी समूह, वास्तव में, राष्ट्रीय सम्मेलन के उस बहुमत का प्रतिनिधित्व करता था, जो अंदर ही अंदर कमेटी के सदस्यों से घृणा करते थे। अपनी आलोचनाओं के द्वारा वे प्रशासन की सक्षमता को प्रभावित करते रहते थे, परंतु दातां की वापसी के बाद यह समूह कमेटी के लिए एक वास्तविक खतरा बन गया था।

दातां यद्यपि, क्रांति विरोधी नहीं था, लेकिन वह पूरी तरह निस्वार्थ भाव से प्रेरित भी नहीं था। वह आतंक की क्रूरता एवं मनमानेपन का घोर विरोधी था। रानी को मृत्यु से न बचा पाने के लिए वह दुःखी था तथा ज़ीरोंदों की सजा पर उसने आंसू भी बहाए थे। उसकी पहली पत्नी की मृत्यु ने उसे जो दुख दिया था, वह दूसरी पत्नी के आगमन के बाद और अधिक बढ़ गया था। वह उदारमना होने के साथ-साथ एक अत्यंत दुःसाहसी लेकिन सिद्धांतरहित व्यक्तित्व का स्वामी था। वह सैद्धांतिक और तानाशाह प्रवृत्ति के ऐसे लोगों को पसंद नहीं करता था, जो उसके लिए खतरा बन सकते थे। क्रांति के दौरान उसने अकूत संपत्ति एकत्रित कर ली थी। सम्मेलन के भ्रष्ट प्रतिनिधियों से उसके गहरे रिश्ते थे तथा अपने अवसरवादी चरित्र के कारण ही वह अपने विरोधियों से हाथ मिलाने के लिए भी तैयार रहता था। गुप्त वार्तालापों में उसे महारत हासिल थी। क्रांतिकारी न्याय से उसके भय ने ही उसे शांति समर्थक बना दिया था, जिसमें उसे अपनी प्रतिष्ठा, शक्ति और साथियों की सुरक्षा दिख रही थी। दातां एक समझौतावादी था, लेकिन रोबेसपियैर को भय था कि उसका समझौतावाद अंत में भ्रष्ट पूंजी निवेशकों तथा दलालों वाले मध्यमवर्गीय गणतंत्र की स्थापना का कारण बन सकता था।

इन दोनों समूहों में संघर्ष के दौरान ही रोबेसपियैर व सेंट जस्ट ने अपने आदर्श राज्य की अवधारणा को विकसित कर क्रांति के उद्देश्य एवं लक्ष्य को परिभाषित किया था। उनके बौद्धिक मार्गदर्शक रूसो ने इसी नैतिकता और समता के गणतंत्र का सपना देखा था। इस संघर्ष का पहला पड़ाव दिसंबर 1793 का वह दौर था जब एबेरवादी उग्रवादियों के हमले का प्रतिकार कर कमेटी ने उन्हें चर्च के विरुद्ध चलाए जाने वाले आंदोलन को समाप्त करने के लिए मजबूर करने में सफलता पाई थी। रोज़े तथा वैंसॉ को बंदी बनाने के बाद रोबेसपियैर के ही प्रेरणा से कामील द मूलै ने अपने नए समाचारपत्र *ले विव कार्देलियर* के प्रथम दो अंकों में उग्रवादियों की घोर आलोचना की थी। इसी अवसर पर दातां अपना राजनैतिक संन्यास त्याग कर वापस लौटा था। उसका उद्देश्य अपने उन समर्थकों के उस अभियान को उत्प्रेरित करना था जो उन्होंने प्रत्यक्ष रूप से उग्रवादियों के विरुद्ध लेकिन परोक्ष में कमेटी के शासन के विरुद्ध चला रखा था। कामील द मूलै ने अपने समाचारपत्र के माध्यम से पूरे क्रांतिकारी दौर के कमेटी की भूलों तथा कठोरताओं का ऐसा खाका खींचा कि आंसू बहाती हुई महिलाओं की एक भीड़ ने क़ैदियों को मुक्त कर देने की मांग प्रारंभ कर दी थी। रोबेसपियैर का उद्देश्य पूरा हो चुका था। आम लोगों ने दातांवादियों का समर्थन करना बंद कर दिया था। रोबेसपियैर ने कमेटी की नीतियों की रक्षा करते हुए यह घोषणा की कि विदेशी शक्तियों द्वारा समर्थित कुछ समूह सरकार को अस्थिर करने का प्रयास कर रहे थे। रोजैं तथा वैंसॉ को मुक्त कर उसने दातांवादियों को अस्थायी रूप से शांत कर दिया था।

आगामी दो माह तक एबेरवादियों और दातांवादियों में संघर्ष चलता रहा, जो फ़रवरी में उस समय अपने चरम पर पहुंच गया, जब एबेरवादियों ने पेरिस में खाद्य-पदार्थों की अभूतपूर्व कमी के विरुद्ध जनता को विद्रोह कर देने के लिए प्रेरित करने का प्रयास किया। उन्होंने रोबेसपियैर की आलोचना करते हुए जनता से विद्रोह कर देने का आह्वान कर दिया। लेकिन पेरिस कम्यून तथा सॉ क्यूलौत्तो ने उनका समर्थन नहीं किया। अतः कमेटी के विरुद्ध विद्रोह की उनकी योजना असफल हो गई। तत्काल कमेटी ने दोनों विरोधी समूहों—एबेरवादियों तथा दातांवादियों—के विरुद्ध कार्यवाही प्रारंभ कर दी। कमेटी ने यह घोषित कर दिया कि यद्यपि दोनों समूह एक दूसरे के विरुद्ध होने का नाटक करते हैं परंतु वास्तव में दोनों गुप्त रूप से क्रांति के विरुद्ध हाथ मिलाए हुए हैं। इसके साथ ही 13-14 मार्च को एबेर, मोमोरो, रोजैं, तथा वैंसॉ को बंदी बना लिया गया। इनके साथ-साथ

इनके अनेक सहयोगियों की धर-पकड़ प्रारंभ हो गई। एक संक्षिप्त मुक़दमे के बाद 24 मार्च 1794 को उन सबको पेरिस में भुखमरी फैलाने, सम्मेलन को भंग करने तथा अन्याय के राज की पुनर्स्थापना करने के षड्यंत्र में गिलोतिन पर चढ़ा दिया गया।

एबेरवादियों के समापन से छः दिन बाद ही 30 मार्च को दातांवादियों को भी बंदी बना लिया गया। उन पर राजतंत्र की पुनर्स्थापना तथा गणतंत्र का नाश करने के षड्यंत्र का आरोप लगाया गया था। अपने ऐसे गरिमाहीन अंत से बचने के लिए दातां ने कुछ भी नहीं किया। 'सौ बार गिलोताईन होने से एक बार गिलोताईन होना अच्छा है,' कह कर दातां ने अपनी नियति को स्वीकार कर लिया था। 5 अप्रैल को अपने समर्थकों के साथ गिलोतिन पर चढ़ने के पूर्व दातां ने बधिकों से कहा था, "तुम लोग मेरा सिर जनता को दिखाओगे, वास्तव में यह दिखाने लायक होगा।"

उग्रवादी एबेरवादियों तथा उदारवादी दातांवादियों के समापन ने रोबेसपियैर एवं उसकी कमेटी को पेरिस में निरकुंश शक्तियों का स्वामी बना दिया। इसके साथ ही क्रांतिकारी सेना को भंग कर दिया गया, कम्यून को अपने समर्थकों के नेतृत्व में ले लिया गया, कार्देलियर क्लब तथा लोकप्रिय संस्थाओं को बंद घोषित कर दिया गया तथा खाद्य आयोग को भोज्य-पदार्थों की आपूर्ति के लिए पूरी तरह उत्तरदायी बना दिया गया। इस समय तक रोबेसपियैर के सभी घोषित विरोधी समाप्त हो चुके थे। राष्ट्रीय सम्मेलन में उससे भयभीत प्रतिनिधि उसका विरोध करने का साहस नहीं कर सकते थे, हालांकि, वे सभी उससे घृणा नहीं तो प्रेम भी नहीं करते थे।

रोबेसपियैर का नैतिक गणतंत्र

रोबेसपियैर फ्रांसीसी क्रांति के क्रांतिकारी सरकार का प्रमुख अभियंता और नियंता था, जिसके बारे में यह उक्ति प्रचलित थी कि उसे "भ्रष्ट नहीं किया जा सकता था"। "दि इनकरप्टिबल," रोबेसपियैर को एक षड्यंत्रकारी, महत्वाकांक्षी, परिस्थितियों का उत्पाद, क्रूर तथा सामान्य बौद्धिक क्षमताओं वाला व्यक्ति घोषित करने वालों की कमी नहीं है। लेकिन उसे महान मानवतावादी, सामाजिक न्याय का पुरोधा तथा क्रांति का प्रमुख नायक मानने वाले भी कम नहीं हैं। निःसंदेह, उसे फ्रांसीसी आम लोगों से असीम श्रद्धा तथा अपने सहयोगियों से असाधारण सम्मान भी मिला। लोग उससे अत्यंत आतंकित भी रहते थे, लेकिन उसके असाधारण गुणों

के प्रति नतमस्तक रहने के लिए भी मजबूर हो जाते थे। उसकी महत्वाकांक्षाएं उसके व्यक्तिगत लाभ-हानि के स्थान पर मानवता के हित के लिए समर्पित थीं। कम से कम वह स्वयं तो यही मानता था। वह धार्मिक-कट्टरता की सीमा तक एक जिम्मेदार प्रकार के व्यक्तित्व का स्वामी था। अपने व्यक्तिगत जीवन में वह एक एकाकी संन्यासी की भांति सादा जीवन व्यतीत करने वाला व्यक्ति था। एक उत्तेजक अथवा विद्वान वक्ता के स्थान पर रोबेसपियैर अपने प्रेरणादायक एवं सामान्य आदर्शों से प्रेरित बातों के द्वारा ही श्रोताओं को सम्मोहित कर लेता था। अन्यों की तुलना में उसकी क्रांतिकारी सामाजिक न्याय के प्रति संदेहरहित प्रतिबद्धता ने ही उसे सर्वाधिक महत्त्वपूर्ण क्रांतिकारी पात्र बना दिया था।

क्रांति के अपने उद्देश्यों को प्राप्त करने में उसकी ईमानदार कोशिशों की तुलना सेंट जॅस्ट तथा कूथो के अतिरिक्त अन्य किसी से नहीं की जा सकती थी। इन तीनों ने नैतिकता पर आधारित एक आदर्श गणतंत्र का दृष्टिकोण रूसो की रचनाओं से प्राप्त किया था। आतंक उनके लिए सामाजिक न्याय का बस एक औजार मात्र था। इनके नैतिक गणतंत्र में समृद्धि एवं नैतिकता के अंतर के लिए कोई स्थान नहीं था। जिस समाज के नागरिकों का सर्वोच्च आदर्श सामान्य इच्छा को समर्पित हो वहां अतिरिक्त समृद्धि अपराध की श्रेणी में ही आ सकता था। निःसंदेह, पृथ्वी पर स्वर्ग को निर्मित करने का स्वप्न देखने वाले उनके क्रांतिकारी नैतिक गणतंत्र जैसे साध्य को व्यावहारिक स्वरूप प्रदान करने में उनके द्वारा अपनाए गए साधन कितने उपयुक्त और प्रभावी थे, इस पर विवाद हो सकता है। लेकिन, उनके आदर्शों के प्रति उनकी प्रतिबद्धता समस्त विवादों से मुक्त थी।

एक लगभग असंभव जैसे साध्य को प्राप्त करने में उनके साधन सर्वथा असफल सिद्ध हुए थे। इस नैतिक गणतंत्र की सामाजिक एवं आर्थिक नीतियां अंततोगत्वा पूर्णरूपेण असफल सिद्ध हो गई थी। गणतंत्र की सीमाओं को यूरोप की सम्मिलित सेनाओं के आक्रमण से सुरक्षित रखने के लिए इस क्रांतिकारी सरकार ने राष्ट्र की तमाम आर्थिक गतिविधियों का राष्ट्रीयकरण कर इस क्षेत्र में आंशिक सफलता तो प्राप्त कर ली थी, लेकिन राष्ट्रीयकरण के स्वाभाविक दुष्परिणामों—असक्षमता, सरकारी भ्रष्टाचार, मिलावट, असंतुलित विकास तथा आम जनता के विस्फोटक असंतोष-से वह बच नहीं सकती थी। वह आंशिक सफलता भी उस भयावह आतंक के द्वारा प्राप्त की गई थी, जिसने सरकार के पूरे चरित्र को ही संदिग्ध एवं घृणास्पद बना दिया था।

सामाजिक न्याय को समर्पित इस सरकार के लाखों समर्थक निर्धन किसानों एवं नगरीय श्रमिकों को बस निराशा ही हाथ लगी थी। वास्तव में, इस राष्ट्रीय सम्मेलन के अधिकांश प्रतिनिधियों का एकमात्र उद्देश्य किसी भी मूल्य पर सरकार को स्थिरता प्रदान करना था, जिससे वे सत्ता में बने रहें। इसके लिए उन्हें उन समर्थ वर्गों के समर्थन की आवश्यक्ता थी, जो किसान, श्रमिक या छोटे व्यापारी नहीं हो सकते थे। सरकार को इनसे पूरी सहानुभूति थी, लेकिन वह इनके लिए कुछ भी कर पाने में असमर्थ रही। हालांकि, सरकार ने मार्च में 'वेंटोज आदेश' पारित कर भूमिहीन किसानों को राहत प्रदान करने की कोशिश की थी, लेकिन इसका वांछित लाभ उनको न मिल सका था। इन आदेशों के द्वारा घोषित देशद्रोहियों की भूमि को भूमिहीन किसानों में वितरित करने की व्यवस्था की गई थी, लेकिन इससे समस्या के समाधान हेतु आवश्यक भूमि न उपलब्ध हो पाने के कारण किसानों को कोई राहत नहीं मिल सकी थी। इसके विपरीत भूमिहीन किसानों की प्रमुख मांग कृषियोग्य वृहद भूखंडों को छोटे-छोटे लघु भूखंडों में विभाजित करने की थी, जिसे मानने का अर्थ समृद्ध कृषक वर्ग को नाराज करना था। अपनी सत्ता के स्थायित्व के लिए आग्रही राष्ट्रीय सम्मेलन के प्रतिनिधि इसे किसी भी मूल्य पर स्वीकार नहीं कर सकते थे। एक अपेक्षाकृत छोटे से वर्ग को संतुष्ट रखने की कीमत पर एक बहुत बड़े वर्ग को असंतुष्ट रखने की नीति ने उस सरकार को अपने वास्तविक एवं सच्चे समर्थकों के सहयोग से वंचित कर दिया था। इसी प्रकार इस सरकार ने एक तरफ़ कीमतों पर नियंत्रण बनाए रखने के लिए अधिकतम मूल्य अधिनियम को लागू रखने में वह प्रतिबद्धता नहीं दिखाई जो मजदूरों की मजदूरी को नियंत्रित रखने में दिखाई थी। फलस्वरूप, श्रमिक वर्गों का समर्थन भी इसे खोना पड़ गया। ग्रामीण किसानों और नगरीय श्रमिकों दोनों का वास्तविक समर्थन खोकर नैतिक गणतंत्र मध्यमवर्ग के भ्रष्टतम तत्वों के दिखावटी समर्थन पर भला कबतक टिकी रह सकती थी?

अक्तूबर 1793 से ही कैथोलिक धर्म के विरोधी क्रांतिकारी पुराने धर्म के स्थान पर देशभक्ति पर आधारित एक नया राष्ट्रीय धर्म स्थापित करने का प्रयास करने लगे थे। अक्तूबर-नवंबर में ही राष्ट्रीय सम्मेलन ने पुराने कैलेंडर के स्थान पर एक नए क्रांतिकारी कैलेंडर को स्वीकार कर लिया था।[32] इन परिशोधी क्रांतिकारियों ने इसके साथ ही एक कैथोलिक विरोधी आंदोलन प्रारंभ कर दिया। चर्चों को बंद कर विवेक के मंदिरों में परिवर्तित कर दिया गया। पादरियों को उनके पवित्र वस्त्रों से मुक्ति प्रदान कर दी गई। इसी शृंखला में 10 नवंबर को

पेरिस के *काथेध्राल द नोथ्रदाम* में विवेक का मेला भी आयोजित किया गया। रोबेसपियैर तथा उसकी कमेटी ने इन कृत्यों की भर्त्सना करते हुए इस आंदोलन पर प्रतिबंध लगा दिया। उन्हें भय था कि इससे फ्रांस के लाखों आस्थावान नागरिक गणतंत्र विरोधी हो सकते थे। इसके साथ ही धार्मिक स्वतंत्रता पर अंकुश लगाने वाले हिंसक उपायों पर भी रोक लगा दी गई। लेकिन अधिकांश चर्च बंद ही रहे तथा देशभक्ति का धर्म बढ़ता ही रहा।

नैतिक गणतंत्र के एक नवीन क्रांतिकारी समाज के निर्माण के लिए आवश्यक क्रांतिकारी सिद्धांतों तथा नैतिक विचारों के मध्य रिश्ते को रोबेसपियैर ने 7 मई 1794 के अपने उद्भाषण में पारिभाषित किया। इसी आधार पर उसने एक राष्ट्रीय-धर्म की रूपरेखा भी निर्धारित की। अंधविश्वासों, चमत्कारों तथा पादरियों के भ्रष्ट आचरण से मुक्त इस धर्म में केवल एक सर्वोच्च सत्ता में आस्था तथा आत्मा की अमरता की आधारभूत अवधारणाएं थीं। नैतिक आदर्शों को राष्ट्रीय स्वरूप प्रदान करने तथा नागरिकों के आध्यात्मिक चरित्र को परिवर्तित करने के लिए ही नियमित रूप से प्रत्येक सप्ताह में किसी न किसी एक क्रांतिकारी आदर्श—स्वतंत्रता, समता, सहृदयता, मानवता के सेवकों तथा शालीनता पर समारोहों का आयोजन करना था। इसी प्रकार क्रांति के चार महान घटनाओं—14 जुलाई 1789 को बास्तीय के पतन, 10 अगस्त 1792 को राजतंत्र के पतन, 21 जनवरी 1793 को राजा का मृत्युदंड तथा 31 मई 1793 को ज़िरोंदौं के पतन—की याद में प्रत्येक वर्ष सरकारी समारोहों का आयोजन किया जाना था। 8 जून को सभी प्रतिनिधियों, सरकारी अधिकारियों, महानतम कलाकारों तथा पेरिस के नागरिकों के समक्ष एक वक्तव्य प्रस्तुत किया गया। इसके पश्चात रोबेसपियैर के नेतृत्व में एक जुलूस *शॉ द मार्श* के मैदान तक गया, जहां सभी ने एक स्वर से गणतंत्र के प्रति आस्था की शपथ ली।

इसके दो दिन बाद 10 जून को *कमेटी ऑफ़ पब्लिक सेफ्टी* ने क्रांतिकारी न्यायाधिकरण के पुनर्गठन का निर्णय ले लिया। इसके लिए उसने *कमेटी ऑफ़ जनरल सेक्यूरिटी* के सदस्यों से कोई परामर्श भी नहीं किया था। इसके पूर्व एबेरवादियों तथा दातांवादियों के समापन के तत्काल पश्चात स्थानीय क्रांतिकारी न्यायाधिकरणों को भी भंग कर छः लोकप्रिय आयोग बनाकर केवल गंभीर प्रकार के मामलों पर ही विचार करने तथा शेष अपराधियों को मुक्त करने का आदेश दे दिया गया था। *कमेटी ऑफ़ पब्लिक सेफ्टी* के इस आदेश ने उसके प्रति संदेह की भावना को जन्म दे दिया। इसके प्रतिक्रियास्वरूप क्रांतिकारी न्यायाधिकरण

ने अपने कार्य की गति को अत्यधिक त्वरित कर दिया, मुजरिमों द्वारा अपने बचाव के समस्त वैधानिक प्रावधानों को समाप्त कर दिया, न्याय को केवल मृत्युदंड देने अथवा रिहा कर देने तक सीमित कर दिया तथा 'जनता के शत्रु' को इस प्रकार पारिभाषित कर दिया गया कि क्रांतिकारी न्यायधीकरण के चारों शाखाओं के पास मृत्युदंड प्रदान करने के अतिरिक्त और कोई विकल्प शेष ही नहीं बचा था। इसका तात्पर्य यह था कि नैतिकता के गणतंत्र का विरोध, उसकी आलोचना तथा उससे किसी भी प्रकार की असहमति मृत्युदंड प्रदान करने के लिए पर्याप्त कारण बन गए। इसके साथ ही *कमेटी ऑफ़ जनरल सेक्यूरिटी* ने षड्यंत्र एवं षड्यंत्रकारी का आरोप लगाकर समूहों में मृत्युदंड देना प्रारंभ कर 'महान आतंक' की नींव रख दी। इतने लोगों को मृत्युदंड देना प्रारंभ कर दिया गया कि 'कटे हुए सिरों की बरसात', प्रारंभ हो गई। 10 जून से 27 जुलाई के छः रक्तरंजित सप्ताहों में तेरह सौ से अधिक लोगों को गिलोतिन पर चढ़ा दिया गया था। इसके पूर्व के चौदह माह में भी न्यायाधिकरण ने इतने लोगों को मृत्युदंड नहीं दिया था।

यद्यपि, इस संस्थागत व सरकारी हत्याकांड के लिए *कमेटी ऑफ़ जनरल सेक्यूरिटी* उत्तरदाई थी, जिसने *कमेटी ऑफ़ पब्लिक सेफ़्टी* द्वारा अपने अधिकारों को कम करने के संदेह की प्रतिक्रिया में इस आतंक को अंजाम दिया था, लेकिन रोबेसपियैर द्वारा इसे रोक न पाने अथवा रोकने का प्रयास न करने के कारण उसे ही इस खूनी आतंक के लिए उत्तरदाई माना गया। रोबेसपियैर से असंतुष्ट *कमेटी ऑफ़ जनरल सेक्यूरिटी* तथा राष्ट्रीय सम्मेलन के विरोधी प्रतिनिधियों को एक ऐसा स्वर्णिम अवसर प्राप्त हो गया था, जिसे छोड़ने के लिए कोई राजी नहीं था। इसके पूर्व वे सभी *कमेटी ऑफ़ पब्लिक सेफ्टी* का सम्मिलित रूप से विरोध करते थे, लेकिन अब उन्होंने अकेले रोबेसपियैर के विरोध की रणनीति बना ली थी।

रोबेसपियैर ने राष्ट्रीय सम्मेलन में 10 जून के अधिनियम को सही ठहराने का प्रयास किया पर उसके संसदीय निरापदता को समाप्त करने पर तुले प्रतिनिधियों ने उसकी एक न सुनी। उनकी दलील थी कि उस समय क्रांतिकारी आतंक की कोई आवश्यकता नहीं थी। देश खतरे से बाहर आ चुका था। पुनर्गठित क्रांतिकारी सेना विजय पर विजय प्राप्त करती जा रही थी। 24 जून 1794 को फ्लर की जीत ने आस्ट्रियाई नीदरलैंड पर पुनः अधिकार कर लेने का मार्ग प्रशस्त कर दिया था। स्थानीय प्रशासन पर मध्यमवर्गीय क्रांतिकारियों का वर्चस्व स्थापित हो चुका था, जो क्रांतिकारी आतंक के घोर विरोधी थे। रोबेसपियैर का घोर समर्थक निर्धन

कृषक, श्रमिक वर्ग तथा सॉ क्यूलौत्त भी, जिन्हें उसके सामाजिक एवं आर्थिक नीतियों का लाभ न मिल सका था, अब उसके आलोचक बन चुके थे। इस अवसर पर उसके सभी विरोधियों ने उसके विरुद्ध हाथ मिला लिया था।

स्वयं *कमेटी ऑफ़ पब्लिक सेफ्टी* के अधिकांश सदस्य उसके विरोधी बन चुके थे। अंत तक उसका साथ देने वाले सेंट जॅस्ट[33] तथा कूथो के अतिरिक्त शेष सभी या तो उसके विरोधी बन चुके थे या फिर निरपेक्ष हो गए थे। कोलो तथा बीलो वारेन्न उसके धुर विरोधी थे, और बारेरे, कारनो तथा लिंदे ने उसका साथ छोड़ दिया था। पिछले नवंबर में प्रांतों से वापस बुला लिए गए प्रतिनिधि आयुक्त भी अपना हिसाब बराबर करने के लिए तत्पर थे।

अपने प्रति बन चुके इस चहुंमुखी शत्रुवत् माहौल में भी रोबेसपियैर ने धैर्य और साहस नहीं खोया था। 26 जुलाई 1794 को उसने राष्ट्रीय सम्मेलन को संबोधित कर दोनों कमेटियों को पुनर्गठित करने का आश्वासन दे दिया। अपने इस संबोधन में वह अपनी जिम्मेदारियों एवं निस्वार्थ नीतियों पर बल प्रदान कर संतुष्ट हो गया। जिस संबोधन को वह अपनी जीत समझ रहा था, वास्तव में, वही उसकी पराजय का प्रस्थान बिंदु बन गया। उसके संबोधन में उसके भ्रष्ट विरोधियों के लिए कोई संभावना नहीं छोड़ी गई थी। पुनर्गठित दोनों कमेटियों के संभावित सदस्यों में उसके विरोधियों के लिए कोई उम्मीद की किरण शेष नहीं बची थी। उसी रात रोबेसपियैर के सभी विरोधियों ने, समस्त भेदभाव भुलाकर, उसे समाप्त करने की योजना तैयार कर ली थी।

अगले दिन 27 जुलाई को राष्ट्रीय सम्मेलन पूरी तरह उसके षड्यंत्रकारी विरोधियों के नियंत्रण में आ चुका था। रोबेसपियैर के विरुद्ध धिक्कार प्रस्ताव पारित कर दिया गया। षड्यंत्रकारियों के विरुद्ध तैयार सेंट जॅस्ट का विरोध प्रस्ताव उसे पढ़ने ही नहीं दिया गया। रोबेसपियैर को बोलने का अवसर भी नहीं प्रदान किया गया। उसी दिन अपराह्न में रोबेसपियैर, उसके भाई, कूथो, सेंट जॅस्ट तथा ल बॉ को बंदी बनाकर नगर के विभिन्न कारावासों में पहुंचा दिया गया। तत्काल उनके समर्थक कम्यून ने उन्हें मुक्त कराने के बाद राष्ट्रीय सम्मेलन के विरुद्ध विद्रोह कर दिया। इसी मध्य, क्रांतिकारी न्यायाधिकरण ने उसे और उसके साथियों को अपराधी घोषित कर दिया था। यह ज्ञात होते ही उसने *होटल द विले* में एकत्रित विद्रोहियों के साथ मिलकर शस्त्र जमा करने की अपील कर दी। परंतु, अब तक बहुत विलंब हो चुका था। उसके विरोधी अपने षड्यंत्र को अंजाम तक पहुंचाने में सफल हो चुके थे। अगले दिन, 28 जुलाई को प्रातः काल ही राष्ट्रीय

सम्मेलन के सुरक्षा बलों ने *होटल द विले* पर हमला कर दिया। रोबेसपियैर ने स्वयं को गोली मार देने का असफल प्रयास किया। गोली ने उसके जबड़े को तोड़ दिया था, लेकिन वह स्वयं बच गया था। उसे, सेंट जस्ट, कूथों तथा उसके भाई को बंदी बना लिया गया। उसी दिन सायंकाल उसके सहित बाईस लोगों को गिलोतिन पर चढ़ा दिया गया। आगामी सप्ताह में उसके अन्य अनेक समर्थकों को भी गिलोतिन पर ही मृत्युदंड दे दिया गया। रोबेसपियैर के आतंक राज से भयभीत लोगों ने राहत की सांस ली। परंतु, यह राहत अस्थायी सिद्ध हुई।

7

पटाक्षेप
(28 जुलाई 1794 - 27 अक्तूबर 1795)

1789 की फ्रांसीसी क्रांति का पटाक्षेप रोबेसपियैर के पतन के साथ ही हो गया था। इस क्रांति के इन सर्वाधिक उद्वेलित वर्षों में वैचारिक, वैधानिक एवं संवैधानिक संघर्षों के साथ-साथ असीम रक्तपात भी हुआ था लेकिन इसका इतिहास बिना इसके सकारात्मक उपलब्धियों को रेखांकित किए अपूर्ण ही रहेगा। स्वतंत्रता, समता और भाईचारावाद के शाश्वत मूल्यों की स्थापना के अतिरिक्त इसने राजतंत्र के स्थान पर लोकतंत्र, मानवाधिकारों, धर्मनिरपेक्ष राज्य तथा नागरिकों के अधिकारों से भी मानव जगत को परिचित करा दिया था। इसने केवल फ्रांसीसी गणतंत्र को राजतंत्रवादी यूरोप के शत्रु देशों से बचाया ही नहीं बल्कि उन तमाम मूल्यों को भी स्थापित किया, जिनके बिना विश्व में लोकतंत्र का इतिहास लिखा ही नहीं जा सकता था।

संविधानसभा द्वारा 4 अगस्त को समाप्त घोषित किए गए सामंती युग का विनाश अंतिम रूप से राष्ट्रीय सम्मेलन ने ही किया था। ज़ीरोंदों के पतन के बाद जैकोबिनों ने 17 जुलाई 1793 को बिना किसी मुआवज़े के सभी सामंती अधिकारों को समाप्त कर दिया था। आगामी तीन महीनों तक सभी सामंती उपाधियों को प्रत्येक नगरपालिका में सार्वजनिक रूप से जलाया गया था। ऐसा नहीं है कि यह सामंती प्रथा अनंतकाल तक चलने वाली थी, लेकिन, निःसंदेह, फ्रांसीसी कृषकों को यूरोप के अन्य देशों की तुलना में बहुत पहले इस अमानवीय प्रथा से मुक्ति मिल गई थी। वैसे भी पूरे यूरोप में इस प्रथा के समापन में फ्रांसीसी क्रांति के उदाहरण ने कुछ कम भूमिका नहीं अदा की थी।

राष्ट्रीय सम्मेलन द्वारा विदेशों को पलायन कर गए आप्रवासियों, पादरियों तथा प्रतिक्रांतिकारियों की भूमि को सार्वजनिक रूप से बिक्री करने के निर्णय का परिणाम भी कुछ कम महत्त्वपूर्ण नहीं सिद्ध हुआ। जून तथा जुलाई 1793 में राष्ट्रीय सम्मेलन ने इस प्रकार प्राप्त भूमि को छोटे-छोटे टुकड़ों में विभाजित कर कृषकों को प्रोत्साहित किया था कि वे उन्हें दस वर्षों के आसान किश्तों पर ख़रीद लें। हालांकि, सार्वजनिक भूमि के बिक्री से लाभान्वित होने वाले सभी मात्र निर्धन कृषक नहीं थे। अधिकांशतः इसका लाभ मध्यमवर्गीय किसानों को ही मिल गया था। इस क्रांति ने भूमि को मुक्ति तो प्रदान कर दी थी लेकिन निर्धन किसानों की समस्या अभी भी समाप्त नहीं हो सकी थी। निर्धन कृषक वर्ग बँटाई पद्धति का वैधानिक समापन तथा बड़ी जागीरों का विघटन चाहता था, जो उसे इस क्रांति से नहीं मिल सका था। 1789 से 1795 के मध्य की इस क्रांति से उनकी कठिनाइयां समाप्त तो नहीं हो सकीं थी, लेकिन कम अवश्य हो गई थीं।

क्रांति पूर्व चुनावों के दौरान काइए द दोलेऑस में सम्मिलित प्रमुख मांगों में पूरे फ्रांस के लिए एक विधि संहिता की मांग भी थी। 1793 तक अधिकांश स्थानीय और सामंती अधिनियम समाप्त कर दिए गए थे, तथा उत्तराधिकार, विवाह, तलाक, ग्रामीण संपत्ति, नागरिक पंजिका तथा गिरवी नियमों के लिए एक संहिता का निर्माण अवश्य हो गया था; लेकिन पूरी तरह से पूर्ण एक विधि संहिता का निर्माण क्रांति के बाद नेपोलियन बोनापार्ट के शासनकाल में ही हो सका था। क्रांति पूर्व युग की एक आवश्यकता पूरे फ्रांस में नाप-जोख के लिए एक आधार निर्धारित करना भी था। क्रांतिकालीन प्रथम दो सभाओं ने विज्ञान अकादमी की सहायता से मीटर और दशमलव पद्धति को पूरे गणतंत्र के लिए स्वीकार कर लिया था। क्रांतिकालीन यह महत्त्वपूर्ण उपलब्धि तभी से आज तक जारी है। क्रांति की महत्त्वपूर्ण उपलब्धियों में फ्रांसीसी भाषा का राष्ट्रीयकरण करना भी सम्मिलित है। क्रांति पूर्व के फ्रांस में तमाम स्थानीय बोलियां तथा विदेशी भाषाएं—इटैलियन, जर्मन तथा स्पेनी—आदि प्रचलित थीं। राष्ट्रीय सम्मेलन ने कड़े उपायों को अपना कर फ्रांसीसी भाषा को पूरे गणतंत्र की भाषा बनाने में सफलता प्राप्त कर ली थी। इसी क्रांति के दौरान ही 1791 के संविधान द्वारा निःशुल्क सार्वजनिक प्राथमिक शिक्षा तथा सार्वजनिक विद्यालय की व्यवस्थाओं की नींव भी डाली गई थी। अक्तूबर 1795 में माध्यमिक और केंद्रीय विद्यालयों की व्यवस्था प्रारंभ कर दी गई थी। उच्च शिक्षा के क्षेत्र में

इस क्रांति ने क्रांतिकारी उपलब्धियां अर्जित की थीं। इसी दौर में पॉलिटेक्निक विद्यालय, पूर्वी भाषाओं का विद्यालय, प्राकृतिक इतिहास का संग्रहालय, औद्योगिक विद्यालय एवं संग्रहालय, तीन चिकित्सा विद्यालय, विज्ञान, साहित्य, राजनीति एवं कला के क्षेत्र में उच्च स्तरीय ज्ञान प्रदान करने के लिए एक राष्ट्रीय संस्था, राष्ट्रीय पुस्तकालय, राष्ट्रीय अभिलेखागार, मूर्तिकला का संग्रहालय तथा लुव्र का सुप्रसिद्ध संग्रहालय आदि की स्थापना भी की गई थी।

निःसंदेह, क्रांति के इस दौर में तमाम अनुत्तरदाई व्यक्तियों एवं उन्मादी भीड़ ने फ्रांस के तमाम महत्त्वपूर्ण एवं ऐतिहासिक सांस्कृतिक धरोहरों का विनाश भी कर दिया था, लेकिन संविधानसभा तथा राष्ट्रीय सम्मेलन ने इनकी सुरक्षा करने के उपायों में कोई कमी न रखकर अधिकांश सांस्कृतिक धरोहरों को बचाने में भी सफल रहे थे। कला, साहित्य, दर्शन तथा विज्ञान के क्षेत्र में इस दौर की व्यक्तिगत उपलब्धियां असीमित थीं। प्राचीन कुरीतियों, प्रथाओं एवं विश्वासों से मानव को मुक्त कराने वाली जिस बौद्धिक उर्जा का विस्फोट इस क्रांति ने किया था, उसका मूल्यांकन लगभग असंभव है। विशेषकर क्रांतिकालीन, 1792 से 1795 के, उन परिस्थितियों में जब पूरा फ्रांस विदेशी युद्धों, गृहयुद्धों, तानाशाहियों, खाद्य पदार्थों की अभूतपूर्व कमियों तथा राजनैतिक कत्लेआमों के दौर से गुज़र रहा था, इस प्रकार की बौद्धिक एवं सांस्कृतिक उपलब्धियों की परिकल्पना कर पाना भी दुष्कर है।

फ्रांसीसी क्रांति की उपरोक्त उपलब्धियों के बाद भी रोबेसपियैर के पतन के साथ ही फ्रांसीसी क्रांति का पतन भी प्रारंभ हो गया। फ्रांस के राज्यपटल पर रोबेसपियैर के पतन तथा नेपोलियन बोनापार्ट के आगमन के मध्य किसी एक व्यक्ति का व्यक्तित्व इतना गरिमामय नहीं हुआ, जिसके प्रभामंडल की छत्रछाया में इस दौर की घटनाओं को दिशा-निर्देशन प्राप्त हो सकता। फलस्वरूप, इस संधिकाल का निर्माण घटनाओं और जनमत के दबाव में ही हो सका। क्रांतिकारी कैलेंडर के अनुसार 9वें तथा 10वें थर्मिडॉर (27-28 जुलाई) के दिन रोबेसपियैर का पतन हुआ था, अतः इसे थर्मीडोरियन प्रतिक्रिया का दौर भी कहा गया। इस संधिकाल का मूल चरित्र आतंक और उसके नियंता आतंकवादियों तथा उसके आतंकवादी कानूनों से रचनात्मक मुक्ति पाना था।

फ्रांसीसी राज्यपटल से रोबेसपियैर के अदृश्य होते ही उसका तथा उसके नैतिक गणतंत्र का आतंक भी अदृश्य हो गया। अभिव्यक्ति की स्वतंत्रता पर

लगा अंकुश समाप्त होते ही आतंक के दौर तथा उसके नियंताओं द्वारा निर्मित आतंक की आलोचनाओं का दौर प्रारंभ हो गया। इस प्रारंभिक दौर की समस्त आलोचनाओं का केंद्र रोबेसपियैर बन चुका था, जिसे समस्त क्रूरताओं और हत्याकांडों के जनक और स्रोत के रूप में चित्रित करने की होड़ लग चुकी थी। उसका तथा उसकी नीतियों का किसी भी रूप में समर्थन करने वाले घोर अपराधी घोषित कर दिए गए। आतंक का व्यवस्थित गतिशीलता से समापन तथा आतंक के लिए उत्तरदाई कानूनों, संस्थाओं एवं व्यक्तियों का उन्मूलन जैसे दो प्रमुख कार्यों पर तत्परतापूर्वक कार्यवाही प्रारंभ हो गई।

आतंक का उन्मूलन करने वाले थर्मिडोरियनों ने सबसे पहले अतीव केंद्रित हो चुके प्रशासन का विकेंद्रीकरण प्रारंभ कर दिया। *कमेटी ऑफ़ पब्लिक सेफ्टी* के सदस्यों को बदल कर उसे कूटनीति एवं युद्ध का संचालन करने तक सीमित कर दिया गया। क्रांतिकारी न्यायाधिकरण के सदस्यों को भी बदल दिया गया। प्रशासन का पूर्ण विकेंद्रीकरण करने के लिए सोलह समितियों का निर्माण कर कार्यों का विभाजन कर दिया गया। पेरिस कम्यून, स्थानीय क्रांतिकारी समितियां तथा जैकोबिन क्लबों को समाप्त घोषित कर राष्ट्रीय सम्मेलन के विभिन्न आयोगों के हवाले कर दिया गया। 12 नवंबर 1794 को मध्यमवर्गीय उग्र युवाओं के एक दल *दि गिल्डेड यूथ* द्वारा पेरिस में स्थित जैकोबिन क्लब के मुख्यालय पर हमले के बाद उसे बंद कर दिया गया। इस प्रकार सुप्रसिद्ध जैकोबिन क्लब इतिहास के पन्नों तक सिमट कर रह गया। वेंटोस आदेशों, 22वें प्रेरियल का अधिनियम, *लॉ ऑफ़ सस्पेक्ट्स* तथा *लॉ ऑफ़ मैक्सिमम* जैसे क्रांतिकारी कानूनों को निरस्त कर दिया गया।

प्रतिक्रांति के इस दौर में आतंक युग के घोषित अपराधियों को मुक्ति तथा उस युग के संचालकों को सजा देने का जो दौर प्रारंभ हुआ, उसमें कारिए तथा तैंवील को मृत्युदंड दे दिया गया तथा बारेरे, बीलो वारेन्न, कोलो द एरब्बा एवं वादिए के अपराधों की जांच के लिए दिसंबर 1794 में एक आयोग की नियुक्ति कर दी गई। आतंक युग में बंदी बनाए गए हज़ारों नागरिक मुक्त कर दिए गए। इस दौर में बंदी बनाए गए तिहत्तर ज़ीरोंदों को राष्ट्रीय सम्मेलन ने भारी विरोध के बाद भी मुक्त कर दिया, जिन्होंने दिसंबर 1794 में एकबार पुनः सम्मेलन की सदस्यता ग्रहण कर ली। इसके पश्चात उन ज़ीरोंदैं प्रतिनिधियों को भी राष्ट्रीय सम्मेलन की सदस्यता प्रदान कर दी गई, जो 2 जून 1793 के बाद पेरिस से

पलायन कर फरारी जीवन व्यतीत कर रहे थे। इनमें से अधिकांश सदस्य बदले की भावना से उत्तेजित होकर प्लेन एवं थर्मिडोरियन सदस्यों से मिल गए थे, जिसके कारण राष्ट्रीय सम्मेलन में प्रतिक्रांतिकारियों का बहुमत हो गया था। राष्ट्रीय सम्मेलन के प्रतिक्रांतिकारियों का आदर्श उद्देश्य संवैधानिक गणतंत्र की स्थापना करना था।

स्वतंत्र चिंतक होने के कारण थर्मिडोरियन कैथोलिक धर्म की पुनर्स्थापना के पक्षधर नहीं थे। वे देशप्रेम के धर्म की नीति को जारी रखना चाहते थे। यही कारण है कि 18 सितंबर 1794 के आदेश ने चर्च और राज्य के विभाजन को स्वीकार नहीं किया था, तथा सर्वोच्च सत्ता की आधिकारिक आराधना को चुनौती देने वाले प्रत्येक प्रकार के अन्य पंथों के अस्तित्व को मान्यता नहीं प्रदान किया था। नई व्यवस्था में संवैधानिक या असंवैधानिक किसी भी पादरी को संरक्षण नहीं दिया गया तथा कैथोलिक विरोधी नीतियां जारी रहीं। क्रांतिकारी कैलेंडर तथा नागरिक उत्सवों को जारी रखा गया। रोबेसपियैर के राष्ट्रीय-धर्म पर आधारित संगठन को भी जारी रखने का प्रयास किया गया, परंतु कैथोलिक धर्म का दमन करने वाले समस्त प्रयास न केवल असफल सिद्ध हुए बल्कि शीघ्र ही कैथोलिकवाद का पुनर्जागरण तीव्रता से प्रारंभ हो गया। राष्ट्रीय सम्मेलन द्वारा धार्मिक स्वतंत्रता को मान्यता देने के साथ ही पूरे फ्रांस में धार्मिक उत्साह की जो लहर आई उसमें चर्चों को बंद रखना संभव नहीं रह गया। बंद कर दिए गए चर्च धीरे-धीरे खुलने लगे और फ्रांस से पलायन कर गए गैर-संवैधानिक पादरी भी वापस आने लगे।

थर्मिडोरियन प्रतिक्रांति के इस दौर में पेरिस दो स्पष्ट समूहों में विभाजित हो गया था। एक तरफ़ पेरिस के मुलम्मायुक्त युवा (गिल्डेड यूथ) थे, जो समृद्धिशाली और प्रभुत्व वर्ग का प्रतिनिधित्व कर रहे थे, तो दूसरी तरफ़ निर्धन वर्गों का प्रतिनिधित्व करने वाले जैकोबिन और उनके समर्थक थे। इन दोनों के मध्य पेरिस की गलियों तथा कूचों में चलने वाला संघर्ष एक आम बात हो चुकी थी। आधुनिकतम कपड़ों में सजे मुल्लमायुक्त युवा मुगदरों से लैस होकर जैकोबिनों को देखते ही उन पर हमला कर देते थे। उन्हें आतंक युग के बंदियों, मृत्युदंड पाए नागरिकों की विधवाओं एवं बच्चों, क्षमाप्राप्त आतंकवादियों तथा युद्धकालीन अमीरों का समर्थन प्राप्त था। नाट्य-शालाओं में आतंक युग की आलोचना, जैकोबिन पत्र-पत्रिकाओं के छापाखानों पर हमला तथा मॉरा की मूर्तियों को तोड़ना रोजमर्रे की बात हो चुकी थी। इसके उत्तर में राष्ट्रीय सम्मेलन में बचे-खुचे जैकोबिन

(मोंतांञनार) सदस्य और उनके समर्थक प्रतिक्रांति की आलोचना तथा एक दूसरे का बचाव करने के साथ-साथ क्रांतियुगीन उपलब्धियों का वर्णन करने का प्रयास करते थे।

उसी समय 1794-95 के कड़े शीतकाल ने पेरिस सहित पूरे फ्रांस में अनाजों की आपूर्ति को बुरी तरह प्रभावित कर दिया। अधिकतम के अधिनियम (लॉ ऑफ़ मैक्सिमम) के निरस्तीकरण तथा निजी व्यापार की छूट ने भी इस आपूर्ति को बाधित करने में प्रमुख भूमिका निभाई थी। मुद्रा के अभूतपूर्व अवमूल्यन के कारण आवश्यक खाद्य-पदार्थों के मूल्य आसमान छूने लगे थे। 1790 की तुलना में मार्च 1795 में आटे का मूल्य सौ गुना तथा शक्कर का सत्तर गुना पहुंच चुका था। मूल्यवृद्धि से मरने वालों तथा आत्महत्या करने वालों की संख्या दिनों-दिन बढ़ती ही जा रही थी। सरकार कुछ भी कर पाने में स्वयं को असमर्थ पा रही थी। पीड़ित जनता अमीरों एवं सरकार को दोषी मान रही थी, तथा क्रांति के दौर को याद करने लगी थी।

आर्थिक संकट के इसी दौर में राष्ट्रीय-सम्मेलन ने मार्च 1795 में *कमेटी ऑफ़ पब्लिक सेफ्टी* के चार सदस्यों पर मुक़दमा चलाना प्रारंभ कर दिया। बारेरे, बीलो वारेन्न, कोलो तथा वादिए पर बदले की भावना से नौ दिनों तक चलाए जाने वाले मुक़दमों से लोगों का धैर्य चूकने लगा था। बारहवें जर्मिनल (1 अप्रैल 1795) को थर्मिडोरियनों से नाराज महिलाओं और बच्चों की एक भीड़ ने राष्ट्रीय सम्मेलन पर हमला कर दिया। वह भीड़ 'रोटी', '1793 के संविधान', तथा 'देशभक्तों की मुक्ति' का नारा लगा रही थी। इस भीड़ को तितर-बितर करने में सरकार को कोई कठिनाई नहीं हुई। दोनों पक्षों में कोई भी हताहत नहीं हुआ। परंतु, इसी हमले को बहाना बनाकर थर्मिडोरियनों ने उन बंदी बनाए गए कमेटी के चारों सदस्यों को, जिनपर मुक़दमा चलाया जा रहा था, निर्वासित कर दिया तथा राष्ट्रीय सम्मेलन में हमलावर भीड़ के समर्थक जैकोबिन प्रतिनिधियों को बंदी बना लिया।

राष्ट्रीय सम्मेलन पर इस हमले के पूरी तरह असफल हो जाने के बाद भी आर्थिक संकट से जूझ रहे लोगों का आक्रोश समाप्त नहीं हुआ। पेरिस का मजदूर वर्ग रोबेसपियैर के पतन पर खेद व्यक्त करने लगा था। उसी समय राष्ट्रीय सम्मेलन ने आतंक युग में जब्त की गई संपत्ति को वापस करने का एक आदेश पारित कर दिया। इस आदेश से आवेशित मजदूरों को जब यह पता चला कि राष्ट्रीय

सम्मेलन 1793 के संविधान को बनाए रखने या संशोधित करने के पक्ष में नहीं रह गई थी, उन्होंने विद्रोह कर दिया। पहले प्रेरियल (20 मई 1795) को पेरिस के मजदूरों एवं महिलाओं ने राष्ट्रीय सम्मेलन पर एक बार फिर हमला कर दिया। इस हमले में राष्ट्रीय सम्मेलन का सभागार एक युद्धभूमि बन गया था। हमलावर मजदूर एकबार फिर '1793 के संविधान', 'देशभक्तों की मुक्ति', तथा 'रोटी' की मांग कर रहे थे। कुछ घंटों के युद्ध तथा एक प्रतिनिधि की हत्या के बाद हमलावर मजदूरों की सहायता से सभागार में शेष बचे चंद मोंतांञनार (जैकोबिन समर्थक) प्रतिनिधियों ने मजदूरों की सभी मांगों को मानने की घोषणा कर दी तथा एक अस्थायी सरकार भी बना ली। परंतु, हमलावरों की यह जीत क्षणिक ही सिद्ध हुई, क्योंकि उन्हें सैनिकों का समर्थन नहीं प्राप्त हो सका था। उसी रात, राष्ट्रीय-सुरक्षा बलों की सहायता से थर्मिडोरियनों ने राष्ट्रीय सम्मेलन पर पुनः अधिकार कर मांटेगनार्ड प्रतिनिधियों को बंदी बना लिया तथा उनमें से छः को मृत्युदंड दे दिया गया। आगामी तीन दिनों में सभी विद्रोहियों और उनके समर्थकों का दमन कर दिया गया। सैकड़ों विद्रोहियों को मृत्यु के घाट उतार दिया गया। क्रांतिकारियों के इस अंतिम प्रयास की असफलता के बाद राष्ट्रीय सम्मेलन ने 'क्रांति' शब्द के प्रयोग पर ही प्रतिबंध लगा दिया। इसके साथ ही फ्रांसीसी क्रांति की आत्मा का ही अवसान हो गया। न क्रांतिकारी नेता शेष बचे थे, न क्रांतिकारी क्लब। 1793 के संविधान को निरस्त कर दिया गया और चर्चों को खोलने की अनुमति दे दी गई।

क्रांति के इतिश्री के साथ ही 'लाल आतंक' के स्थान पर 'श्वेत आतंक' का दौर प्रारंभ हो गया। अपने आप को 'सूर्य की टोली' (कंपनी ऑफ़ सॅन) या 'जीसॅस की टोली' कहने वाले ये प्रतिक्रांतिकारी राजतंत्र समर्थक वे आप्रवासी कैथोलिक नागरिक थे, जो जैकोबिनों एवं क्रांति के भय से विदेशों में पलायन कर गए थे। वे ही अब पूरे फ्रांस के कारावासों में दंड की प्रतीक्षा कर रहे जैकोबिनों की तथा क्रांति का विरोध न करने वाले नागरिकों की हत्या कर रहे थे। 'श्वेत आतंक' के इस दौर ने फ्रांस में राजतंत्र की स्थापना ही कर ली होती यदि राष्ट्रीय सम्मेलन ने विदेशी शक्तियों के साथ शांति वार्तालाप न प्रारंभ कर दिया होता।

25 जून 1794 को 'फ्लर' के युद्ध में विजय प्राप्त करने के बाद से ही फ्रांसीसी सेनाओं ने आस्ट्रियाई नीदरलैंड के विरुद्ध अपना दूसरा विजय अभियान प्रारंभ कर दिया था। जनवरी 1795 तक फ्रांस विरोधी मोर्चे के पास रॉइन प्रांत

में लग्जेमबर्ग के अतिरिक्त और कोई महत्त्वपूर्ण नगर शेष नहीं बचा था। मेंज तथा मान्नएम पर भी क्रांस ने अधिकार कर लिया था। फ्रांसीसी सेनाएं अमस्टर्डम तक पहुंच चुकी थीं। डच नगरों ने हमलावर फ्रांसीसी सेना के लिए अपने दरवाजे खोल दिए थे। डच स्टैडहोल्डर इंग्लैंड पलायन कर गया था और इस्टेट जनरल ने स्वयं को भंग कर दिया था। रॉइन नदी का वाम तट लगभग पूरी तरह फ्रांसीसी अधिकार में आ चुका था। इन विजय अभियानों ने फ्रांसीसी उत्पादकों एवं व्यापारियों को उत्साह से भर दिया था और प्रथम फ्रांस विरोधी मोर्चे को सैन्य रूप से निर्बल कर दिया था। इस नई स्थिति से मजबूर होकर प्रसिया ने 1794 में ही संधि की मांग प्रारंभ कर दी थी। पोलैंड में अपने हितों की रक्षा करने के लिए आवश्यक था कि प्रसिया तत्काल फ्रांस से युद्ध बंद कर दे। फ्रेडरिक विलियम ने यही किया। उसने फ्रांस के साथ 5 अप्रैल 1795 को बेसल की संधि कर ली। इसके साथ ही फ्रांस और हालैंड के मध्य भी संधि का मार्ग खुल गया और 16 मई 1795 को दोनों के मध्य हेग की संधि हो गई। मार्च 1795 में एक गुप्त समझौते के द्वारा तुसकैनी के साथ भी शत्रुता समाप्त कर दी गई। 22 जुलाई 1795 को स्पेन के साथ भी फ्रांस की संधि हो गई। इन संधियों ने फ्रांसीसी गणतंत्र की गरिमा को चार चांद लगा दिया था। लेकिन, आस्ट्रिया और इंग्लैंड ने अभी भी हार नहीं मानी थी।

प्रथम फ्रांस विरोधी मोर्चे के टूटने और चार-चार शत्रु देशों के साथ संपादित संधियों ने राजतंत्रवादियों की उम्मीदों पर पानी फेर दिया। उग्रवादी जैकोबिन पहले ही पराजित हो चुके थे। धुर-दक्षिणपंथियों तथा धुर-वामपंथियों की पराजय ने थर्मिडोरियनों को एक नया संविधान बनाने के लिए प्रेरित कर दिया।

इस प्रकार अगस्त 1795 में 1793 के संविधान के स्थान पर एक नया संविधान स्वीकार कर लिया गया, जिसे तीसरे वर्ष का संविधान कहा गया। नए संविधान में भी नागरिकों के अधिकारों को मान्यता दी गई थी, लेकिन इसमें विद्रोह के अधिकार के स्थान पर कर्त्तव्यों को अधिक महत्ता प्रदान किया गया था। विधायिका को वरिष्ठों के परिषद् (कौंसिल ऑफ़ एंसियंट्स) एवं पांच सौ के परिषद (कौंसिल ऑफ़ फॉइव हंड्रेड) में विभाजित कर द्विसदनी व्यवस्था स्वीकार कर ली गई थी। दो सौ पचास सदस्यों वाले वरिष्ठों की परिषद में निर्वाचन की आयु सीमा चालीस वर्ष और पांच सौ के परिषद् में तीस वर्ष रखी गई थी। आगामी चुनाव अठारह माह बाद 1797 में तथा उसके बाद प्रत्येक वर्ष होने थे। इसी

दो सदन वाले विधायिका के द्वारा कार्यपालिका का चुनाव किया जाना था। इसके लिए पांच सौ के परिषद द्वारा नामांकित सदस्यों में से वरिष्ठों के परिषद् द्वारा एक बोर्ड का चयन किया जाना था। डायरेक्टरों के इस बोर्ड का सदस्य बनने के लिए चालीस वर्ष की न्यूनतम आयु आवश्यक थी तथा प्रत्येक वर्ष एक डायरेक्टर को सेवा-निवृत्त हो जाना था। इन डायरेक्टरों का विधायिका एवं वित्त पर कोई नियंत्रण नहीं रहना था, लेकिन कोई भी परिषद् उन्हें बरखास्त भी नहीं कर सकती थी। मंत्रियों, राजदूतों, सेनाधिकारियों, कर-अधिकारियों आदि को नियुक्त करने का अधिकार इन्हीं डायरेक्टरों के ही पास था। जहां तक स्थानीय प्रशासन एवं न्यायपालिका का प्रश्न था, ज़िलों को निरस्त करने के अतिरिक्त अन्य कोई विशेष परिवर्तन नहीं किया गया तथा 1791 के संविधान को ही आधारभूत रूप से स्वीकार कर लिया गया था।

प्रथम चुनावों के पूर्व प्रतिनिधियों ने अनेक अनुपूरक आदेश पारित कर दिए थे। इन्हीं में से एक 'दो-तिहाई आदेश' के अनुसार राष्ट्रीय सम्मेलन के कुल सदस्यों में से पांच सौ (लगभग दो तिहाई) को परिषद् के लिए चुनना था। इन पांच सौ पुराने सदस्यों को ही निर्वाचक सभाओं द्वारा पुनर्निवाचित किया जाना था। यदि इस प्रकार इनकी संख्या पूरी नहीं होती तो शेष को राष्ट्रीय सम्मेलन के ही प्रतिनिधियों में से नामांकित किया जाना था। इन आदेशों को जनता ने स्वीकार नहीं किया, क्योंकि यह पूरी तरह स्पष्ट था कि प्रतिनिधि अनिश्चित काल के लिए सत्ता में बने रहना चाहते थे। यद्यपि, जनमत सग्रंह में संविधान को बहुमत से स्वीकार कर लिया गया था, परंतु 'दो-तिहाई आदेशों' को आवश्यक समर्थन नहीं प्राप्त हुआ था। लेकिन, सेना एवं नौसेना के मतों की सहायता से संविधान एवं अनुपूरक आदेशों को मान्यता प्राप्त हो गई। इस आधार पर इन चुनावों को चौथे वर्ष के 20वें वेंडीमियर को (12 अक्तूबर 1795) संपन्न होना था।

पेरिस के लगभग सभी वार्डो ने अनुपूरक आदेशों को अस्वीकार कर दिया था। यह असंतुष्ट वर्ग पूरी तरह राजतंत्रवादी तो नहीं था, लेकिन क्रांति विरोधी अवश्य था। इसने राष्ट्रीय सम्मेलन के अवैधानिक आदेशों के विरुद्ध लोगों को उत्प्रेरित कर एक विद्रोही समिति का गठन कर लिया तथा प्रभुसत्ता संपन्न जनता के नाम पर राष्ट्रीय सम्मेलन के अधिकारों को चुनौती दे दिया। 13वें वेंडीमियर (5 अक्तूबर 1795) के दिन इसने राष्ट्रीय सम्मेलन के सभा स्थल *त्यूलरी* पर बीस से पच्चीस हज़ार लोगों के साथ हमला कर दिया। हालांकि, राष्ट्रीय सम्मेलन के

पास इनका सामना करने के लिए केवल चार हज़ार सैनिक थे, परंतु उन्होंने हमलावरों को पराजित कर दिया। हमलावरों की इतनी बड़ी संख्या को पराजित करने का श्रेय सैनिकों के सहायक सेनाधिकारी नेपोलियन बोनापार्ट को मिला था, जिसने अपनी असाधारण सामरिक नीतियों का प्रयोग कर संख्या में अत्यधिक न्यून सैनिकों के बल पर ही *त्यूलरी* की रक्षा कर ली थी। उसकी इस उपलब्धि ने ही उसके लिए यश एवं शक्ति अर्जित करने का मार्ग सुलभ कर दिया था।

कानून व्यवस्था पर नियंत्रण स्थापित होते ही नए प्रतिनिधियों की निर्वाचन प्रक्रिया प्रारंभ कर दी गई। पांच सौ के परिषद् हेतु राष्ट्रीय सम्मेलन से 379 प्रतिनिधि निर्वाचित किए गए, जिन्होंने शेष प्रतिनिधियों को निर्वाचित किया। परिषदों की नियुक्ति के पश्चात् पांच कार्यकारी निदेशकों (डायरेक्टरों)—बारॉस, रबेल, लॉ रिवेलियर, ले टूरंयोर तथा कारनो[34]—का चयन कर दिया गया। अगले दिन 27 अक्तूबर को पांच निदेशकों तथा दो सदन वाले और परिषद् वाले संवैधानिक सरकार ने कार्यभार संभाल लिया। आगामी अठारह महीनों में न कोई चुनाव होना था, न किसी निदेशक को बदला जाना था।

निदेशक मंडल का मुख्य उद्देश्य फ्रांस को राजतंत्रवादियों और उग्रवादी क्रांतिकारियों दोनों से सुरक्षित रखना, आर्थिक सुरक्षा एवं स्थायित्व प्रदान करना तथा विदेशी युद्ध को समाप्त करना था। निःसंदेह, इनमें से कोई उद्देश्य प्राप्त करने में निदेशकों को सफलता नहीं मिली। यद्यपि, प्रसिया, स्पेन, हालैंड तथा तुसकैनी से शांति समझौते हो चुके थे तथा फ्रांस विरोधी प्रथम मोर्चा विघटित हो गया था, परंतु आस्ट्रिया एवं इंग्लैंड से अभी तक कोई संधि न हो सकी थी। इसी अवसर पर असाधारण सैन्य प्रतिभा एवं महात्वाकांक्षा से युक्त नेपोलियन बोनापार्ट का उदय हो गया जो न केवल फ्रांस परंतु पूरे यूरोप की नियति का नियंता बनने वाला था।

नेपोलियन बोनापार्ट का जन्म कार्सिका के अजासियो नामक स्थान पर 1769 में हुआ था। एक वर्ष पूर्व ही इस द्वीप को फ्रांस ने जेनोआ से हस्तगत कर लिया था। युवा नेपोलियन अपने जन्मस्थान कार्सिका को फ्रांसीसी अधिकार से मुक्ति दिलाने का सपना देखता रहता था। परंतु, उसके पिता द्वारा फ्रांसीसी दृष्टिकोण अपनाने के बाद नेपोलियन को फ्रांस के विभिन्न सैन्य विद्यालयों में मुफ़्त शिक्षा प्राप्त करने की सुविधा मिल गई। फ्रांस की विदेशी एवं अनचाही भूमि पर शिक्षा प्राप्त करने वाले नेपोलियन का व्यक्तित्व अंतर्मुखी होने लगा था।

एक अल्पभाषी, स्वाध्यायी, चिंतक तथा श्रमशील छात्र के रूप में उसने इतिहास और भूगोल विषयों में विशेष रुचि के साथ अपनी सैन्य शिक्षा पूरी की। मात्र सोलह वर्ष की आयु में वह फ्रांसीसी सेना के तोप बटालियन (आर्टिलरी) में सेकेंड लेफ्टिनेंट नियुक्त हो गया था। 1789 में क्रांति के विस्फोट के समय वह फर्स्ट लेफ्टिनेंट बन चुका था। अपनी मातृभूमि के प्रति उसकी निष्ठा अभी भी अक्षुण्ण थी। लेकिन, 1793 में एक कार्सिकाई नेता से हुए विवाद के बाद वह सपरिवार कार्सिका को त्याग कर फ्रांस आ गया। यह अंगीकृत देश ही अब उसका सर्वस्व बन चुका था।

फ्रांस की क्रांति ने उसके असाधारण सैन्य योग्यताओं, क्षमताओं तथा महत्त्वाकांक्षाओं के लिए मार्ग प्रशस्त कर दिया था। एक देशभक्त जैकोबिन की भांति क्रांतिकालीन गृह-युद्ध में उसने भी ज़ीरोंदैं के विरुद्ध मोंतांञनार का पक्ष लिया था। इस अवसर पर उसने ज़ीरोंदैं विरोधी एक पर्चा भी लिखा था, जिसे सरकार ने सार्वजनिक रूप से पुनःप्रकाशित कर वितरित कराया था। 1793 में उसने राजतंत्रवादियों तथा इंग्लैंड के नियंत्रण से तूलो को मुक्त करा लिया था। उसके इस महत्त्वपूर्ण उपलब्धि ने न केवल उसके यश को चार चांद लगा दिया था, बल्कि उस अल्पायु में ही ब्रिगेडियर जनरल बन जाने का मार्ग भी खोल दिया था। तूलो विजय के बाद ही वह युवा रोबेसपियैर का मित्र बन गया था। रोबेसपियैर के पतन ने नेपोलियन के जीवन को भी प्रभावित कर दिया था। उसे रोबेसपियैर समर्थक मान कर थोड़े समय के लिए बंदी भी बना लिया गया था। परंतु, शीघ्र ही उसे मुक्त कर होच के नेतृत्व में पश्चिमी सेना के तोप ब्रिगेड का कमांडर बना दिया गया। उसने इस नियुक्ति को स्वीकार नहीं किया। तोप ब्रिगेड का एक असाधारण सेनानायक होच के नेतृत्व में पैदल ब्रिगेड के सेनाधिकारी का पद भला कैसे स्वीकार करता? उसने तो अपने नेतृत्व में इटली के अभियान का सपना पाल रखा था। 1795 के अधिकांश दिनों तक वह *कमेटी ऑफ़ पब्लिक सेफ्टी* के एक विभाग में कार्यरत रहा। उसका नाम सैन्य सूची से भी हटा दिया गया था। तुर्की जाकर सुल्तान के तोप ब्रिगेड को पुनर्गठित करने की उसकी प्रार्थना भी स्वीकार नहीं की गई थी। लेकिन, वेंदीमियर के विद्रोह ने उसे एक बार फिर एक ऐसा अवसर दे दिया था, जिसने उसकी महात्वाकांक्षाओं को पर लगा दिया। विद्रोह का सफलतापूर्वक दमन करते ही उसे आंतरिक सेना का कमांडर-इन-चीफ़ बना दिया गया। मार्च 1796 में उसे इटली के अभियान पर जाने की अनुमति

भी प्राप्त हो गई। नेपोलियन बोनापार्ट के इटली अभियान तथा उसके पश्चात मिस्र अभियान ने उसे वह लोकप्रियता प्रदान कर दी थी, जिसने आगामी चंद वर्षों में ही उसे न केवल फ्रांस अपितु अधिकांश यूरोप का स्वामी बना दिया था। स्वयं को 'क्रांति का पुत्र' घोषित करने वाले नेपोलियन बोनापार्ट द्वारा फ्रांसीसी राजनैतिक-पटल पर अधिकार करते ही फ्रांस ने क्रांति युग से सैन्य तानाशाही के युग में पदार्पण कर लिया था।

8

फ्रांसीसी क्रांति और इतिहास लेखन

फ्रांस की इस क्रांति पर क्रांतिकाल से आज तक अनगिनत पुस्तकें लिखी गई हैं तथा इसके कारणों, परिणामों एवं चरित्र की भिन्न-भिन्न प्रकार से विवेचना की गई है। इस क्रांति पर सबसे पहली पुस्तक, एडमंड बर्क की *रिफ्लेक्शंस ऑन द रिवोल्यूशन इन फ्रांस* 1790 में प्रकाशित हुई थी। इतिहास लेखन के क्षेत्र में यह प्रबुद्धतावाद से प्रभावित इतिहासकारों का दौर था। 1776 से 1788 के मध्य एडवर्ड गिबन की विशाल रचना *दि डिक्लाइन एंड फॉल ऑफ दि रोमन इंपायर* प्रकाशित हो चुकी थी। इसका प्रभाव एडमंड बर्क पर पड़ना ही था, और बर्क ने भी पूरी फ्रांसीसी क्रांति को राजनैतिक एवं वैचारिक सीमाओं में ही सीमित कर विश्लेषित कर दिया था। सामाजिक व आर्थिक दृष्टि से किसी समाज को देखने की विधा अभी प्रारंभ होनी शेष थी। इसमें कोई आश्चर्य की बात नहीं है कि बर्क को भी फ्रांस के आशियां युग में कोई विशेष सामाजिक अन्याय व अमानवीय आर्थिक विषमता नहीं दिखाई दी थी, जिसका निवारण थोड़े बहुत सुधारों से न हो सकता हो। यही कारण है कि उन्हें व्यापक सुधारों के लिए उद्वेलित वह फ्रांसीसी समाज नहीं दिखा जो अपने यथार्थ में उस क्रांति के विस्फोट के लिए तैयार हो चुका था, और उन्होंने उसे चंद अभिजात्यों व दार्शनिकों का षड्यंत्र घोषित कर दिया था। बर्क तथा बर्क के ही विश्लेषण का बाद में अनुगमन करने वाले इतिहासकारों के लिए वह क्रांति कोई सकारात्मक घटना भी नहीं थी।

प्रबुद्धवाद के प्रतिक्रियास्वरूप ही थामस कारलाईल जैसे रोमांसवादी इतिहासकारों का उद्भव हुआ। कारलाईल की 1837 में प्रकाशित *फ्रांसीसी क्रांति* एक शास्त्रीय रचना है, जो फ्रांसीसी क्रांति को अनेकानेक रोमांचकारी घटनाओं से परिपूर्ण एक महान अलौकिक नाटक के रूप में प्रस्तुत करती है। यद्यपि, ऐतिहासिक घटनाओं

की दृष्टि से यह तथ्यात्मक विस्तारों से युक्त तो है लेकिन सामाजिक एवं आर्थिक कारणों पर आधारित विश्लेषणों से पूरी तरह मुक्त भी है। इसी समय 1838 में 19वीं सदी के उदारवाद से प्रभावित एम. ए. तियर की पांच खंडों में *दि हिस्ट्री ऑफ़ फ्रेंच रिवोल्यूशन* प्रकाशित हुई। तमाम मौलिक स्रोतों पर आधारित होने के बाद भी इस विशाल रचना में तत्कालीन समाज का यथार्थ पूरी तरह अनुपस्थित है। तियर ने भी इस क्रांति को आशियां युग के अन्यायों के विरुद्ध एक वैधानिक राजनैतिक प्रतिरोध के रूप में ही प्रस्तुत किया है। तियर की ही भांति उदारवादी मिनेट् ने भी इसे उदारवादी मध्यमवर्ग के नेतृत्व में चलने वाली वह क्रांति बताई, जिसका उद्देश्य रूढ़िवादी संस्थाओं को सुधारना तथा चिरकालीन शिकायतों को दूर करना था। वास्तव में, सामाजिक आर्थिक कारणों के आधार पर किसी घटना को विश्लेषित करने वाले इतिहास लेखन को अभी प्रत्यक्षवादियों की प्रतीक्षा करनी शेष थी।

"प्रत्येक दर्शन व विज्ञान की वास्तविक नियति सामाजिक, तथा विचारक का सच्चा उद्देश्य समाज का पुनर्विश्लेषण एवं पुनर्गठन होना चाहिए, जिसे समाज का प्रत्यक्ष विज्ञानों की विधियों को लागू कर समझा जाना चाहिए", की उद्घोषणा करने वाले सेंट सॉयमन तथा समाज विज्ञानों के विचार का बीज बोने वाले फूरियर से प्रभावित आगस्त कोम्त ने अपने प्रत्यक्षवादी सिद्धंतों को 1830 से 1842 तक छः खंडों में प्रकाशित किया। आश्चर्य नहीं कि इस सिद्धांत के आने के बाद ही 1847 से 1853 के मध्य गणतंत्रवादी व जनतंत्रवादी मिशेल ने सात खंडों में *हिस्टॉयर डी लॉ रिवोल्यूशन फ्रैंकेज़* प्रकाशित की। जूल्स मिशेल के अनुसार इस क्रांति के नायक कोई और नहीं स्वयं गांवों एवं नगरों के वे निर्धन किसान तथा आम लोग थे, जो राजाओं तथा सामंतों के अन्यायों एवं क्रूरताओं के सवार्धिक शिकार थे।

इसी प्रकार 1856 में 3 खंडों में प्रकाशित होने वाली ताकुविले की पुस्तक *दि ओल्ड रिजिम एंड दि फ्रेंच रिवोल्यूशन* में पश्चिमी समाजों में व्यक्ति एवं राज्य के स्तर पर विकसित होने वाली सामाजिक समता की भूमिका को रेखांकित किया था। वह मिशेल की 'जनक्रांति' व 'समता' की अवधारणाओं का समर्थक नहीं था, बल्कि उसने पुराने फ्रांसीसी समाज, क्रांति तथा नेपोलियन के साम्राज्य में एक वैज्ञानिक निरंतरता को दर्शाने का कार्य किया था। ताकुविले के विचार से वह क्रांति इसलिए नहीं हुई थी कि तत्कालीन फ्रांस की आर्थिक स्थिति यूरोप के अन्य देशों की तुलना में अधिक ख़राब थी। वास्तव में, लुई XVI द्वारा 1774 में सत्ता संभालने के बाद फ्रांस की स्थिति लुई XV के शासनकाल की तुलना

में अधिक सुधरी हुई ही थी। यही कारण है कि ताकुविले ने यह सिद्धांत प्रतिपादित किया है कि "एक क्रांति के द्वारा नष्ट की गई सामाजिक व्यवस्था लगभग सदैव अपनी पूर्ववर्ती व्यवस्था से अच्छी होती है, तथा अनुभवजनित शिक्षा यह है कि किसी ख़राब सरकार के लिए सबसे खतरनाक समय वह होता है जब वह सुधारों को प्रारंभ करती है।" इसी के साथ ही ताकुविले यह सवाल भी करता है कि यदि फ्रांस यूरोप के अन्य देशों जैसे आस्ट्रिया, प्रसिया, रूस तथा पोलैंड की तुलना में अधिक निर्धन देश नहीं था तो वहां क्रांति क्यों हुई और क्यों आस्ट्रिया, प्रसिया, रूस तथा पोलैंड में नहीं हुई? इसके उत्तर में उसका तर्क है कि , क्योंकि फ्रांस का मध्यम वर्ग अधिक अमीर हो रहा था तथा उसे अपनी सामाजिक प्रासंगिकता का अहसास होने लगा था; और क्योंकि फ्रांस के किसान स्वतंत्र, शिक्षित तथा अमीर होने लगे थे तथा उन्हें अभिजात्यवर्गों को प्राप्त सुविधाएं अप्रासंगिक एवं असहनीय लगने लगी थीं।

इतिहास ले[illegible]र के क्षेत्र में उन्नीसवीं सदी के उत्तरार्ध ने न केवल सामाजिक यथार्थ को वस्तुपरकत[illegible]दान किया था बल्कि ऐतिहासिक तथ्यों को आलोचनात्मक दृष्टि से विश्लेषित करने की एक बिलकुल ही नवीन विधा को भी जन्म दिया था। उन्नीसवीं सदी के उत्तरार्ध से इतिहास लेखन के क्षेत्र में आए क्रांति का ही परिणाम अलफांसे ओलार्ड द्वारा 1901 में चार खंडों में प्रकाशित *फ्रांसीसी क्रांति का राजनैतिक इतिहास* था। ओलार्ड वह पहला फ्रांसीसी इतिहासकार था, जिसने सुव्यवस्थित रूप से ऐतिहासिक स्रोतों की सख्त आलोचनात्मक व्याख्या का प्रयोग किया था। लेकिन ओलार्ड का विषयवस्तु भी उन्नीसवीं सदी के राजनैतिक व विचारधारात्मक व्याख्याओं से इतर नहीं था। हालांकि, उसने जिस विद्वता से मौलिक स्रोतों का वस्तुपरक प्रयोग किया था वह निःसंदेह, अद्वितीय था, परंतु उसने भी अपने पूर्ववर्ती इतिहासकारों की ही भांति इस क्रांति के स्रोत को राजनैतिक संस्थाओं में ही देखा था। यह दृष्टि उस क्रांति को वैचारिक संघर्षों; और, राजा, दरबारी गुटों, पार्लेमेंतों, अभिजात्यों तथा मध्यम वर्गों एवं उदारवादी अभिजात्यों के नेतृत्व वाले तीसरे इस्टेट के मध्य चलने वाले संघर्ष में ही देखा था। इन सभी पूर्ववर्ती इतिहासकारों की दृष्टि इस क्रांति को 'ऊपर' से देखने की थी न कि 'नीचे' से।

उन्नीसवीं सदी के उत्तरार्ध से ही सामाजिक परिघटनाओं को 'उपर' से नहीं 'नीचे' से देखने की विधा को जन्म दे दिया था। 1848 में प्रकाशित मार्क्स के कम्युनिस्ट मेनिफेस्टो ने वैचारिक संघर्षों एवं राजनैतिक संस्थाओं के संघर्षों के

स्थान पर वर्ग-संघर्ष की अवधारणा को प्रस्तुत कर दिया था। इस नवीन अवधारणा ने ही फ्रांसीसी क्रांति को भी समाजवादी दृष्टि से परिभाषित करने वाले एक युग का प्रादुर्भाव कर दिया था। ओलार्ड के तत्काल पश्चात फ्रांस के ग्रामीण किसानों एवं नगरीय *सैन कुलेटों* को एक स्वायत्त सामाजिक यथार्थ के रूप में प्रस्तुत किया जाने लगा। इसके अतिरिक्त, बीसवीं सदी की नई चुनौतियों तथा सामाजिक-आर्थिक-राजनैतिक परिवर्तनों, दो विश्वयुद्धों, पूर्वी यूरोप एवं एशिया की क्रांतियों ने भी फ्रांस की इस क्रांति को नवीन दृष्टि से विश्लेषित करने का मार्ग प्रशस्त करने में कम योगदान नहीं दिया था।

बीसवीं सदी के प्रारंभ में इस नवीन दृष्टि से फ्रांस की क्रांति को पारिभाषित करने वाला पहला समाजवादी इतिहासकार और विचारक ज़ॉ ल्यॉन ज़ॉरेस् था, जिसने 1901-04 के दौरान चार खंडों में *फ्रांसीसी क्रांति का सामाजिक इतिहास* प्रकाशित कराया था। मिशेल एवं मार्क्स द्वारा प्रभावित ज़ॉरेस की यह रचना, वास्तव में, क्रांति के उद्भव एवं विकास की आर्थिक और सामाजिक यथार्थों पर आधारित विश्लेषण को प्रस्तुत करने वाली थी। ज़ॉरेस ने तीसरे इस्टेट के आंतरिक विभाजनों एवं किसानों और सीमांत वर्गों की भूमिका का व्यवस्थित अन्वेषण किया था। उसकी इस रचना ने ही वह मंच तैयार किया था, जिस पर अल्बर्ट मॉथिज़, ज़ॉर्ज़ेज़ लेफेव्र तथा अल्बर्ट सोबोल जैसे आगामी इतिहासकारों के इतिहास लेखन ने अपनी चमक दिखलाई थी।

1932 में पेरिस से प्रकाशित मॉथिज की पुस्तक के सामाजिक विश्लेषण का सर्वाधिक महत्त्वपूर्ण पक्ष पेरिस के *सैन कुलेटों* का विस्तृत अध्ययन प्रस्तुत करना था। पेरिस के व्यवसायियों एवं दुकानदारों के लिए 'स्वतंत्रता' का तात्पर्य और *सैन कुलेटों* तथा उपभोक्ताओं के लिए इसके तात्पर्य में जो अंतर था उसे भी मॉथिज ने अपने अध्ययन में पहली बार स्पष्ट किया था। मॉथिज की एक और महत्त्वपूर्ण उपलब्धि यह थी कि उसने रोबेसपियैर को क्रांतिकालीन आंतकवाद के आरोप से पूरी तरह बरी कर दिया था, जबकि उसके पूर्ववर्ती इतिहासकारों ने आतंक के उस युग के लिए उसको ही उत्तरदायी माना था।

ज़ॉर्ज़ेज़ लेफेव्र की सुप्रसिद्ध रचना *लेस् पीज़ॉ दू नार्द पॉदॉ ला रिवोल्यूशॅन फ्रैंकेज़* दो खंडों में पेरिस से 1924 में; तथा *ला ग्रांदे पीऑर दि 1789* अथवा दि *ग्रेट फियर ऑफ़ 1789: रुरल पैनिक इन रिवोल्यूशनरी फ्रांस* पेरिस से 1932 में एवं लंदन से 1973 में प्रकाशित हुई थी। लेफेव्र ने अपनी रचनाओं में किसानों को एक अविभाजित वर्ग के रूप में प्रस्तुत करने के स्थान पर विभिन्न सामाजिक

समूहों वाले एक सामूहिक पिंड के रूप में प्रस्तुत किया था। यद्यपि, उनकी एक सामूहिक ग्रामीण पहचान अवश्य थी, जिसने 1789 की ग्रीष्म में उन्हें संगठित कर कृषक विद्रोहों के लिए प्रेरित कर दिया था, लेकिन सामान्य समयों में वे अपने-अपने गांवों के अंदर भिन्न-भिन्न विरोधी हितों के आधार पर विभाजित रहते थे। यही कारण है कि छोटे-छोटे भूमिधर व भूस्वामी जमींदारों एवं सटोरियों के विरोधी थे तो भूमिहीन किसान एवं बंटाईदार किसान बड़े किसानों अथवा 'ग्रामीण बुर्जुआ' से नफरत करते थे। लेफेव्र के अनुसार क्रांति ने इन विभिन्नताओं को दूर करने अथवा मिटाने के स्थान पर उनके मतभेदों को तीखा करने का ही काम किया था। क्योंकि, नए व पुराने दोनों 'ग्रामीण बुर्जुआ' वर्ग को टिड एवं जागीरदारी करों से मुक्ति तथा कम दामों पर जमीनों को क्रय करने का अवसर मिलने का लाभ मिल चुका था, जबकि छोटे एवं भूमिहीन कृषकों की नियंत्रित किराये और संपत्ति के विभाजन की माँगें नहीं माने जाने से उनकी गरीबी जस की तस थी और वे लंबे समय तक असंतुष्ट रहे थे।

लेफेव्र ने 1789 के ग्रामीण आंतक तथा क्रांतिकारी भीड़ की मनोवृत्ति एवं व्यवहार का भी अध्ययन किया था।

लेफेव्र द्वारा ग्रामीण वर्गों के अध्ययन की ही दिशा में नगरीय *सैन कुलेटों* का अध्ययन अल्बर्ट सोबोल ने 1958 में प्रस्तुत किया था। *दि पेरिसिएन सैन कुलेट्स एंड दि फ्रेंच रिवोल्यूशन, 1793-94* नामक यह कार्य 1964 में अंग्रेज़ी में प्रकाशित हुआ था। ज़ॅारेस् तथा मॉथिज़ के कार्यों के बाद भी सोबोल की इस रचना के प्रकाशन तक *सैन कुलेटों* के दिनचर्याओं, दैनिक गतिविधियों, संगठनों, विचारों एवं महात्वाकाक्षाओं पर कोई दस्तावेजी अध्ययन नहीं आ सका था। सोबोल के इस अध्ययन ने पेरिस के इन नगरीय *सैन कुलेटों* को क्रांतिकारी शक्तियों के अग्रणी पंक्ति में खड़ा कर दिया था, तथा सोबोल को फ्रांसीसी क्रांति के मार्क्सवादी परंपरा के इतिहासकारों में सर्वोच्च स्थान पर स्थापित भी कर दिया था।

20वीं सदी के उत्तरार्ध में फ्रांसीसी क्रांति की मार्क्सवादी व्याख्याओं की आलोचना भी प्रारंभ हो गई थी। इसका प्रारंभ 1946 में डेनियल गूएरिन नामक एक वामपंथी इतिहासकार की प्रकाशित रचना से हुआ। गूएरिन ने 1793-94 के जैकोबिन शासनकाल की आलोचना करते हुए इसे सैन्य *सैन कुलेटों* एवं मजदूरों के विरोधी एक तानाशाही की तरह परिभाषित करते हुए इसे लोकहित विरोधी भी घोषित कर दिया था। परंतु, गूएरिन के सिद्धांत को आवश्यक समर्थन नहीं

प्राप्त हुआ। लेकिन, यही आलोचना जब दक्षिणपंथी रूढ़िवादियों और उदारवादियों की दिशा से आई तो उसे धीरे-धीरे फ्रांस के साथ-साथ ब्रिटेन एवं अमरीका के इतिहासकारों से भी प्रोत्साहन मिलने लगा। इसकी नींव में अल्फ्रेड कॉबन के *मिथ ऑफ़ दि फ्रेंच रिवोल्यूशन* (1955), *सोशल इंटरप्रीटेशन ऑफ़ दि फ्रेंच रिवोल्यूशन* (1964), तथा *आस्पेक्ट्स ऑफ दि फ्रेंच रिवोल्यूशन* (1968) से पड़ी। कॉबन के अनुसार फ्रांस की उक्त क्रांति ने रूढ़िवादियों, संपत्तिधारकों तथा छोटे बड़े भूमिधर वर्गों को ही विजयश्री दिलाई थी। उसके अनुसार जागीरदारी व्यवस्था के विनाश में मध्यमवर्गों की कोई भूमिका नहीं थी। इसने पूंजीवाद तथा पूंजीवादी औद्योगिक क्रांति को आगे बढ़ाने के स्थान पर पीछे ही ढकेला था। उसने मार्क्सवादी तथा लेनिनवादी व्याख्याओं को भी राजनैतिक व्याख्या घोषित करते हुए उन्हें सामाजिक विश्लेषण का दर्जा देना अस्वीकार कर दिया तथा सामंतवाद के विध्वंस तथा अठारहवीं सदी के सामंती एवं अभिजातीय प्रतिक्रिया के स्थापित मान्यताओं को भी खारिज कर दिया था। कॉबन के सिद्धांत को जार्ज टेलर, एलिज़ाबेथ आईंसटीन तथा राबर्ट फॉस्टर जैसे अमरीकी इतिहासकारों का भी समर्थन मिला। एलिज़ाबेथ के अनुसार 1788-89 के मध्यमवर्गीय क्रांति को संचालित करने वाली समिति में मध्यम वर्गों से अधिक सामंत तथा पादरी थे। इंग्लैंड के इतिहासकार विलियम डॉएल ने 1980 में प्रकाशित अपनी *ओरिजिंस ऑफ़ फ्रेंच रिवोल्यूशन* में मुख्य रूप से यह स्थापित किया था कि फ्रांसीसी क्रांति को प्रभावित करने में व्यक्तियों की तुलना में परिस्थितियों ने अधिक महत्त्वपूर्ण भूमिका निभाई थी। डॉएल के अनुसार फ्रांसीसी क्रांति के निर्माता क्रांतिकारी नहीं थे बल्कि क्रांति ने क्रांतिकारियों का निर्माण किया था।

इस समय तक स्वयं फ्रांस में भी 'सामाजिक विश्लेषण' के विचार की आलोचना प्रारंभ हो चुकी थी। इन नवीन आलोचकों में फ्रांस्वॉ फ्यूरे एक प्रमुख नाम था, जिसने डेनिस रिशे के साथ मिलकर 1965-66 में इस क्रांति का इतिहास प्रकाशित किया था। उसके अनुसार राजतंत्र के पतन के साथ ही क्रांति की हवा निकल गई थी और वह दिग्भ्रमित हो गई। क्योंकि इसके साथ ही सहयोगी मध्यम वर्ग का नियंत्रण स्थापित हो गया था तथा जिसने *सैल कुलेटों* को उस भूमिका के लिए आमंत्रित कर लिया था, जिसके लिए वे अभी तैयार नहीं थे। 1971 में अपनी आलोचना को और अधिक विस्तार देते हुए फ्यूरे ने अपने एक लेख में लेफेव्र तथा सोबोल को न केवल मार्क्सवादी होने बल्कि एक ऐसे नव-जैकोबिनवादी होने का लेबल भी लगा दिया था, जिन्होंने 1793-94 के जैकोबिन शासनकाल

के अनुभवों को मार्क्सवादी एवं लेनिनवादी सिद्धांतों के साथ युग्मित कर अपने सिद्धांतों का निर्माण किया था। बाद में उसने यह स्वीकार भी किया कि फ्रांसीसी क्रांति अपने चरित्र के कारण विभिन्न प्रकार के दक्षिणपंथी एवं वामपंथी विश्लेषणों को जन्म देने के लिए अभिशप्त थी। लेकिन वह यह नहीं स्वीकार करता है कि विश्लेषणों की यह विभिन्नता एक सार्विक विवेकपूर्ण अन्वेषण की आवश्यकता को भी स्थापित करती है।

निःसंदेह, इस मामले में दोनों पक्ष—मार्क्सवादी एवं दक्षिणपंथी—अतिवाद के शिकार हैं। दक्षिणपंथी प्रतिक्रांतिकारी इतिहासकारों ने यदि इसके कारणों को पूरी तरह नज़रअंदाज़ करने के साथ-साथ इसके पात्रों और घटनाओं की प्रकृति को भी महत्त्व नहीं प्रदान किया है तो मार्क्सवादी विचारकों ने कारकों एवं प्रभावों सहित क्रांति के एक ऐतिहासिक प्रक्रिया होने तथा इसके एक परिवर्तनकारी सामूहिक कर्म होने में अंतर नहीं किया है। फ्यूरे ने ही यह भी लिखा है कि क्रांति के कारणों एवं परिणामों का परीक्षण करते समय एक इतिहासकार को एक तरफ़ 1789 के पूववर्ती कालों और दूसरी तरफ़ 1794 या 1799 के बाद के वर्षों में दोनों को ध्यान में रखना होगा। जबकि, क्रांति की यह कहानी मात्र 1789 से प्रारंभ होकर 1794 या 1799 तक ही सीमित रही है। इस प्रकार इन सभी विश्लेषणों को दो वर्गों में विभाजित किया जा सकता है; एक मुख्यतया राजनैतिक विश्लेषण पर आधारित अल्पकालिक विश्लेषण तथा दूसरा सामाजिक एवं आर्थिक पक्षों पर जोर देने वाला दीर्घकालिक विश्लेषण। उदाहरणस्वरूप, फ्यूरे ने लिखा है कि फ्रांस की राजनैतिक व्यवस्था 1789 से 1794 के मध्य पूरी तरह परिवर्तित हो गई थी, क्योंकि इस दौर ने परंपरावादी राजतंत्र को समाप्त कर दिया था। परंतु यह स्थापित करना कि इसी दौर में फ्रांस का सामाजिक एवं आर्थिक ढांचा भी पूरी तरह परिवर्तित हो गया था, निःसंदेह, जो संभव नहीं था। इस दोष के लिए वह इतिहासकारों की उस प्रवृत्ति को उत्तरदायी मानता है जो स्वयं के अनुभवों के आधार पर प्रश्नगत ऐतिहासिक घटनाओं का विश्लेषण करने लगते हैं। जैसे कि, 1917 की क्रांति से अत्यधिक चमत्कृत होकर मार्क्सवादी इतिहासकारों ने फ्रांस के मध्यमवर्गीय क्रांति को रूस के समाजवादी क्रांति का पूर्ववर्ती और प्रेरक क्रांति मान लिया और जैकोबिनों को बोलशेविकों का पूर्वज। यह इतिहास के मूल चरित्र 'परिवर्तन' का ही निरोध है। लेकिन जैसे कि फ्यूरे ने भी स्वयं स्वीकार किया है, इसमें भी कोई संदेह नहीं है, कि लेफेव्र विचारधारा के इतिहासकारों ने कृषकों तथा नगरीय आम लोगों की भूमिकाओं का अध्ययन कर हमारे ज्ञान की सीमाओं का विस्तार ही किया है।

निःसंदेह, घटनाएं इतिहास नहीं होतीं, बल्कि इतिहासकार उसके बारे में जो लिखता है वह इतिहास होता है। एक परावर्तित विचार के सिद्धांत के अनुसार घटना एक होती है और इतिहासकारों की संख्या, विचारों, अनुभवों, मूल्यों एवं आदर्शों के अनुसार इतिहास अनेक। इस प्रकार अभी तक फ्रांसीसी क्रांति के जितने भी विश्लेषण प्रस्तुत किए जा चुके हों, वे अंतिम नहीं है। निरंतर बदल रही सामाजिक, आर्थिक, राजनैतिक एवं सांस्कृतिक विश्व परिवेश के साथ-साथ इस क्रांति को देखने की अनेक दृष्टि अभी भी आनी शेष हैं।

अभी तक फ्रांसीसी क्रांति पर अधिकांशतः फ्रांस, ब्रिटेन एवं अमरीका के इतिहासकारों ने ही अपनी लेखनी चलाई है। अभी तो तीसरी दुनिया, विशेषकर, एशिया एवं अफ्रीका, के उन समाजों के इतिहासकारों की दृष्टि से फ्रांस की इस क्रांति को देखना शेष ही है, जिन्होंने एक सदी से अधिक तक यूरोपीय औपनिवेशिक अनुभवों का प्रत्यक्षतः सामना किया था। यह भी तो सच ही है कि जिस समय फ्रांस में उक्त क्रांति चल रही थी उसी समय भारत में उपनिवेश निर्माण के लिए ब्रिटेन और फ्रांस में भी संघर्ष चल रहा था। उस क्रांतिकाल में जब फ्रांस अपनी सीमाओं पर आस्ट्रिया, प्रसिया एवं ब्रिटेन को पराजित कर रहा था वह क्यों और कैसे, उपनिवेश निर्माण के मामले में, भारत में ब्रिटेन से पिछड़ रहा था? इसका उत्तर तलाशना तो अभी शेष ही है।

इतिहास का कोई अंत नहीं। प्रत्येक युग में चंद इतिहासकारों और विचारकों को यह प्रतीत हो सकता है कि अब कुछ शेष नहीं बचा है, मानव समाज अपनी उपलब्धियों के अंतिम तट तक आ पहुंचा है, लेकिन चिर-उवर्रक मानव मस्तिष्क पर टिका मानव समाज नित नए विचारों एवं अन्वेषणों को जन्म देने के लिए तथा उनके अनुरूप परिवर्तित होते रहने के लिए बाध्य है। अतएव, जबतक यह मानव समाज है, मानव इतिहास निरंतर नवीनतम दृष्टियों से विश्लेषित होते रहने के लिए भी बाध्य है। 1789 की फ्रांसीसी क्रांति भी इसका कोई अपवाद नहीं है।

टिप्पणी

1. इंटेंडेंट नामक इस संस्था की स्थापना लुई XIII के शासनकाल में उसके चांसलर कार्डिनल रिशलू ने सामंतों की सत्ता समाप्त करने के लिए प्रारंभ की थी। इनकी नियुक्ति योग्यता के आधार पर मध्यम वर्गों से की जाती थी। प्रत्येक प्रांत में इंटेंडेंट ही कानून व्यवस्था बनाए रखने, कर एवं शुल्क एकत्रित करने तथा न्याय प्रदान करने की ज़िम्मेदारियों का निर्वाह करने के साथ-साथ प्रत्येक महत्त्वपूर्ण बात की सूचना रिशलू तक पहुंचाने का कार्य भी करते थे। इसीलिए उन्हें रिशलू की आंख, नाक और कान भी कहा जाता था। इन्हीं की सहायता से रिशलू सामंतों के वर्चस्व को समाप्त कर राजा की निरंकुशता को स्थापित कर सका था। लुई XIV के शासनकाल तक यह व्यवस्था प्रभावी ढंग से कार्य करती रही लेकिन लुई XV एवं लुई XVI के शासनकालों में यह पूरी तरह एक निरंकुश और भ्रष्ट संस्था बन चुकी थी।
2. इसके पूर्व 1303, 1355, 1484, 1560, 1561, 1576 तथा 1588 में 'इस्टेट्स जनरल' की बैठकें आहूत की गई थीं।
3. एक मध्यमवर्गी माता-पिता की संतान आब्बे सियेस (1748-1836) का जन्म 3 मई को *फ्रेज्यू* में हुआ था। वह एक तोपची या ख़ान इंजीनियर बनना चाहता था लेकिन उसे एक पादरी बनने के लिए मजबूर कर दिया गया था। अपने मौलिक प्रकृति के विरुद्ध धार्मिक जीवन व्यतीत करने के लिए मजबूर कर दिए जाने वाले आब्बे सियेस ने स्वयं को अध्ययन मनन के लिए समर्पित कर दिया था। दस वर्ष की धार्मिक शिक्षा एवं दस वर्ष के धार्मिक जीवन ने उसे पादरियों एवं अभिजात्य वर्गों को अत्यंत निकट से देखने तथा तत्कालीन फ्रांसीसी प्रशासन को समझने का अवसर

प्रदान कर दिया था। 1787 में वह ऑरलियां के प्रांतीय सभा का सदस्य बन गया था। फ्रांस की तत्कालीन आर्थिक परिस्थितियों तथा सुधारों की संभावनाओं से निराश होकर जब वह अंत में अमरीका जाने की तैयारी करने लगा था, जहां, उसके विचार से, गरीबी नहीं थी और न सामंती दरबार था न सामंती सुविधाएं, फ्रांस में क्रांति प्रारंभ हो गई और उसे वह अवसर प्राप्त हो गया, जिसमें एक दार्शनिक के रूप में वह अपने विचारों को अमली जामा पहना सकता था। 1789 में उसने 'थर्ड इस्टेट क्या है?' नामक वह ऐतिहासिक पर्चा लिखा था, जिसके 'परिणाम' लार्ड एक्टन के अनुसार, ''उतने ही महत्त्वपूर्ण सिद्ध हुए, जितने विटेनबर्ग के 95 सिद्धांतों के।'' जून 1790 में उसे उसकी इच्छा के विरुद्ध राष्ट्रीय सभा एवं जैकोबिन क्लब का अध्यक्ष निर्वाचित कर दिया गया था। जुलाई 1792 में एक बार फिर उसे उसकी इच्छा के विरुद्ध कन्वेंशन का सदस्य निर्वाचित कर दिया गया। 1799 में वह डायरेक्टर और कंसूल भी बना। 1815 से 1830 तक वह फ्रांस से बाहर निर्वासित जीवन व्यतीत करता रहा था। 1836 में उसकी मृत्यु पर कोई धार्मिक संस्कार नहीं किया गया, क्योंकि धर्म को उसने त्याग दिया था और चर्च से वह घृणा करता था।

4. इसके विपरीत हेनरी स्मिथ विलियम के अनुसार कुल प्रतिनिधियों की संख्या 1143 थी। पादरियों के 290 प्रतिनिधियों में 48 आर्चबिशप, 35 ऐबट या कैनन, 204 क्यूरेट्स तथा 3 संन्यासी; सामंतों के 269 प्रतिनिधियों में 1 राजपुरुष (ड्यूक ऑफ़ ऑरलियां), 240 सामंत तथा 28 मैजिस्ट्रेट; तथा 584 तीसरे इस्टेट जनरल के प्रतिनिधियों में 12 सामंत, 2 पादरी, 18 मेयर, 162 मैजिस्ट्रेट, 212 एडवोकेट, 16 चिकित्सक, 162 व्यवसायी तथा कृषक शामिल थे।

5. आनोराव गैबरियल वेक्टर रिकेटी, कॉउंट डी मिराबो का जन्म 9 मार्च 1749 को नीमूर्स के निकट बिग्नॉन के एक शूरवीर परिवार में हुआ था। वह एक विस्मयकारी शिशु था, जिसके बारे में कहा जाता है कि वह दो दांतों के साथ पैदा हुआ था। बचपन से अंत तक वह अतिरिक्त ओजस्विता से भरपूर रहा। मिराबो के परपितामह को उनकी बहादुरी के लिए लुई XIV ने मार्किस (फ्रांसीसी सामंती व्यवस्था में मार्किस या मारके ड्यूक के नीचे व अर्ल या कॉउंट से ऊपर होता था) का पद प्रदान किया था। उसके पितामह केसानो के युद्ध में बुरी तरह घायल हुए थे।

अनेक युद्धों में बहादुरी दिखाने वाले उसके एक चाचा फ्रेडरिक महान् की बहन की सेवा में थे और दूसरे चाचा नौसेना के अधिकारी पद से उपनिवेशी गवर्नर के पद तक पहुंच गए थे। उसके पिता मार्किस सेना में अपनी जवानी व्यतीत करने के बाद एक ऐसे दार्शनिक कृषक हो गए थे, जिसने कर-व्यवस्था एवं समाज सुधार पर पुस्तकें लिखकर आमलोगों में 'जनमित्र' के नाम से लोकप्रिय हो चुके थे। अपने परिजनों के ही राह पर चलते हुए वह एक ऐसे लड़ाके, कामुक, दुःसाहसी युवक के रूप में बड़ा हुआ जिसे अध्ययन एवं रचनाधर्मिता के प्रति उत्कट लगाव था। चेचक के दाग से भरे चेहरे वाला मिराबो अपने विचारों एवं शिष्टाचार से शीघ्र ही लोगों को प्रभावित कर लेता था। अपने परिजनों और पत्नी से लड़कर अलग हो गए मिराबो को अपने सामंत पड़ोसी की पत्नी सोफी को भगा ले जाने के अपराध में जेल में बंद कर दिया गया, जहां उसने कारावास व्यवस्था पर एक आलोचनात्मक पुस्तक लिख दिया। 1784-85 के अपने इंग्लैंड यात्रा में वह वहां की संसद एवं न्याय प्रणाली से अत्यंत प्रभावित हुआ था। उसने दो बार बर्लिन की भी यात्रा की तथा अक्षम्य साहित्यिक अपराध भी किया। उन अपराधों के कारण उसका पूरा जीवन ही बर्बाद हो गया होता कि तभी फ्रांस में क्रांति हो गई और उसके जीवन का वह अध्याय प्रारंभ हो गया जो उस क्रांति का अभिन्न अंग बन गया। वह एक सामंत परिवार का था परंतु अपने विगत कर्मों के कारण वह उनका प्रतिनिधि नहीं हो सकता था। इस्टेट-जनरल के चुनावों में वह तीसरे इस्टेट के प्रतिनिधि के रूप में दो स्थानों एक्स तथा मार्सिय से निवार्चित हुआ और एक्स के प्रतिनिधि के रूप में वर्साय आया।

6. उस समय राष्ट्रीय सभा का अध्यक्ष 'बेली' एक जाना माना विद्वान, वैज्ञानिक एवं खगोलशास्त्री था।
7. आरतवॉ का कॉउंट, चार्ल्स फिलिप, लुई XVI का छोटा भाई था। 1757 में जन्मा चार्ल्स फिलिप क्रांति विरोधी सरकारी दल का नेता था। उसके दुराग्रह एवं अविश्वसनीयता ने उस क्रांति को रोकने के स्थान पर आगे बढ़ाने का ही कार्य किया था। फ्रांस से पलायन करने वालों में वह अगुवा था। 1814 में वह पुनः फ्रांस वापस लौटा तथा 1824 में चार्ल्स X के नाम से लुई XVIII का उत्तराधिकारी बना एवं 1830 की क्रांति में उसे सत्ता त्यागनी पड़ी। 1834 में एक निर्वासित की भांति उसकी मृत्यु हुई।

8. मैक्सिमिलियन रोबेसपियैर (1758-1794) का जन्म 6 मई 1758 को अरास में वकीलों के एक परिवार में हुआ था। मां की मृत्यु एवं सात वर्ष की आयु में पिता के द्वारा त्याग दिए जाने के कारण वह अनाथ हो गया था। कुल बारह वर्ष की अपनी शिक्षा में उसने शास्त्रीय साहित्य और पेरिस के लुई ले ग्रैंड नामक जेसूट कॉलेज से कानून का ज्ञान प्राप्त किया था। स्कूली शिक्षा के दौरान ही उसे एकबार लुई XVI के स्कूल दौरे के अवसर पर स्वागत भाषण देने का अवसर भी प्राप्त हुआ था। बाईस वर्ष की आयु में उसने अपना पारिवारिक पेशा वकालत प्रारंभ कर दिया था। स्कूली शिक्षा के दौरान की उसकी निर्धनता, समझदारी एवं श्रम ने उसके विशिष्ट व्यक्तित्व को निर्मित करने में महत्त्वपूर्ण भूमिका निभाया था। धर्मभीरु, ईमानदारी एवं मौलिकता के प्रति आग्रह की प्रकृति उसे दार्शनिक तो बना सकती थी लेकिन सांसारिक रूप से सफल नहीं। 1789 के इस्टेट्स-जनरल के चुनाव में वह अरॉस से प्रतिनिधि चुना गया। उसके बारे में यह मुहावरा सुप्रसिद्ध था कि उसे भ्रष्ट नहीं किया जा सकता था। इस क्रांति के अंतिम चरण में आतंक के युग का संस्थापक रोबेसपियैर ही था, जिसके 1794 में सत्ताच्युत होने तथा मृत्युदंड प्राप्त करने के बाद यह क्रांति समाप्त हो गई थी।
9. आरलियां का द्यूक, लुई फिलिप जोसेफ (1747-1793) लुई फिलिप (1725-1785) का पुत्र, लुई (1703-1752) का पौत्र तथा लुई XVI के भाई एवं नाबालिग लुई XV के प्रतिशासक आरलियां के द्यूक का प्रपौत्र था। एक अत्यंत समृद्ध सामंत द्यूक द पांथियेव्र तथा फ्रांस के ग्रैंड नौसेनाधिकारी की एकलौती पुत्री लुसी से विवाह कर वह फ्रांस का सबसे समृद्ध व्यक्ति बन गया था। लुई XVI के सम्राट बनने के बाद दरबार में उसका सम्मान कम हो गया था क्योंकि महारानी मॉरी अंत्वानेत उसकी समृद्धि से ईर्ष्या एवं उसके व्यवहार से घृणा करती थी। वह स्वयं भी मॉरी अन्त्वानेत का घोर आलोचक था। वह न केवल इंग्लैंड के सम्राट का मित्र था बल्कि फ्रांस में भी संवैधानिक राजतंत्र का समर्थक था। वास्तीय के पतन तथा वर्साय पर हमले के पीछे उसी की साजिश को जिम्मेदार मानने वालों की कमी नहीं है। उसके तमाम समर्थक उसे फ्रांस का संवैधानिक सम्राट बनाना चाहते थे। आतंक के युग के दौरान उसे भी मृत्युदंड दे दिया गया था।

10. 1762 में जन्मा *कामील द मूलै* (ल्यूसी सैप्लीस कामील बंवा) अपने स्कूली जीवन में ही रोबेसपियैर का साथी बन गया था। वह एक उत्तेजक वक्ता, असाधारण रूप से प्रभावी लेखक एवं पत्रकार था। 5 अप्रैल 1794 को दातां के साथ उसे भी गिलोताइन कर दिया गया था।
11. लॉफॉयैत्त (मारी जॉ पॉल रॉश वेस गिलबर्ट मोतियर, मार्किस द) का जन्म 6 सितंबर 1757 को शावनियक के एक अत्यंत समृद्ध उदारवादी अभिजात्यवर्गीय परिवार में हुआ था। उसने फ्रांस की तरफ़ से अमरीका के स्वतंत्रता संग्राम में हिस्सा लिया था, और जार्ज वाशिंगटन का मित्र बन गया था। फ्रांसीसी क्रांति के प्रारंभिक दौर में हिस्सेदारी करने के कारण उसे 'दो दुनियाओं का नायक' भी कहा जाता था। दल-बदल के बाद 1792 में मित्र राष्ट्रों द्वारा वह बंदी बना लिया गया था, जिसे नेपोलियन ने मुक्त कर दिया था। राजतंत्र की पुनर्स्थापना के बाद उसने पुनः अपना राजनैतिक जीवन प्रारंभ कर दिया था। 1830 में लुई-फिलिप को राजसत्ता दिलाने में उसकी महत्त्वपूर्ण भूमिका थी। 1834 में उसका देहावसान हो गया था।
12. ब्रितान क्लब मूलतः ब्रितानी प्रांत के प्रतिनिधियों की एक संस्था थी, जो इस्टेट जनरल के निर्माण से पहले से ही प्रत्येक दिन सायंकाल आमोरी के कॉफी हाउस में विभिन्न महत्त्वपूर्ण विषयों पर विचार-विमर्श करती थी। बाद में, अन्य प्रांतों के अनेक प्रतिनिधि भी इसमें सम्मिलित हो गए थे। शीघ्र ही वे राष्ट्रीय सभा में तीसरे इस्टेट के अधिकारों के लिए लड़ने वाले तथा नीतियों को बनाने वाले स्वयंभू प्रतिनिधि बन गए थे। आने वाले समय में जैकोबिन क्लब के नाम से इस संस्था ने फ्रांसीसी क्रांति में महत्त्वपूर्ण भूमिका का निर्वाह किया था।
13. एक मानव एवं एक नागरिक के अधिकारों की घोषणा, देखें परिशिष्ट 2
14. मॉरा, जॉ पोल (1743-1793) एक स्पेनी-सारडेनी पिता तथा स्विस मां का पुत्र था, जिसका जन्म 1743 में नशातेल के वाउड्री नामक स्थान पर हुआ था। सोलह साल की आयु में वह गृह-त्याग कर बोर्दिया एवं पेरिस में चिकित्सा शास्त्र का अध्ययन करने लगा था। हालैंड के विभिन्न नगरों की यात्रा करने के बाद 1767-68 में वह इंग्लैंड आ गया था। उसने चिकित्साशास्त्र, वैज्ञानिक तथा दार्शनिक विषयों पर अनेक लेख एवं पुस्तकें लिख़ीं, जिनमें *'चेन्स ऑव स्लेवरी'* भी एक थी। इसमें उसने

राजाओं के स्वतंत्रता विरोधी कार्यों एवं निरंकुशता पर प्रहार किया था। 1773 के अपने, *फिलासोफिकल एस्से ऑन मैन,* में उसने एल्वासिस के इस विचार का खंडन किया था कि एक दार्शनिक के लिए विज्ञान अनावश्यक था। 1777 में जब वह वापस फ्रांस आया तब उसके पास एडिनबर्ग के सेंट एंड्रयूज़ से चिकित्साशास्त्र की एक उपाधि के साथ-साथ एक चिकित्सक, वैज्ञानिक शोधकर्ता तथा राजनैतिक टिप्पणीकार का सम्मान भी था। आश्चर्य नहीं कि फ्रांस पहुंचते ही उसे राजा के भाई काउंत द्यू आरत्वॉ के अंगरक्षक का चिकित्सक बना दिया गया। 1788 में मॉरा ने अपना प्रथम क्रांतिकारी पर्चा, *ओफ्रांद आ लॉ पाथ्री* लिखा था, जिसके बाद अन्यों ने भी संविधान, मानवाधिकारों, तथा ब्रिटिश व्यवस्था के विरुद्ध लिखना प्रारंभ कर दिया था। उसने स्वयं को क्रांतिकारी पर्चों के लेखन तक ही सीमित नहीं रखा, बल्कि चौराहे-चौराहे पर रूसो के *सोशल काट्रैक्ट,* के प्रासंगिक हिस्सों को जोर-जोर से पढ़कर सुनाना भी उसका एक शगल था। सितंबर 1789 के प्रारंभ में ही उसने *लामी द्यू पप्ल* नामक एक आठ पृष्ठ का जर्नल निकालना प्रारंभ कर दिया था, जिसे उसने 1792 से 'जर्नल', तथा मार्च 1793 से *प्यूबलीसीस्त द ला रेवोल्यूशियो फ्रांसैज़* के नाम से प्रकाशित किया था। उस समाचारपत्र का नीति-वाक्य, 'सत्य या मृत्यु' उसने रूसो से ही लिया था। कार्देलियर क्लब के नेता तथा 'राष्ट्रीय कन्वेंशन' के सदस्य (1792) के रूप में फ्रांसीसी क्रांति का वह एक महत्त्वपूर्ण पात्र था, जिसे सार्वजनिक प्रदर्शनों में पेरिस की जनता का अपार समर्थन प्राप्त होता रहा था। अप्रैल 1793 में ज़ीरोदैं ने उस पर *रीवोल्यशनरी ट्रिब्यूनल* में मुक़दमा भी चलाया था, परंतु 1793 को एक युवा ज़ीरोदैं शार्लोत्त कोरदेई ने उसके स्नानघर में घुसकर चाकू से उसकी हत्या कर दी। इस प्रकार जनता के पक्ष में लड़ते हुए उसे शहादत का श्रेय भी प्राप्त हो गया।

15. जार्ज जॉक दातां (1759-1794) का जन्म 26 अक्तूबर 1759 को हुआ था। क्रांति पूर्व का उसका जीवन अपेक्षाकृत अज्ञात ही है। हालांकि, 1780 में ही वह पेरिस आ गया था लेकिन अपने ग्रामीण परिवेश के आकर्षण से वह स्वयं को कभी मुक्त नहीं क़र पाया। क्रांति के चरम दिनों 1791, 1792 व 1793 में भी वह अपने गांव आरकिस आता रहा था। उसने कानून का अनौपचारिक अध्ययन किया तथा रीम्स के बार से आवश्यक

प्रमाण प्राप्त कर एक समृद्ध व्यक्ति की खूबसूरत बेटी से विवाह कर लिया था। उसी पैसे से एक कानूनी पद खरीद कर वह पेरिस में बस गया था। वह क्यों और कैसे क्रांति में कूद पड़ा इसकी जानकारी नहीं प्राप्त हो पाती है। वास्तीय के पतन पूर्व संध्या, 13 जुलाई 1789 को, दातां ने ही पेरिस के नए बने जिले कार्देलियर के कान्वेंट में नागरिकों को हथियारबंद होकर पेरिस को 30,000 सैनिकों द्वारा किए जाने वाले लूट और हत्या से बचाने की अपील की थी। क्रांति के दिनों में उसका घर वकीलों, प्रकाशकों, पुस्तक विक्रेताओं, साहित्यकारों से भरा रहता था। वहीं से डा. मॉरा अपनी क्रांतिकारी पत्रिका *लॉमी द पप्ल* का प्रकाशन करता था। कामील दे मूलै, शेनिए, फाब्र, फ्रेरो, *बीलो वारेन्न,* मैन्यूएल, शोमेत्त, पॉर, कोलो-द एरब्बा आदि सभी पेरिस के एक ही ज़िले के निवासी और उसके पड़ोसी थे। नदी पार के जैकोबिन क्लब की ही भांति उसका घर भी क्रांतिकारी विचारों, बहसों एवं सिद्धांतों का अड्डा बन चुका था। यद्यपि, 10 अगस्त 1792 की क्रांति को अंजाम देने में दातां की कोई विशेष भूमिका नहीं थी लेकिन कार्देलियर्स ज़िले का नेता होने के कारण उसे 11 अगस्त को मंत्री बना दिया गया था। मार्च 1793 में उसे द्‌यूमूरिए के इरादे को जानने के लिए बेल्जियम सेना की जांच के लिए प्रेषित किया गया था। द्‌यूमूरिए के इरादे को जानने के बाद भी उसने उसे बंदी नहीं बनाया था और पेरिस लौट कर *कमेटी ऑफ़ पब्लिक सेफ्टी* को अपनी रिपोर्ट सौंप दी थी। इसके लिए राष्ट्रीय सम्मेलन में ज़ीरोंदें ने उस पर तानाशाह बनने का प्रयास करने तथा राजतंत्र को पुनर्स्थापित करने का षड्यंत्र करने का आरोप लगा दिया था। लुई XVI के मृत्युदंड के बाद राष्ट्रीय सम्मेलन के दो महत्त्वपूर्ण राजनैतिक दलों–ज़ीरोंदें व माउंटेनों (जैकोबिनों)–में संघर्ष प्रारंभ हो चुका था। कुछ ही माह पश्चात ज़ीरोंदें का पतन हो गया और उनमें से अधिकांश को मृत्युदंड दे दिया गया था। ज़ीरोंदें के पतन ने स्वयं उसके पतन का मार्ग प्रशस्त कर दिया था। उस पर सितंबर हत्याकांडों का भी आरोप लगा था। अप्रैल से जुलाई 1793 तक दातां *कमेटी ऑफ़ पब्लिक सेफ्टी* का प्रमुख सदस्य रहा। जुलाई में उसका स्थान रोबेसपियैर ने ले लिया। रोबेसपियैर के आतंकराज में ही उसे 34 वर्ष की आयु में 5 अप्रैल 1794 को गिलोतिन पर चढ़ा दिया गया था।

16. 1790 का प्रारंभ ही एक बहुचर्चित अफ़वाह से हुआ था कि राष्ट्रीय सभा

एवं पेरिस की नगरपालिका पर अधिकार करने का एक षड्यंत्र किया जा रहा था, जिसका नेता मार्किस द फावरा था। फावरा राजा के भाई की स्विस सेना में कभी लेफ्टिनेंट रह चुका था। उसे गिरफ़्तार कर लिया गया। उस पर यह आरोप था कि उसने लॉफॉयैत्त, नेकर तथा बेली की हत्या कर राजा को लेकर भाग जाने का षड्यंत्र किया था, जिसके लिए वर्साय में बारह हज़ार घुड़सवार तैयार थे कि इसके पश्चात् स्विस और पिडमांत की सेना के साथ पेरिस पर आक्रमण करने की योजना थी। फावरा पर मुक़दमा चला कर 11 फ़रवरी 1790 को मृत्युदंड दे दिया गया। इस षड्यंत्र से अपना नाम जुड़ने पर राजा के भाई ने *होटल द विले* जाकर अपनी सफाई दी और यह अपील की कि उन अफ़वाहों पर ध्यान न देकर उसके देशप्रेम पर विश्वास किया जाए। उसने अपने एवं फावरा के संबंधों का विवरण भी विस्तार से दिया। सभी ने राजा के भाई की बातों पर विश्वास कर उसे सम्मानपूर्वक उसके महल तक पहुंचा दिया था।

17. लियोपोल्ड II (1790-1793) : 20 फ़रवरी 1790 को आस्ट्रिया के सम्राट जोसेफ II की मृत्यु के बाद लियोपोल्ड II सम्राट बन गया था। जोसेफ II की मृत्यु ने मॉरी अंत्वानेत के दुख को और अधिक बढ़ा दिया था, क्योंकि जोसेफ II उसका बड़ा भाई होने के साथ-साथ उसके पिता एवं मित्र जैसा भी था। नए सम्राट लियोपोल्ड II ने भी अपनी छोटी बहन को पूरा सहयोग देने का आश्वासन दिया था तथा बदले में उससे उसी विश्वास और मित्रता की आशा की थी, जो जोसेफ II को उससे मिलता रहा था। मॉरी अंत्वानेत ने उसे विश्वास दिलाया था कि वह लुई पर एक 'अच्छे मित्र' की भांति विश्वास कर सकता था।

18. जॉक पियरे ब्रिसो (1754-1793): क्रांति के पैंतीस वर्ष पूर्व जन्म लेने वाला ब्रिसो एक रेस्तोरां स्वामी के कुल सत्तरह में से तेरहवां बच्चा था। स्वयं को दूसरे से अलग दिखाने के अति उत्साह में ही उसने अपने नाम में ब्रिसो शब्द जोड़ लिया था। अब वह अपने पड़ोसी गांव के नाम पर वारविल का ब्रिसो बन गया था। वह पैदायशी पढ़ाकू क़िस्म का एक किताबी कीड़े की नस्ल का एक ऐसा विद्यार्थी था, जिसे अपनी जानकारियों के प्रदर्शन में मजा आता था। उसने इटैलियन और अंग्रेज़ी भाषा पर अधिकार करने के बाद यूनानी, स्पेनी एवं जर्मन भाषाओं को भी सीखने

का प्रयास किया था। प्रत्येक रविवार को लॉक, मॉन्तेस्क्यू तथा मांतान को पढ़ता था। कल्पनाओं की दुनिया में जीने वाला ब्रिसो चीन पर एक पुस्तक पढ़कर स्वयं को एक ऐसे तार्तार विजेता के रूप में देखने लगता था, जिसने हज़ारों सैनिकों को लेकर एशिया विजय कर लिया हो, हालांकि, वह स्वयं को खून-ख़राबे का विरोधी मानता था और सभी को सुखी बनाना चाहता था। अपने आदर्शों को प्राप्त करने के लिए वह समस्त जीवन संस्थाओं का निर्माण, पत्रिकाओं का संपादन तथा पर्चों का लेखन करता रहा। उसकी कल्पनाशीलताओं की अति ने उसे व्यवहारिकताओं से इतना दूर कर दिया था कि उसके स्वाभाविक गुण अस्वाभाविक रूप से अनाकर्षक बन गए थे। पत्रकारिता के पेशे के साथ-साथ वह एक लेखक भी बन गया था। तीस वर्ष का होने के पूर्व ही उसने दरबारी संस्कृति, समकालीन साहित्य, दंड-विधान तथा भारत जैसे विषयों पर पुस्तकें एवं लेख प्रकाशित करा लिया था। वह लंदन में रहने लगा था तथा दालाम्बेर, वाल्तेयर व जेरेमी बेंथम से पत्राचार करता रहता था। अपने लेखन के कारण ही उसे 1784 में बास्तीय के किले में दो माह के लिए क़ैद भी होना पड़ा था। 1784 से 1788 तक वह पेरिस में रहा। इस दौर में अत्यंत सामान्य जीवन व्यतीत करते हुए भी वह अपने समय के सभी प्रगतिशील आंदोलनों से जुड़ा रहा। अनेक पुस्तकों का लेखन करने के साथ-साथ वह अनेक संस्थाओं से भी जुड़ा रहा। जून 1788 में वह अमरीका चला गया लेकिन छः माह के अंदर ही क्रांति प्रारंभ होने की सूचना मिलने पर वह पेरिस आ गया। जून 1791 से जून 1793 के दो वर्षों तक फ्रांस का प्रभुत्वशाली राजनैतिक दल पहले उसके नाम से, 'ब्रिसोतिंस', फिर 'ज़ीरोदैं' के नाम से जाना जाता रहा था। वह 1791 में विधानसभा तथा 1792 में कन्वेंशन का सदस्य रहा। 31 अक्तूबर 1793 को उनतालीस वर्ष की अल्पायु में मृत्यु-दंड प्राप्त कर वह फ्रांसीसी क्रांति का एक ऐतिहासिक पात्र बन गया था।

19. 20 जून की रात को राजा, रानी, राजा की बहन एलिज़ाबेथ तथा राजकुमारों की परिचारिका मादाम डी तूरज़ेल एक के बाद एक महल से निकल गए। मादाम तूरज़ेल बच्चों के साथ पती कारुसेल पहुंच कर एम.डी. फर्सेन नामक एक विदेशी नवयुवक द्वारा चलाए जाने वाले बग्घी में बैठ गए। राजा भी शीघ्र ही पहुंच गया। परंतु रानी जो अपने एक अंगरक्षक के

साथ थी, रास्ता भूल गई, क्योंकि दोनों में से किसी को भी पेरिस की गलियों की जानकारी नहीं थी। इसमें एक घंटे का विलंब हो गया। विलंब होने के कारणों पर इतिहासकारों में मतभेद है। पूरे राजपरिवार ने पुनः एकत्रित होने के बाद विलंब नहीं किया। एक लंबी यात्रा के बाद वे पोर्ट सेंट मार्टिन पहुंचे, जहां छः घोड़ों वाली एक बग्घी उनकी प्रतीक्षा कर रही थी। कोचवान बना एम.डी. फर्सेन वापस पेरिस लौट गया, जहां से उसे ब्रूसेल्स चले जाना था। इस यात्रा में मादाम द तूरज़ेल राजकुमारों की मां बन गई थी और उसने अपना नाम मादाम द कार्फ रख लिया था। स्वयं लुई XVI उनका निजी सेवक (वाले डी शांबर) बन गया था। राजपरिवार के तीन अंगरक्षक इस यात्री परिवार के सेवक बन आगे-पीछे चल रहे थे। त्यूलरी के महल से निकलने के चौबीस घंटे बाद (पेरिस से वारेनीज़ तक बग्घी की यात्रा में) यह दल रात को 11 बजे वारेनीज़-एन-अरगान तक सुरक्षित पहुंच गया। परंतु इसी बीच द्रूए नामक एक पोस्टऑफिस कर्मचारी के पुत्र ने राजा को पहचान लिया था। द्रूए एक उग्र क्रांतिकारी था। रास्ते में होने वाले स्वाभाविक विलंबों के कारण योजनानुसार राजपरिवार को रास्ते में मिलने वाला सहायक दल भी नहीं मिल सका था। द्रूए पहले ही वारनैस पहुंच गया था। यहीं पर राजपरिवार को गिरफ्तार कर लिया गया।

20. लुई XVI एवं उसके परिवार की गिरफ्तारी के बाद उनके वापसी की इस यात्रा में बारनेव तथा पेतिओ राजा की बग्घी में बैठे, जबकि मॉबूर मादाम तूरज़ेल की बग्घी में आया। मॉबूर लॉफॉए का मित्र था तथा उसी की भांति राजा एवं संविधान का समर्थक भी था। इसीलिए उसने अपने दोनों साथियों को राजा की बग्घी में आने का अवसर प्रदान किया, जिससे राजा और रानी के साथ उनकी भी निकटता बढ़ सके। बारनेव राजा और रानी के बीच में पीछे बैठा था, जबकि पेतिओ एलिज़ाबेथ एवं मादाम रॉएल के बीच में सामने बैठा था। अपने से छः साल छोटे उन्तीस वर्षीय बारनेव के व्यक्तित्व से मॅारी अंत्वानेत प्रभावित हो गई थी तथा वापसी की इस चार दिवसीय यात्रा में उन दोनों के मध्य अंतरंगता भी बढ़ गई थी।

21. लॉफॉयैत्त के इस आदेश के अनुसार राजा का ज़िंदाबाद करने पर कोड़े

मारने की सजा और मुर्दाबाद करने पर मृत्युदंड दी जाती।

22. इस विधानसभा के कुल 750 सदस्यों में से 264 दाहिनी तरफ़ बैठने वाले 'फैयान' तथा बाईं तरफ़ बैठने वाले 136 सदस्य 'जैकोबिन' या कार्देलियर के रूप में पंजीकृत थे। शेष 350 सदस्य किसी भी दल के साथ संबद्ध नहीं थे।

23. *द्यूमूरिए* उर्फ़ शार्ल फ्रांस्वा द्यू पेरिए द्यूमूरिए (1739-1822) का जन्म कांब्रे के एक सैन्य परिवार में हुआ था। 'रटने की आदत कल्पनाशीलता को मार देती है', जैसे विश्वास के कारण उसके पिता ने उसे प्लूतार्क, मान्तान, पास्कल, इली तथा वाल्तेयर को पढ़ने के लिए प्रेरित किया। ऐसे लेखकों एवं दार्शनिकों को पढ़ने के कारण ही *द्यूमूरिए* ने घोषित किया था कि वह पादरी के अतिरिक्त कुछ भी बनने को तैयार था। सत्रह साल की उम्र में सप्तवर्षीय युद्ध में हिस्सा लेने वाला *द्यूमूरिए* जीवन भर एक सैनिक तथा अध्येता बना रहा। अपनी एक रिश्ते की बहन से विवाह न कर पाने के विक्षोभ में उसने आत्महत्या तक करने का प्रयास किया था। अगले दस वर्षों तक वह इटली, कार्सिका, फ्लैंडर्स, स्पेन, पुर्तगाल तथा पोलैंड में सैन्य कर्मों में लिप्त रहा। फ्रांस लौटने के बाद वह बास्तीय के किले में बंदी भी रहा। जेल से मुक्त होने के बाद उसने अपनी उसी प्रेमिका से विवाह कर लिया जिसके प्रेम में बारह वर्ष पूर्व वह दिवाना हो गया था। परंतु, पत्नी के रूप में अब पर्याप्त झगड़ालू हो चुकी अपनी प्रेयसी से दूर-दूर रहने के लिए ही वह 1775 से 1778 तक विभिन्न सैन्य अभियानों में अपनी आजीविका तलाशता रहा था। इसी दौर में वह अमरीका के स्वतंत्रता संग्राम में भी फ्रांस की तरफ़ से सम्मिलित हुआ था। फ्रांसीसी क्रांति के प्रारंभ हो जाने के बाद पहले दो वर्षों तक उसकी कोई भूमिका नहीं बन सकी थी। परंतु मार्च 1792 में फैयान मंत्रिमंडल के पतन के बाद ब्रिसोतिनो एवं गणतंत्रवादियों के सत्तासीन होने पर उसे युद्धमंत्री और बाद में विदेशमंत्री बना दिया गया। युद्ध में प्रारंभिक पराजयों के बाद जब ले ग्रेव के स्थान पर सेरवान को युद्धमंत्री बनाया गया तब ज़ीरोदैं मंत्रीमंडल दो गुटों में बंट गया। 13 जून को जब लुई ने रोलैंड, सेरवान और *क्लावियेर* को बर्खास्त किया तब वह ज़ुलाई में पुनः सीमाओं पर चला गया।

24. *बीलो वारेन्न* तथा कोलो द एरब्बा, दोनों 1793-94 के कमेटी ऑफ़ पब्लिक

सेफ्टी के उग्र सदस्य बने। एक धर्म विरोधी उग्र लेखक के रूप में प्रसिद्धि पाने वाला यह असफल वकील बिलो 10 अगस्त 1792 के कम्यून में सदस्य तथा कन्वेंशन में पेरिस का प्रतिनिधि निर्वाचित हुआ था। अभिनेता एवं नाटककार एरब्बा ने 1789-91 में क्रांतिकारी नाटकों की एक श्रृंखला ही लिखी थी तथा मार्च 1792 में उसने नैंसी के विद्रोहियों के सम्मान में एक मेले का आयोजन किया था। वह भी कन्वेंशन में पेरिस से प्रतिनिधि निर्वाचित हुआ था।

25. यह पत्र श्रीमती रोलैंड द्वारा लिखा गया था।
26. सॉ क्यूलौत्त के बारे में कोई स्पष्ट अवधारणा नहीं बन पाई है। कभी उन्हें जैकोबिनों के साथ तो कभी बर्बर आम जनता के रूप में ही देखा जाता था। वास्तव में, वे नगरों एवं कस्बों के ऐसे सामान्य कामकाजी लोग थे, जो न बहुत अमीर थे न गरीब। छोटे-छोटे व्यापारी, दुकानदार, शिल्पकार एवं विभिन्न पेशों से जुड़े इन लोगों को किसी वर्ग-विशेष से जोड़कर नहीं देखा जा सकता है। अभूतपूर्व मंहगाई और मुद्रास्फीति के शिकार वे सभी एक राजनैतिक शक्ति के पर्याय बन गए थे, जो वास्तव में सच्चे 'सक्रिय नागरिक' की भूमिका अदा करते हुए नियमित रूप से अपने-अपने वार्डों की सभाओं में उपस्थित रहने के साथ-साथ राष्ट्रीय सुरक्षा बल में भी अपनी सेवाएं देने के लिए तत्पर रहते थे। एक सच्चे सक्रिय नागरिक के रूप में सॉ क्यूलौत्त एक राजनैतिक सम्मान का सूचक शब्द बन चुका था।
27. कुछ ही दिनों में वह फ्रांस से पलायन भी कर गया। आस्ट्रिया में उसे एक क्रांतिकारी घोषित कर बंदी बना लिया गया। पांच वर्षों तक आस्ट्रिया के कारावास में बंदी जीवन व्यतीत करने के बाद उसे अंततोगत्वा नेपोलियन बोनापार्ट ने मुक्ति दिलाई थी।
28. विधानसभा ने 20 मार्च 1792 को मृत्युदंड देने के लिए इस यंत्र के उपयोग का आदेश पारित किया था। इसका आविष्कार करने वाले डॉ. लुई एवं डॉ. गिलोतिन के नाम पर ही इस यंत्र का नाम लुईसेट अथवा *गिलोतिन* पड़ गया था। इस यंत्र से मृत्युदंड पाने वाला पहला अपराधी एक राहजन था, जिसे 25 अप्रैल को कारुसेल के चौराहे पर मृत्युदंड दिया गया।
29. 28 जनवरी को ही जर्मनी में निष्कासित प्रावेंस के कॉउंट ने स्वयं को फ्रांस के राजा लुई XVII का प्रतिशासक घोषित कर दिया था। हालांकि,

लुई XVII अथवा लुई XVI का आठ वर्षीय पुत्र अभी भी टेंपल के मीनार में बंदी था।

30. एबेर, ज़ाक रने (1757-1794) का जन्म अलेनकॉन में हुआ था। क्रांति प्रारंभ होने पर वह अपने राजनैतिक व्यंग्यों तथा पत्रिका *'ला लान्तैर्न माज़ीक'*, के कारण लोकप्रिय हो गया था। 1792 से ही उसने राजतंत्र के विरुद्ध एक प्रभावी अभियान प्रारंभ कर दिया था। 10 अगस्त को वह कम्यून का प्रतिनिधि निर्वाचित हो गया था। उसने ईसाई धर्म के विरुद्ध भी तीव्र अभियान चलाया था। 24 मार्च 1794 को उसे मृत्युदंड प्रदान कर गिलोतिन पर चढ़ा दिया गया था।

31. एरोल द सेशेल्स् (मॉरी-जॉन) का जन्म पेरिस के एक अमीर एवं अभिजात्य परिवार में 1759 में हुआ था। अपनी अद्‌भुत योग्यताओं के कारण अठारह वर्ष की अल्पायु में ही वह सरकारी वकील तथा पच्चीस वर्ष में पेरिस के पार्लेमेंत का एडवोकेट जनरल बन गया था। क्रांति का समर्थक होने के कारण 1790 के नवीन न्याय व्यवस्था में न्यायाधीश, सैन से विधानसभा का प्रतिनिधि तथा सेन-ए-उवाज़ से राष्ट्रीय सम्मेलन का प्रतिनिधि निर्वाचित हो गया था। मई 1793 में वह *कमेटी ऑफ़ पब्लिक सेफ्टी* का एक सदस्य चुन लिया गया था तथा 2 जून की क्रांति में सम्मेलन की अध्यक्षता उसी ने की थी। 1793 के जैकोबिन संविधान के लिए मुख्य रूप से वह ही उत्तरदायी था। दिसंबर 1793 में उसे कमेटी से निष्कासित कर दिया गया तथा अप्रैल 1794 में दातां के साथ उसे भी गिलोतिन पर चढ़ा दिया गया था।

32. सितंबर 22, 1792 को, राजतंत्र के पतन के अगले दिन को, नए युग के प्रथम वर्ष का प्रथम दिवस घोषित कर दिया गया। इस नवीन कैलेंडर के वर्ष को तीस-तीस दिन के बारह महीनों तथा प्रत्येक माह को दस-दस दिन के तीन दशकों में विभाजित किया गया था। इस नवीन क्रांतिकारी वर्ष को शौर्य वर्ष के अनुकूल बनाने के लिए प्रत्येक वर्ष के अंत में पांच एवं अधिवर्ष (लीप वर्ष) में छः अतिरिक्त दिन जोड़ दिए गए थे। राष्ट्रीय सम्मेलन ने इस क्रांतिकारी कैलेंडर के महीनों के नामों का नया नामकरण भी कर दिया था। शरद् महीनों को *वेन्डीमेयर, ब्रूमेयर, फ्रिमेयर*; शीत महीनों को *निवोस, प्लूवियोस, वेन्टोस*; बसन्त महीनों को *जर्मीनल, फ्लोरियल, प्रेरियल* तथा ग्रीष्म महीनों को *मेसिडोर, थर्मीडोर* तथा

फ्रक्टिडोर का नाम दिया गया था। यह नया कैलेंडर 1 जनवरी 1806 तक लागू रहा।

33. सेंट जॅस्ट, एंटाएन लुई डी रिचबोर्ग डी (1767-1794) का जन्म 25 अगस्त 1767 को निवर्ने में हुआ था। 1792 में वह राष्ट्रीय सम्मेलन तथा जुलाई 1793 में *कमेटी ऑफ़ पब्लिक सेफ्टी* का सदस्य बन गया था । फ़रवरी 1794 में वह राष्ट्रीय सम्मेलन का अध्यक्ष बन गया था। रोबेसपियैर के प्रति सदैव निष्ठावान रहने वाले सेंट जॅस्ट को रोबेसपियैर के साथ ही गिलोतिन पर चढ़ा दिया गया था।

34. इन पांच निदेशकों में केवल बारॉस एक पूर्व सामंत था, शेष चारों मेहनतकश, ईमानदार और प्रतिबद्ध क्रांतिकारी विचारों से लैस थे। रबेल के अतिरिक्त अन्य चारों निदेशकों ने लुई XVI के मृत्युदंड के पक्ष में मतदान किया था।

संदर्भ ग्रंथ

फ्रांस की क्रांति पर विभिन्न भाषाओं में उपलब्ध विशाल प्रकाशित रचनाओं के संग्रह का उल्लेख यहां पर करना न संभव है न आवश्यक। इसीलिए यहां केवल अंग्रेज़ी भाषा की चंद चुनी हुई रचनाओं का संदर्भ दिया जा रहा है। इस विषय पर कुछ महत्त्वपूर्ण संदर्भ ग्रंथ निर्देशिकाएं अत्यंत उपयोगी सिद्ध हो सकती हैं, जैसे; जे. एस. ब्रामले एंड ए. गुडविन (संपादक द्वय) ए सेलेक्ट लिस्ट ऑफ़ वर्क्स आन यूरोप एंड यूरोप ओवरसीज़, 1715-1815 (1956); डब्लू. एल. लैंगर (सं.) दि राईज़ ऑफ़ माडर्न यूरोप : लियो गर्साय, फ्राम डेस्पॉटिज़्म टू रिवोल्यूशन, 1763-1789 (1944); सी. क्रेन ब्रिंटन, ए डिकेड ऑफ़ रिवोल्यूशन, 1789-99 (1934)। इनके अतिरिक्त एम. ए. दियर्स, 5 खंड, (1838), मिग्नेट (1824), थामस माइकल कारलाइल (1837), लुई ब्लांक (1847-62), मिशेल (1847-53), ताकूविले (1856), एक्टन (1895-99), हेनरी स्मिथ विलियम्स(सं. 1901), तथा यंग आर्थर की सुप्रसिद्ध पुस्तक ट्रैवेल्स इन फ्रांस एंड इटली ड्यूरिंग दि इयर्स 1787, 1788 एंड 1789 (एन. डी.) जैसी प्रारंभिक रचनाएं इस क्रांति पर विस्तृत प्रकाश डालती हैं। इस क्रांति पर 20वीं सदी में भी अनेक महत्त्वपूर्ण पुस्तकें प्रकाशित हुई हैं। जैसे ए. मैथिज़, दि फ्रेंच रिवोल्यूशन (3 खंड, अंग्रेज़ी अनुवाद 1927), जे. एम. थामसन, लीडर्स ऑफ़ दि फ्रेंच रिवोल्यूशन (1932) तथा दि फ्रेंच रिवोल्यूशन (1943), जी. साल्वेमिनी, दि फ्रेंच रिवोल्यूशन, 1788-1792 (अंग्रेज़ी अनुवाद, 1953), ए. गुडविन, दि फ्रेंच रिवोल्यूशन, 1787-1794 (1953), ए. कॉबन, हिस्टोरियन्स एंड दि काजेज़ ऑफ़ फ्रेंच रिवोल्यूशन (1958), जार्ज रुदे, इंटरप्रिटेशंस ऑफ़ दि फ्रेंच रिवोल्यूशनर (1961), लेफेब्रे, दि फ्रेंच रिवोल्यूशन, खंड -1, (1962), नार्मन हैंपसन, ए सोशल हिस्ट्री ऑफ़ दि फ्रेंच रिवोल्यूशन (1963), एम. जे. सिडेनहाम (1965), जार्ज रुदे, रिवोल्यूशनरी यूरोप (1977), सोबोल, अल्बर्ट, दि

सिविलाइजेशन ऑफ़ दि फ्रेंच रिवोल्यूशन (1967-82), एलन फारेस्ट, दि फ्रेंच रिवोल्यूशन (1995), रिचर्ड कॉब, दि फ्रेंच एंड देयर रिवोल्यूशन (1998), अल्फ्रेड कॉबन, दि सोशल इंटरपिटेशन ऑफ़ दि फ्रेंच रिवोल्यूशन (1999), डॉएल विलियम, ओरिजिंस ऑफ़ दि फ्रेंच रिवोल्यूशन (1999), अंतोनिया फ्रेज़र, मॉरी अंत्वानेत : दि जर्नी (2002) आदि।

परिशिष्ट

फ्रांसीसी संविधान, 1791

(शनिवार, 3 सितंबर, 1791 को राजा को प्रस्तुत)

एक मानव और एक नागरिक के अधिकारों की घोषणा

मानव के अधिकारों के प्रति अज्ञानता, विस्मृतता एवं अवमानना को ही सर्वसाधारण के व्यथाओं, तथा सरकारी भ्रष्टाचार का मूल कारण मानते हुए फ्रांस की जनता के प्रतिनिधियों द्वारा निर्मित राष्ट्रीय सभा ने मानव के प्राकृतिक, अहस्तांतरित तथा पवित्र अधिकारों को एक औपचारिक घोषणा के रूप में प्रदर्शित करना प्रस्तावित किया है; जिससे यह घोषणा समाज के सभी सदस्यों को प्राप्य रहे, उन्हें उनके अधिकारों एवं कर्तव्यों की याद दिलाती रहे; जिससे कि सभी विधायी तथा कार्यकारी अधिनियम प्रत्येक क्षण सभी राजनैतिक संस्थाओं के उद्देश्य के समतुल्य रहते हुए अधिक सम्मान प्राप्त करते रहें; जिससे कि नागरिकों का विरोध भी आज के बाद सामान्य और चुनौतीरहित सिद्धांतों पर आधारित रहे, संविधान को सदैव जारी रखे, तथा सभी का हितवर्धन करता रहे।

इसीलिए राष्ट्रीय सभा, सर्वोच्च सत्ता के तत्वाधान एवं उपस्थिति में, एक मानव और एक नागरिक के निम्नलिखित अधिकारों को, मान्यता प्रदान करते हुए उद्घोषित करती हैः

1. सभी मानव जन्म से स्वतंत्र तथा अधिकारों में समान होते हैं : सभी की उपयोगिता के अतिरिक्त कारणों के सामाजिक भेद नहीं बनाए रखे जा सकते हैं।
2. सभी राजनैतिक संस्थाओं का उद्देश्य मानव के प्राकृतिक एवं अहस्तांतरणीय अधिकारों को संरक्षणीय बनाए रखना है : यह अधिकार है स्वतंत्रता, संपत्ति, सुरक्षा तथा उत्पीड़न के विरुद्ध प्रतिरोध।
3. प्रभुसत्ता का सिद्धांत आवश्यक रूप से राष्ट्र में निवास करता है : इस

स्रोत से स्पष्ट रूप से न निकलने वाले किसी अधिकार का प्रयोग कोई मानव, कोई व्यक्ति नहीं कर सकता है।

4. दूसरे को क्षति पहुंचाने के अतिरिक्त सभी कुछ करने के अधिकार में स्वतंत्रता निवास करती है ; अतः, समाज के अन्य सदस्यों को प्राप्त समान अधिकारों को सुनिश्चित करने वाले अधिकारों के अतिरिक्त प्रत्येक व्यक्ति के प्राकृतिक अधिकारों के प्रयोग की कोई अन्य सीमा नहीं है : उन सीमाओं का निर्धारण केवल कानून के द्वारा ही किया जा सकता है।
5. कानून को केवल उन्हीं कार्यों को प्रतिबंधित करने का अधिकार है जो समाज के लिए हानिकारक है। जिसे कानून के द्वारा प्रतिबंधित नहीं किया जा सकता है, उसे रोका नहीं जा सकता है तथा जिसे कानून प्रतिबंधित नहीं कर सकता उसे करने से किसी व्यक्ति को रोका नहीं जा सकता है।
6. कानून सामान्य इच्छा की अभिव्यक्ति है : कानून के निर्माण हेतु सभी नागरिकों को व्यक्तिगत रूप से या अपने प्रतिनिधियों के द्वारा सहमत होने का अधिकार है : सुरक्षा देने अथवा सजा देने के मामले में इसे सभी के लिए समान होना होगा। कानून की दृष्टि में सभी नागरिकों के समान होने के कारण सभी समान रूप से गरिमाओं, स्थानों तथा सार्वजनिक स्थलों में, क्षमताओं के अनुरूप, सद्‌गुणों और योग्यताओं के अतिरिक्त, बिना किसी भेदभाव के, प्रवेश के अधिकारी हैं।
7. कानून द्वारा निर्धारित मामलों, तथा कानून द्वारा निर्धारित तरीकों के अतिरिक्त किसी मानव को दोषी, बंदी, या निरुद्ध नहीं किया जा सकता। निरंकुश आदेशों के अनुरोधकर्ता, संपन्नकर्ता, निष्पादनकर्ता, अथवा निष्पादन का कारण बनने वाला सजा का अधिकारी होगा ; लेकिन कानून के द्वारा तलब या बंदी प्रत्येक नागरिक को उसे तत्काल मानना होगा - इसका विरोध करने के कारण वह अपराधी बन जाएगा।
8. कानून केवल उन्हीं सजाओं को निर्धारित करेगा जो पूर्णरूपेण एवं प्रामाणिक रूप से आवश्यक होगा ; तथा अपराध पूर्व स्थापित एवं घोषित, तथा वैधानिक रूप से प्रयुक्त कानून के बिना किसी व्यक्ति को सजा नहीं दी जा सकती है।
9. दोषी घोषित होने के पूर्व तक प्रत्येक मानव निर्दोष होगा, यदि एक मानव को बंदी बनाना अत्यंत आवश्यक होगा, बंदी बनाने के अनावश्यक प्रत्येक

प्रकार की प्रयुक्त सख़्ती को, कानून के द्वारा कठोरतापूर्वक निर्धारित किया जाएगा।

10. किसी व्यक्ति को उसके विचारों के लिए उत्पीड़ित नहीं किया जाएगा, यहां तक कि धार्मिक विचारों के लिए भी नहीं, जब तक कि उन विचारों की अभिव्यक्ति कानून के द्वारा स्थापित व्यवस्था को भंग करने वाले न हों।
11. चिंतन तथा विचारों का स्वतंत्र संप्रेषण मानव का एक सर्वाधिक मूल्यवान अधिकार है। अतः इस आधार पर प्रत्येक नागरिक कानून के द्वारा निर्धारित मामलों में स्वतंत्रता के द्वारा उत्पन्न दुर्व्यवहारों के प्रति उत्तरदायी होगा, स्वतंत्रतापूर्वक अपने भावनाओं को बोल, लिख एवं प्रकाशित कर सकता है।
12. मानव एवं नागरिकों के अधिकारों की गारंटी में एक आवश्यक सार्वजनिक बल सम्मिलित है ; यह बल तदनुसार सभी के हित हेतु प्रयुक्त होता है, न कि उन लोगों की किसी विशेष उपयोगिता हेतु जिनके लिए यह सौंपी गई है।
13. सार्वजनिक बल के रख-रखाव के लिए, तथा प्रशासन के व्ययों के लिए, एक समान सहयोग अपरिहार्य की आवश्यकता है; यह सहयोग सभी नागरिकों में, उनकी योग्यताओं के समतुल्य, समान रूप से विभाजित होनी चाहिए।
14. प्रत्येक नागरिक को स्वयं ही अथवा अपने प्रतिनिधियों के द्वारा यह अधिकार प्राप्त है कि वह सार्वजनिक सहयोग की आवश्यकता पर निर्णय ले ; स्वतंत्रतापूर्वक इसके लिए सहमत हो, इसके प्रयोग की देखरेख करे, इसकी मात्रा, वितरण, संग्रह तथा अवधि तय करे।
15. समाज को यह अधिकार है कि वह प्रत्येक सार्वजनिक अभिकर्ता से उसके प्रशासन का हिसाब मांग सके।
16. प्रत्येक समाज, जिसमें न अधिकारों की गारंटी प्रदत्त है न शक्तियों का विभाजन सुनिश्चित है, में कोई संविधान नहीं है।
17. संपत्ति एक अलंघनीय और पवित्र अधिकार होने के कारण कोई भी व्यक्ति इससे वंचित नहीं किया जा सकता है, जब तक कि वैधानिक रूप से निर्धारित सार्वजनिक आवश्यकता के लिए इसकी आवश्यकता न हो, तथा इस शर्त पर कि उसका न्यायपूर्ण मुआवजा पहले ही न दे दिया गया हो। (*हिस्टोरियंस हिस्ट्री ऑफ़ दि वर्ल्ड : हिस्ट्री ऑफ़ फ्रांस, 1715-1815* से उद्धृत तथा अंग्रेज़ी से हिंदी में लेखक द्वारा अनूदित)

अनुक्रमणिका

□□□

मुद्रकः चंदू प्रेस, दिल्ली–110092